3.1 정신과 한반도 평화

3.1 정신과 한반도 평화
- 3.1운동 100주년의 신학적 다짐

2018년 12월 14일 초판 1쇄 인쇄
2018년 12월 21일 초판 1쇄 발행

엮은이 | NCCK 신학위원회
지은이 | 이정배 외 21인 함께 씀
펴낸이 | 김영호
펴낸곳 | 도서출판 동연
등 록 | 제1-1383호(1992년 6월 12일)
주 소 | 서울시 마포구 월드컵로 163-3
전 화 | (02) 335-2630
팩 스 | (02) 335-2640
이메일 | yh4321@gmail.com

Copyright ⓒ NCCK 신학위원회, 2018

이 책은 저작권법에 따라 보호받는 저작물이므로, 무단 전재와 복제를 금합니다.
잘못된 책은 바꾸어 드립니다.
책값은 뒤표지에 있습니다.

ISBN 978-89-6447-483-9 03200
ISBN 978-89-6447-310-8(세트)

NCCK 북시리즈 012

3.1 정신과 한반도 평화

3.1운동 100주년의 신학적 다짐

NCCK 신학위원회 엮음

김광현 김종길 김태현 김판임 김한나
나핵집 노정선 박일영 박창현 손승호
신혜진 오종윤 윤경로 이병일 이은선
이정배 장영주 조진호 최성수 최태관
한문덕 홍정호 함께 씀

동연

책 을 펴 내 며

3.1운동 100주년을 맞이하여 한국기독교교회협의회(NCCK) 신학위원회가 의미 있는 책을 출판하였습니다. 신학위원을 비롯해 수고하신 모든 집필자들에게 감사를 드립니다.

이 책은 현재를 살고 있는 우리에게 3.1운동 100주년이 어떤 의미가 있는지를 묻고 있습니다. '왜 우리는 100년이 지나도록 3.1 정신이 추구했던 정의롭고 평화로운 세상에 살고 있지 못한가'라는 질문은 우리 사회가 3.1운동 100주년을 어떤 모멘텀으로 받아들여야 할지 진지하게 고민하게 만듭니다. 독립선언서는 100년 전 이미 힘이 지배하는 시대가 가고 정의와 인도주의의 시대가 눈앞에 왔다고 선언하였지만 우리의 삶은 여전히 힘의 지배 아래에 놓여있기 때문입니다.

이 책은 '3.1운동 돌아보기', '민족의 분열과 분단체제의 모순', '평화·통일을 향하여'라는 큰 세 개의 장으로 구성되어 있습니다. 이 책의 구성은 3.1 정신의 실현이 민족의 분열과 분단체제의 모순으로 인해 좌절되어왔으며, 100주년을 맞이하는 오늘 평화·통일을 지향하는 새로운 시대를 열어야 함을 말하고 있습니다.

1945년 8월 15일, 우리가 일제강점을 벗어난 것을 독립이라고 말할 수 있을까요? 독립이란 홀로 섬을 의미하는데 분단으로 인해 허리가 잘려버린 우리가 어떻게 홀로 설 수 있겠습니까. 많은 이들이 '한국은 독립하지 못했다, 다만 미완의 해방을 이루었을 뿐이다'

라고 주장하며 '오늘의 독립운동은 곧 통일운동이다'라고 말해왔던 이유입니다.

실제로 분단의 모순은 우리 사회 곳곳을 병들게 했습니다. 분단은 우리 민족이 정의롭고 평등한 공동체를 만들지 못하게 하였을 뿐 아니라 개개인이 자유롭고 행복한 삶을 살지 못하게 만들었던 '원죄'입니다. 우리가 한반도의 평화와 통일을 실현하지 못하는 한 3.1운동이 추구했던 새로운 세상은 언제나 미래의 것으로 남을 것입니다.

그런 의미에서 신학위원회가 내놓은 이 책의 세부 주제들은 하나하나 곱씹어 봄이 마땅한 것들입니다. 물론 더 확장된 연구와 해석이 우리에게 필요하겠지만 이 책의 안내를 따라 3.1운동이 갖는 역사적·신학적 의미를 되새기는 것만으로도 충분히 인식의 변화를 경험할 수 있을 것입니다. 많은 이들의 일독을 권합니다.

한국기독교교회협의회 총무
이홍정

머 리 말

　　2010년에 접어들면서 나는 3.1 독립서 백주년 되는 2019년의 의미를 염두에 두고 있었다. 다른 글에서도 밝혔듯이 나는 2010년부터 2020년에 이르는 10년간을 하늘이 이 땅 기독교의 거듭남을 위해 허락한 마지막 시간이라 생각했던 것이다. 2013년 WCC 10차 부산대회를 통해 세계 기독교의 열린 시각들이 한국 교회에 수혈되기를 바랐고 그 힘으로 2017년 종교개혁 500년의 해에 맛 잃은 소금처럼 존재 이유를 망각한 이 땅 교회들의 큰 개혁을 소망했었다. 이런 개혁을 통해 2019년 3.1 선언 백주년에 이르러 독립을 위해 마중물 되었듯이 통일을 위한 역할을 그에게서 기대했던 것이다. 하지만 2013년과 2017년, 우리들 교회가 보여준 모습은 2019년을 맞는 이 땅의 사람들을 절망케 했다. 세계 신학사조를 거부했고, 유불선이 공존하는 한국적 상황을 무시했기에 우리 교회가 세상과의 소통도, 믿음의 주체성도 잃어버린 탓이다. 2017년의 상황은 어떠했던가? 모두가 루터를 말했으나 루터가 되려 하지 않았다. 물론 루터에게 돌아가는 것이 답이 아니겠으나 개혁 의지 자체가 없었던 것이다. 어쩌면 2017년은 한국교회사에서 가장 수치스런 해로 기억될 지도 모르겠다. 대표적 교회들의 교회 세습이 한국 언론의 주제가 되었으며 자본에 굴복한 영적 방종자들이 수없이 세상에 드러났던 까닭이다. 이런 교회들이 2019년을 옳게 기릴 수는 없을 것이다.

3.1 독립선언서는 민족 대표 자격으로 나라를 찾겠다고 나선 우리 종교인들의 사자후였다. 독립을 위해서는 종교차(差)도 중요치 않았고 신앙과 정치의 분리를 말할 이유도 없었다. 오히려 천도교의 배포 큰 지원이 없었더라면 기독교의 참가가 실상 어려울 수도 있었다. 이런 기독교가 100년이 지난 지금 어찌 오늘과 같은 모습이 되었을까? 지금쯤은 한반도에 임한 평화 기운의 확장을 위해 어느 종교보다 앞장서야만 했다. 하지만 현실은 가엾고 참담하다. 가짜뉴스를 생산하는 평화의 방해꾼이 되었으며 과거를 용서 못하기에 미래(하느님) 약속을 제 것으로 만들지 못하는 역사적 누(累)를 범하고 있으니 말이다. 그래도 희망은 없지 않다. 말라빠진 그루터기에서 잎새를 보며 미래를 약속했던 과거 사람들처럼 오늘 우리 주변서도 이런 이들이 있기 때문이다. 바라기는 2019년 이 땅의 기독교가 남북 간 평화체제 성립을 위해 100년 전 위상을 회복했으면 좋겠다. 우리 시대의 독립운동이 통일운동인 것을 생각하면서….

    명퇴 후 뒷자리에 물러나지 않고 이/저곳에서 쓰임을 받고 있으니 고마운 일이다. 지난 2년간 NCCK 신학위원회 위원장 자격으로 일했던 것이 보람되었다. 무엇보다 2017년에 종교개혁의 핵심인 3개의 '오직'(Only)교리를 갖고 신학 토론회를 개최했으며 『촛불 민주화 시대의 그리스도인』이란 책자를 펴냈다. 그에 이어 올해는 '명성교회세습반대 성명서'와 '501주년 종교개혁 선언문'을 발표했다. 아울러 2019년을 내다보며 '독립'과 '통일'이란 큰 주제 하에 기독교인들이 알아야 할 세부적인 개념들 31개를 선정하여 글을 썼고 모았다. 31개의 개념을 선정함에 있어서 신학위원회 내부의 토론을 거쳤고 수차례 편집회의(편집위원: 홍정호 박사, 한문덕 목사, 손승호 박사)가 있었다. 글 쓰고 모으는 과정에서 포기된 개념들도 생겼고, 새로 추가된 것들도 더러 있었다. 집필자들도 여럿 바뀌었고, 외부 필자들에게 경우 없이 급하게 글을 부탁하기도 했다. 이 자리를 빌려 그 무례함에 용서를 구한다. 신학위원회에 속한 이들에겐 두 개념씩 부탁했고 그리고 밖의 분들에게는 한 주제를 청했으나 이 원칙이 잘 지켜지지 않았다. 우여곡절이 많았음에도 여하튼 글이 모아져 엮어지게 되었으니 고맙고 감사한 일이다. 바쁜 중에도 먼 곳을 오가며 글을 써준 신학위원회 분들이 많이 고맙다. 무엇보다 지난 2년간 위에 언급한 편집위원들 역할이 대단했다. 교회를 섬기며 이/저곳 대학에서 강의하면서 신학위원회 활동에 적극 힘을 보태주었다. 이들 덕에 위원장 2년 임기를 마칠 수 있었다고 해도 과언이 아니겠다. 짧은 시간 내에 이토록 좋은 책을 만들어 주신 김영호 장로님께도 두 번씩이나 큰 빚을 졌다.

이런 활동을 위해 재정까지 걱정해야 하는 것이 NCCK의 실상이다. 본 책 출판을 위해 감신대 박창현 교수님의 수고가 참으로 컸다. 출판분과위원장 자격으로 출판을 위해 넉넉한 후원금을 모아 주었다. 내년도 회기의 출판기념회를 위해서도 여력을 남길 정도로 그의 공이 지대했다. 위원장으로서 깊이 감사한 마음을 전한다. 신학위원회 위원이신 구세군사관대학원대학교 조진호 총장님도 마음을 보태 주셨다. 진관감리교회 이현식 목사님, 경인감리교회 김진규 목사님, 한마음감리교회 최형근 목사님, 신내감리교

김광년 목사님 그리고 서교감리교회 김종환 목사님이 바로 신학위원회 출판을 가능케 한 천사들이었다. 귀 교회들의 후원금으로 출판된 이 책이 3.1 선언 100주년을 맞는 이 땅의 기독교인들 손에 많이 들려져 읽히기를 바랄 뿐이다. 향후 2년 동안 '평화를 이루기까지 있는 힘 다하라'를 주제로 NCCK를 이끄는 이홍정 총무님께 하늘의 힘이 함께 하길 기도한다. NCCK가 이 땅의 평화체제, 나아가 통일을 위해 수고하는 가장 소중한 단체가 될 것을 믿는다.

강원도 횡성, 현장(顯藏)아카데미에서
NCCK 신학위원장 이정배 두 손 모음

차 례

책을 펴내며 / 4
머리말 / 6

I. 3.1운동 돌아보기

〈독립선언서〉에 담긴 3.1 정신 ㅣ 윤경로	15
3.1운동의 종교사적 의미 ㅣ 최태관	21
3.1운동과 종교협력 ㅣ 김판임	29
3.1운동과 기독교 ㅣ 김한나	43
기독 부부 독립운동가 ㅣ 장영주	55
기독여성의 옥중 만세운동 ㅣ 장영주	64
대동단결선언과 무오독립선언 ㅣ 이병일	72
동양평화론: 안중근의 뜻을 재론하다 ㅣ 이정배	82
3.1운동과 역사교육 ㅣ 오종윤	92
"촛불혁명"으로 보는 3.1운동 ㅣ 박창현	100

II. 민족의 분열과 분단체제의 모순

한국 초기 사회주의운동 ㅣ 김종길	115
반공이데올로기 ㅣ 박일영	124
친일청산에 대한 신학적 성찰 ㅣ 한문덕	136
해방정국의 이념갈등 ㅣ 손승호	144
기독교와 한국전쟁 ㅣ 손승호	153
전쟁 범죄와 기독교 ㅣ 한문덕	163
급진적 산업화 ㅣ 박일영	172
외세와 분단체제 ㅣ 김태현	183
박순경의 신학과 통일운동 ㅣ 김판임	192
'위안부' 문제와 동아시아 역사수정주의 ㅣ 이은선	201

III. 평화·통일을 향하여

3.1 정신과 한반도 평화 — 자주적인 평화선언의 실천을 위한 소고 | 최성수　217
사이버세계의 폭력과 평화 | 김한나　225
탈민족주의 | 홍정호　235
한국교회와 통일을 향한 신학 | 조진호　242
한반도 비핵지대 선언 | 김광현　251
평화와 경제 협력 | 홍정호　260
한반도비핵화와 경제 제재 | 노정선　268
주체사상 — 남북 대화를 위한 기독교의 과제 | 이정배　276
민족통일과 기독교 | 신혜진　284
한국기독교교회협의회 통일운동의 전망 | 나핵집　293
평화·통일을 이루기까지 | 이정배　304

부록_ 3.1운동 전후의 독립선언서와 한반도 평화와 통일 관련 선언서

　부록 1_ 3.1운동 전후의 독립선언 목록 / 319
　부록 2_ 대동단결의 선언(大同團結의 宣言) / 321
　부록 3_ 무오독립선언서(戊午獨立宣言書) / 324
　부록 4_ 2.8독립선언서 / 329
　부록 5_ (2.8)민족대회 소집 청원서 / 335
　부록 6_ (3.1독립)선언서 / 338
　부록 7_ 독립 선언문(번역문) / 344
　부록 8_ 3.1민주구국선언 / 348
　부록 9_ 민족의 통일과 평화에 대한 한국기독교회 선언 / 354

지은이 알림 / 371

I

3.1운동 돌아보기

〈독립선언서〉에 담긴 3.1 정신

윤 경 로
(한성대학교 명예총장)

　　인간은 마치 스프링과 같아서 누르면 눌리지만 그것이 정도를 넘어 참을 수 없는 지경에 이르면 터지기 마련이다. 역사에 나타나는 여러 난과 혁명이 이에 해당한다 하겠다. 1919년 3.1거사는 갑자기 하늘에서 떨어진 것이 아니다. 타율적 개항 이후 진행된 근대화과정이 외세의 간섭, 특히 일제의 침략으로 심하게 왜곡되자, 이에 저항하는 다양한 형태의 여러 민족운동이 전개되었다. 예컨대 부르주아 중심의 갑신정변(1884), 반봉건·반외세의 기치를 높이 올렸던 갑오동학농민혁명(1894), 국권수호와 민권신장을 견인했던 독립협회(1896) 활동 그리고 이후 일제의 국권침탈이 노골화하자 이에 저항한 여러 모양의 구국계몽운동의 전개는 이러한 사실을 잘 말해준다.
　　대한제국의 종언 후 일제의 본격적인 국권침략이 노골화되자 유생층 중심의 가열찬 의병투쟁이 있었으며, 동시에 다양한 구국계몽운동을 진개히였디. 말하자면 3.1거사는 앞서 전개된 여러 모양의 민족운동들이 모이고 쌓여져서 일어난 것이다. 다시 말해 앞서의 세류(細流)와 같은 작은 물줄기, 곧 여러 모양의 운동들이 모이고 쌓여 3.1거사라는 거대한 물줄기 곧 대하(大河)라는 큰 강을 이룰 수 있었던 것이다. 따라서 3.1거사의 이념과 정신에는 앞서 전개된 여러 민족운동의 정신과 이념이 종합적으로 융합되어 담겨있다. 이를 〈3.1독립선언서〉 내용에서 찾아보자.

첫째 자주독립정신이다.

〈3.1독립선언서〉 첫 대목은 "吾等은 茲에 朝鮮의 獨立國임과 朝鮮人의 自主民임을 宣言하노라"고 선포하였다. 위 내용에서 보듯 3.1운동이 추구한 주된 이념과 정신은 '자주와 독립'이다. 이는 대내외적으로 일제의 식민지배로부터 벗어나 한민족의 자주성과 독립성을 회복하는 것을 제일의 목적으로 삼았음을 알 수 있다. 그래서 이를 자손만대에 알리며 民族自尊의 政權을 永有케 하려했던 것이다. 이 같은 자주독립정신은 오늘에도 여전히 유효하다. 남북으로 나라가 양단되어있는 분단시대, 이로 인한 주변열강의 역학관계 하에서 완전한 자주독립을 이룩하지 못하고 있는 오늘의 현실을 직시할 때 자주독립의 3.1 정신은 분단을 넘어 온전한 자주독립 국가를 지향해야 할 오늘의 우리 민족에게 울림을 주는 첫째가는 정신이라 할 것이다.

둘째는 자유민주정신이다.

일제의 식민통치 억압으로부터 벗어나 자주독립권을 회복하려는 궁극적인 목적에 대해 〈선언서〉에는 조선백성의 '恒久如一한 自由發展을 爲함'이며 '오직 自由的인 精神을 發揮할 것'을 선언했다. 이렇듯 자주독립국을 세우려는 근본목적은 "조선인이 본래부터 지켜온 自由權을 지켜 왕성한 삶의 즐거움을 누리려한다"(我의 固有한 自由權을 護全하야 生旺의 樂을 飽享할 것)는, 다시 말해 '自主民' 곧 자유롭고 민주적인 이념을 제일의 정신으로 삼았던 것이다. 결국 자주독립된 나라를 세우려한 근본목적과 취지는 자주독립된 나라의 구성원 모두의 자유를 보장받기 위한 것이며 이를 위해서는 백성이 나라의 주인인 민주사회, 곧 主權在民의 민주주의 국가를 지향했던 것이다. 다시 말해 자주독립된 나라 건설이 백성들의 자유와 민주정신을 담보하지 않는다면 이는 3.1 정신이라 할 수 없다. 이 점에 주목할 때 '자유민주정신'은 3.1운동이 우리에게 준 더없이 소중한 정신적 유산이라 하겠다. 따라서 이 정신을 길이 지켜나가야 할 최대 덕목이라 할 것이다.

셋째 인류공영의 평화정신이다.

〈독립선언서〉에 "조선의 독립은 조선만이 아니라 일본이 그릇된 길에서 벗어나게 하는 것이며 중국 또한 몽매한 불안과 공포로부터 벗어나 '東洋平和로 世界平和와 人類幸福에 필요한 階段'이 되게 하는 것"이라고 하였다. 풀어 말하면 일본이 침략의 잘못된 길에서 벗어나 향후 한·중·일 삼국이 동양평화를 이룰 때 세계평화와 인류행복, 곧 인류공영의 평화시대가 도래할 수 있다는 것이다. 이 같은 〈3.1독립선언서〉에 담겨있는 동양평화와 세계평화 및 인류공영의 평화정신은 3.1운동이 일어나기 꼭 10년 전 1909년 이도 히로부미를 저격한 안중근(安重

根) 의사가 제창한 '동양평화론'을 재삼 떠올리게 한다. 여기서 안중근 의사가 제시한 동양평화론을 거론할 여유가 없지만 그는 동양 삼국의 영구적인 평화를 위한 구체적인 복안을 제시한 바 있다. 그가 제안한 '삼국평화안'은 현재 유럽연합국(EU)과 거의 유사한 제안을 100여 년 전에 제시했다는 점에서도 주목된다. 한·중·일 삼국이 서양 침략을 막기 위한 방안으로 동양 삼국이 '공동의 군대, 공동의 화폐, 공동의 은행' 등을 운영할 것을 제안했던 것이다.

작금 과거사 문제와 위안부 문제를 비롯한 영토문제, 예컨대 독도 및 센카쿠열도(釣魚島) 문제 등을 놓고 첨예한 대립을 보이고 있는 한·중·일 삼국의 현실에 유념할 때 매우 주목해야 할 정신이 아닐 수 없다. 특히 현재 급부상하고 있는 중국과 이에 위기감을 느끼고 있는 일본 사이에 끼어있는 우리나라, 더욱이 최근 남북정상회담과 북미정상회담 등이 부침을 더하고 있어 이에 대한 주체적 인식과 동시에 향후 우리 민족의 운명과 동아시아의 평화가 달린 문제라는 점에서 더욱 중하게 여겨야 할 덕목이 아닐 수 없다. 따라서 3.1 정신의 주요 덕목 중의 하나인 인류공영과 평화정신을 체화하고 실현하는 일은 무엇보다 중요한 정신이라 할 것이다.

넷째 우리 민족이 나아갈 꿈과 비전(Vision)을 제시했다.

"아아 新天地가 眼前에 전개되도다. 위력의 시대가 去하고 도의의 시대가 來하도다. 바야흐로 신문명의 서광을 인류의 역사에 投射하기 始하도다"에 잘 나타나 있듯 〈독립선언서〉에 담긴 또 하나의 3.1 정신이 바로 우리 민족이 향후 나아갈 희망과 꿈과 비전을 제시해주고 있다는 점이다. 이제 이후로 "남녀노소 가리지 않고 음침한 옛집(古巢)에서 힘차게 뛰쳐나와 '欣快한 復活'의 빛을 향해 힘차게 나가자"는 희망찬 꿈과 비전 제시는 새 시대를 향해 한민족 구성원 전체를 하나로 묶어내고 고무시키기에 충분했다. 바로 이 정신을 오늘의 우리는 3.1 정신으로 승계하여 분단된 나라를 하나로 통일하는 '흔쾌한 부활'로 승화시켜야 할 것이다. 이러한 점에서 최근 추진 중인 남북정상회담은 물론 북미정상회담 등이 반드시 성사되어 정전체제의 한반도를 평화체제로 전환시켜 이 땅에서 전쟁이 다시는 일어나지 않도록 해야 할 것이다.

끝으로 혁명정신이다.

3.1운동의 결실로 1919년 4월 중국 상하이에서 태동된 대한민국임시정부 임시헌장 제1조에 "대한민국은 민주공화제로 함"이라고 하여 국호를 '大韓民國'으로, 정체를 '民主共和制'라고 하였다. 이는 과거 황제가 통치하던 '帝國'에서 백성이 나라의 주인인 '民國' 곧 '주권재민'(主權在民)의 나라를 세운 것이다. 이는 한마디로 '혁명적 변화'가 아닐 수 없다. '帝國에서 民國으로'의 역사발전은 가히 혁명이라 할 수 있기 때문이다. 그런데 이 같은 혁명적 변화의 단초(端初)를 제공한 것이 바로 '3.1거사'였다는 점에 새삼 주목할 필요가 있다. 이밖에도 3.1 정신이 우리에게 주는 정신은 〈공약삼장〉에 "금일 吾人의 此擧는 정의, 인도, 생존, 尊榮을 위하는 민족적 요구이니 오직 자유적 정신을 발휘할 것이오, 결코 배타적 감정으로 逸走하지 말라"는 격 높은 정신을 또한 이어가야 할 것이다. 이상의 3.1 정신이 한국사회는 물론 한국교회 안에서 구현될 수 있기를 간절한 심성으로 기원한다.

참고문헌

이현희, 『3.1혁명과 대한민국 임시정부의 법통성』, 국학자료원, 1996.
동북아역사재단, 『3.1운동과 1919년의 세계사적 의의』, 동북아역사재단, 2010.

3.1운동의 종교사적 의미

최 태 관

(감리교신학대학교, NCCK 신학위원)

20세기 서구 종교사는 종교들의 문제에 대한 기독교의 인식변화를 보여주고 있다. 근대 유럽에서 절대 종교로서 기독교 중심의 종교사가 형성된 이후로 종교들의 문제는 종교들 사이의 비교를 통해서 종교적 우열을 가리는 데 집중되어 있었다. 특히 서구 열강의 식민지 정책으로 인해 기독교는 유럽의 다수 식민지 국가들과 정치적으로 결탁하고 식민지 정책을 정당화해왔고 다른 종교들과의 비교에서 우월성을 지닌 종교임을 입증해왔다. 어찌 보면 기독교는 스스로 가해자의 종교였다. 그러나 1893년 시카고 세계종교21대회에서 기독교의 대표자들은 공식적으로 동양종교에 대한 존중을 선언했고 이를 바탕으로 종교간 대화의 시대를 열었다. 19세기 후반 한국에서도 기독교는 과거의 유교문화의 구습을 깨뜨리는 마중물이 되었다. 또한 기독교는 한국인들의 정치적 의식을 깨웠고 한일합방 후에 일본 제국주의에 저항하도록 하는 종교였다. 한국 기독교는 가해자의 종교가 아니라, 새로운 시대의 새로운 저항정신과 민족해방을 일깨운 종교였다. 1919년 3월 1일에 한국 기독교는 일본 총독부에 맞서 다른 이웃 종교지도자들과 연대하여 독립선언서를 낭독하고 3.1운동에 참여했다. 3.1운동은 역사적으로 전무후무한 종교사적 종교들의 이야기를 지니고 있다. 기독교 중심의 서구종교사와는 달리 한국 기독교는 다른 이웃종교들과 함께 한국의 정치적 해방을 지향하는 새로운 의미의 종교사를 형성한다. 본 글은 한국 종교사의 의미 있는 사건으로서 3.1운동과 그의 종교사적 의미를 살핀다.

종교들의 정치적 패러다임으로서 3.1운동

에른스트 트뢸치는 1902년 『기독교의 절대성과 그의 종교사』에서 유럽종교로서 기독교 절대성의 문제를 종교들의 문제로 인식하고 다른 이웃종교들을 궁극적 실재로 나아가는 동반자로 이해하기 시작했다. 헤겔의 종교철학이나 슐라이어마허의 문화개신교적 전통은 이미 그 힘을 상실한 후였다. 트뢸치의 주장은 모든 종교들이 자신들의 절대성을 가지고 있고 각 문화권의 의미 있는 종교라는 사실이었다. 그는 이미 모든 종교들의 평등성을 자각하고 상호간의 인정과 존중을 강조하고 있었음을 보여주었다. 이미 한국에서도 최병헌, 길선주, 전덕기는 종교들의 관계를 더는 갈등관계가 아니라, 진리를 중심으로 하는 교제의 문제나 혹은 정치적 연대로 보기 시작했다.* 특히 일제강점기에 종교들의 관계가 특징적으로 나타난 사건은 3.1운동이었다. 3.1운동은 일본 제국주의에 저항하는 민족운동이었고, 기독교를 포함한 다양한 종교들이 주도한 의미가 있는 종교사적 사건이었다.

---

* 이덕주, 『한국 토착교회 형성사 연구』, (한국기독교역사연구소, 2000), 265.

3.1운동에 미국의 정치적 이념으로서 윌슨의 민족자결주의를 주체적으로 수용한 종교지도자들로 구성된 33인의 민족대표들은 민족문제를 외세에 의존하지 않고 스스로 해결해야 한다는 자주독립에 대한 목적의식을 공유하고 있었다. 그들은 특정한 종교적 혹은 정치적 가치에 매몰되지 않고 민족해방의 가치를 3.1운동에 담아내었다. 일제 강점 초기에 일제는 무단정치를 함으로써 총독부 중심의 식민정책을 펼쳤고 헌병경찰과 일본군대를 통해서 반일 투쟁을 억압하였다. 또한 일제는 식민지 경제정책을 이용해 민족의 자산을 강탈하였으며 식민지 동화정책을 펼침으로 한국문화를 말살하려고 했다.* 이와 같은 정치적 상황에 직면하여 자연스럽게 종교인들은 거대한 역사적 민족운동을 시민들과 함께 시작했다. 그들은 공통적인 종교들의 문제로 3.1독립운동을 인식했기 때문이다.

	천도교에서 시작된 3.1운동은 자연스럽게 기독교와 불교가 참여하면서 민족운동으로 확대되었다. 종교들이 자신들의 교리나 교세확장에만 매몰되지 않고 3.1운동에 적극적으로 참여함으로써 종교들의 새로운 정치적 패러다임을 열었다. 물론 최남선이 독립선언문을 작성하였으나 민족대표들이 공유하고 수용하고 인정함으로써 독립선언서는 명실 공히 종교들의 문제로 인식됨에 부족함이 없었다. 실제로 "그 주요 내용은 민족해방과 인류평등과 민족자존의 대의를 싣고 있다." "2.8 독립운동이 서구 논리로서 '민족자결'을 강조하고 있는 반면에, 3.1운동은 포용과 공존, 더 나아가 통합을 바탕으로 하는 대단히 독립적인 민족자존의식을 바탕으로 한다."** 민족자존에 바탕을 둔 독립선언문은 강

---

* 안상훈, 『독립운동총서』, 2권 3.1운동 편 (민문고, 1995), 28.
** 위의 책, 86-87.

대국의 지배논리에서 발생하는 민족적 불평등과 제국주의를 거부하고 모든 민족들이 평등한 구조에서 자신들의 권리를 인정받아야 할 것과 궁극적으로 범세계적 평화로 나아가야 함을 강조한다. 다른 한편, 독립선언문은 일본제국주의를 비판함으로써 자기중심적 민족주의, 즉 파시즘을 넘어서는 새로운 의미의 민족주의를 요청하고 있다.* 민족주의 지평에 종교들의 실질적인 역할들이 강조되고 있는 것이다.

1919년 3월 1일 태화관에서 민족지도자 33인이 독립선언서를 낭독한 이후 3.1운동은 시작되었다. 학생들과 시민들은 '대한독립만세'를 외치며 거리로 쏟아져 나왔다. 그러나 안상훈에 따르면, 거사 당일 폭력사건은 단 한건도 일어나지 않았다 한다. 3.1운동이 비폭력 저항운동이었기 때문이다. 이와 같은 만세운동은 평양, 진남포, 안주, 의주, 선천, 원산 등 전국적으로 확대되었다. 전국에서 개별적으로 그 운동을 확장시키고 그 명맥을 이어갔다. 일본경찰들의 과잉진압에 맞서 폭력적인 저항들이 있었으나 비폭력저항의 기조를 이어갔다. 한반도의 3.1운동이 비폭력저항운동으로 평가받음으로써 일본제국주의의 만행을 알리는 데 크게 기여하였다.

3.1운동의 종교사적 의미

2019년 3.1운동 백주년을 맞이하여 한국교회는 독립선언문의 정신과 그 역사적 사건들을 어떻게 이해해야 하는가? 3.1운동은 성공하지 못한 미완의 혁명이다. 그럼에도 불구하고 그 운동으로 인해 일본은 식민지 정책의 기조를 무단통치에서 문화통치로 전환하고 식민통치에

---

* 위의 책, 88-89.

대한 정당성도 잃어버린다. 또한 민족운동이 한민족에게 미친 영향이 적지 않다. 우리는 제국주의와 같은 자기중심적이며 우월적인 민족주의를 분명히 거부해야 하지만, 자유와 정의, 민족들의 평등을 추구하는 민족주의는 비판적으로 계승해야 한다는 사실을 3.1운동에서 찾을 수 있다. 민족과 문명이 충돌하는 시기에 약소국의 입장에서 출발한 의미 있는 민족주의이고 자기 성찰적 민족주의이기 때문이다.

   3.1운동은 한국종교의 길을 새롭게 모색한 상징적인 사건이었다. 한국 종교인들은 한반도를 개인과 각각의 종교공동체 신앙을 위한 사적 공간이 아니라, 5천 년을 모두가 함께 살아온 공적 공간이라는 사실을 자각했다. 또한 그들은 민족공동체의 자유와 독립, 범세계적 평화를 위해 몸을 아끼지 않았다. 서로에 대해 개방적 태도를 지니고 있었던 그들은 급박한 3.1운동의 상황에서 정치적 연대를 감행하였다. 급속히 확장되는 민족운동에서 어떠한 종교도 정치적인 주도권에 대한 관심 없이 협력하고 연대할 수 있었다. 정치적 연대를 통해서 그들은 민족의 시련에 대응하는 정치적 역할을 공유하고 분담했다. 이는 종교들이 비정치화되어가는 상황에서 이루어진 일이라 더욱 의미가 있다. 특히 종교들은 공적 역할과 그에 따른 정치적 실천을 감행했다. 3.1운동을 전개해가면서 모든 종교들이 종교적이고 정치적 입장 차이를 넘어, 오직 대의적인 실천에 집중하는 과감한 정치적 연대로 나아갈 수 있었다. 이와 같은 종교적 연대는 한국의 근현대사를 통해서 이어졌다. 광복 이후 민족운동사에 종교들의 역할은 사라지지 않았다. 4.19혁명, 광주민주화운동, 6.10민주화운동, 촛불혁명으로 이어지는 과정에서 종교들은 끊임없이 자신들의 종교적 가르침을 넘어서는 민족문제에 기여한 것이다. 그 가운데에서 종교들은 한국정치사에 의미 있는 기여를 해왔다.

정치적 문제로서 공적 공간에 대한 종교들의 역할은 민족의 미래를 위해서 외면될 수 없는 것이다.

3.1운동은 한반도에 속한 종교들에게 민족적 정체성을 각인시킨 역사적 사건이었다. 종교인들은 5천 년의 한반도의 역사에 기대어 자주독립에 대한 동기를 부여하고 있다. 또한 한반도에 다양한 관심과 삶의 배경을 가지고 살아가는 사람들에게 민족의 문제로서 조선의 독립을 선언했다. 물론 당시 수많은 사람들이 자발적으로 독립운동을 준비했지만, 그들은 3.1운동을 민족의 자주와 독립을 당위성을 깨닫는데 중요한 단초로 여겼다. 또한 3.1운동은 5천 년 동안 한반도를 중심으로 형성된 역사의식과 고난을 극복해온 역사의 흔적들이 사람들의 마음에 깊이 새겨져 있었던 민족의식과 부당한 일제의 압박에서 벗어나려는 강한 의지를 깨웠기 때문이다. 그래서 3.1운동은 계속해서 확대될 수 있었다. 분명한 사실은 3.1운동을 통해서 우리는 우리 민족성을 긍정적이든 부정적이든 살펴볼 수 있는 기회가 되었고 고난을 통해서 형성된 민족의식을 우리의 운명을 스스로 결정하는 방향으로 발전시켜왔다. 그것이 3.1운동의 종교사적 의미이다.

종교인들의 책임적 저항

우리는 지난 일제 강점기의 역사가 고발하고 있는 행악자들의 그릇된 행위와 종교인들의 책임적인 저항을 기억해야 한다. 예컨대, 2015년에 졸속 체결된 한일 위안부 합의 이후에 일본정부가 불가역적 합의를 운운하며 민족 간 화해를 요구하고 책임에서 벗어나려고 온갖 시도를 다하고 있다. 또한 일본정부는 일본강점기의 역사왜곡을 통해서 가해자로서의 역사를 지우려 한다. 그러나 어떠한 경우에도 일제강점기에 벌어진 피해자의 역사는 왜곡되거나 잊혀서는 안 되고 반드시 기억해야 하며 가해자인 일본정부는 분명히 그 책임을 져야 한다. 그것이 그 일본민족이 걸어가야 할 길이다. 2015년 하토야마 일본 전 총리는 서대문 형무소를 방문하여 순국선열추모비에 무릎을 꿇고 사죄하며 말했다: "많은 (한국인들의) 목숨까지 빼앗았다는 사실에 대해 진심으로 죄송하다는 사죄의 마음을 먼저 바치고 싶습니다." 최근에 그는 합천에 원폭피해자들을 방문하여 간절한 마음으로 사죄하며 말했다: "상처받은 분들이 '더는 사죄는 하지 않아도 돼'라고 말할 때 저희는 미래지향적으로 살아갈 수 있다고 생각합니다." 하토야마 전 총리의 이 사죄 발언은 분명한 의미가 있다. 피해자의 역사가 기억되지 못하고 해체되어 버린다면, 새로운 폭력적 가해자가 나올 수 있는 가능성을 피할 수 없을 것이기 때문이다. 아우슈비츠의 고난을 야기한 독일민족에 대해 몰트만은 행악자의 역사를 반드시 기억해야 한다고 주장한다. 몰트만은 행악자에 대한 기억을 사라지지 않는 가인의 표라고 한다. 하나님의 용서는 행악자로 하여금 자신의 죄를 끊임없이 되새기게 하기 때문이다. 그의 주장은 가해자는 피해자에 대한 영원히 책임을 회피할 수 없음을 의미한다. 따라서 아우슈비츠에 대한 독일의 책임적 태도는 가해자의 역사에 대한 반복되는 기억에서 비롯된다. 2015년 한일 위안부협정은 피해자의 역사를 왜곡해서는 안 되고 책임도 회피할 수 없다는 고통스러운 가르침을 준다. 그러므로 3.1운동의 역사는 화해할 수 없는 일제 강점기의 역사를 기억하여 더는 피해자들의 역사를 반복하지 않도록 하는 종교적이고 민족적인 책임을 분명히 보여준다. 3.1운동은 민족사의 차원을 넘어 종교들의 실천적 근거를 발견할 수 있는 종교사적 사건이라는 점에서 그 의미를 살펴보아야만 할 것이다. 3.1운동 100주년을 맞이하여 한국교회는 3.1운동의 종교들의 연대에서 비롯된 종교사적 의미들을 잇는 새로운 종교들의 길을 모색해야만·할 것이다.

참고문헌

안상훈, 『독립운동총서』, 2권 3.1운동 편. 민문고, 1995.
이덕주, 『한국 토착교회 형성사 연구』, 한국기독교연구사, 2001.
이윤상, 『3.1운동의 배경과 독립선언』, 한국독립운동사편찬위원회, 2009.
몰트만, 위르겐/곽미숙, 『세계 속에 있는 하나님』, 동연출판사, 2009.

3.1운동과 종교협력

김 판 임
(세종대학교, NCCK 신학위원)

아름다운 금수강산 한반도에서 한민족이 둘로 나뉘어 살게 된 지 73년째이다. 민족은 하나이고, 나라는 둘이며 종교는 다양하다. 유럽의 여러 민족, 여러 나라들이 로마제국이 기독교를 국교로 정하여 1000년 넘게 시행해온 결과 종교적으로는 통일이 된 것과는 대조적이다. 일찍이 십자군 전쟁을 치렀던 유럽인들은 작은 나라에 그렇게 많은 종교가 있어도 종교 때문에 전쟁을 한 적이 없는 우리를 보고 신기하다고, 대단히 훌륭하다고 칭찬을 한다. 제2차 세계대전 직후 영국의 지배에서 해방된 인도는 종교 때문에 심각한 분쟁을 했고 그 결과 인도와 파키스탄으로 나뉘어졌으며, 영국의 지배에서 해방된 팔레스타인은 종전 협정으로 유대인들이 다시 그 땅에 유입되며 수차례의 중동전쟁을 일으켰다. 이들에 비하면 우리 한민족은 종교가 통일되지 않고 다양한 종교를 가지고 있으며, 헌법에 기록된 대로 종교의 자유가 실현되고 있다고 볼 수 있다.

불교는 삼국시대에 들어와 신라, 백제와 고구려에 보급되었고, 통일신라와 고려에 이르기까지 최고의 문화를 이루며 전 민족에게 영향을 주었다. 특히 고려 때 원나라의 침략을 받아 나라가 무너져 내릴 때 정신무장을 위해 팔만대장경을 목판에 새기고, 승려들은 나라를 지키기 위한 수고를 아끼지 않았다. 조선 500년 동안 탄압을 받았지만, 불교정신은 한민족의 기저에 흐르고 있었다. 조선의 정치적 기반을 위해 도입된 유교는 나라의 정책과 기강을 위해 원칙을 제공해주고 백성 전체에게 제사와 유교적 가치관을 심어놓았다. 민중의 기저에 자리잡고 있는 샤머니즘과 도교 그리고 19세기말 민족의 가장 곤란한 지경에 처했을 때 새롭게 하고자 일어났던 천도교, 대종교, 원불교와 같은 신흥 종교들, 중국으로부터 들여와 조선말 심각한 박해를 받으며 신앙을 지켜온 가톨릭교와 미국선교사들에 의해 유입되고 전파된 개신교 등 많은 종교가 함께 하고 있다. 우리나라는 명실 공히 다종교 사회이다.

같은 종교 안에서는 이단이니 사이비니 하면서 갈등을 보이기도 하지만, 다른 종교와 대립하거나 싸우는 모습은 다른 나라에 비하면 찾아보기 어렵다. 물론 수십 년 전에도 어떤 기독교인이 동국대학에 설치된 불상을 훼손하기도 했지만, 그로 인해 불교측에서 경고의 메시지를 전달한 적도, 전쟁을 선포한 적이 없고, 못 배운 중생의 소행 정도로 치부하는 성숙한 종교인의 자세를 보여주었다. 몇 년 전에도 이와 유사하게 어떤 기독교신도가 불교의 불상을 훼손한 일이 있었다. 이를 보고 사과를 하고, 훼손된 불상을 회복하도록 모금운동을 한 모 교수가 학교로부터 우상숭배와 종교적 정체성 의심이라는 죄목으로 재직하던 대학으로부터 징계를 받은 적이 있다. 불상을 훼손당한 김천 개운사에서는 모금을 받지 않고 기독교와 불교의 이해와 협력을 위해 써달라고 하여, 이 모금으로 연구소가 탄생하였다.

　이처럼 여러 종교가 공존하고 있는 아름다운 종교다원 사회에서 일부기독교에서만 유독 무지하고 불미스러운 모습을 보여주고 있어 안타까움을 금할 수 없다. 이 글에서는 3.1운동 시절 한국의 종교들이 어떻게 협업하며 나라의 일에 하나가 되었는지를 살펴봄으로써, 100주년을 맞이하는 3.1 정신을 기반으로 한국의 종교계가 나아갈 방향을 모색해본다.

3.1운동 당시 한국의 종교들의 하나됨

　얼마 전 TvN에서 고도의 시청률을 자랑하며 방영되고 있는 인기드라마 「미스터 선샤인」을 보면 19세기 말에서 20세기 초, 특히 을사늑약 전후의 한국사회의 분위기를 엿볼 수 있다. 미국과 일본, 러시아가 집어삼키려고 그 침략의 야욕을 보일 때, 힘없는 조선 말기 무력한 왕실에 대해 침통해하며 나라를 지키고자 하는 의병들의 기개를 볼 수 있다. 나라의 힘이 약해질 때 정신을 무장하기 위해 이 시기 새로운 종교들이 발생하기도 한다.

　당시 우리나라에서 새롭게 시작하는 종교는 단군의 정신을 이어받는 대종교, 사람과 하늘은 하나(인내천)라는 사상으로 사람들의 마음을 모았던 천도교가 있다. 그리고 고종의 아버지 대원군에 의해 철저히 박해를 받아 존재를 숨기고 있어야 했던 가톨릭교와 미국의 선교사들의 의해 유입된 개신교 등이 외국에서 건너온 서양종교로 시작되고 있었다. 1910년 경술국치 이후 나라의 독립을 깊이 생각하고 행동에 옮겨 3.1운동을 일으킨 세 종교의 활동을 살펴본다.

천도교와 3.1운동

　천도교는 동학으로 출발하였으나 3대 교주인 손병희가 이름을 천도교로 개칭하였다. 천도교에서의 독립운동은 손병희를 중심으로 이루어졌다. 손병희 선생은 1918년 12월 초 일본 대판매일신보를 통해 민족자결주의 원칙이 파리 평화회의에서 논의될 것을 알게 되었고, 이때를 기하여 뭔가 실행 가능한 방안을 생각하고 있었다. 그리고 정신을 개벽할 것을 당부한다. 그리고 "지방에 내려가면 명년(1919년) 1월 5일부터 49일 기도를 실시하고 나라와 겨레를 위하여 때가 되면 분발하라는 의미심장한 말씀을 남기셨다고 한다.
　또한 1919년 1월에 동경 유학생들이 독립선언 계획을 듣고 "어린 사람들이 저렇게 민족을 위하여 독립 운동을 한다는데 우리가 어찌 앉아서 보고만 있을 수 있겠는가?" 하며 독립 운동 계획을 적극적으로 추진할 것을 지시한다. 그리고 만세 운동이 범국민적 운동이 되기 위해서는 민족의 지도자들뿐만 아니라 다른 여러 종교들과 연합하는 것이 필요하다고 생각했다. 당시 보성고보 교장인 최린은 교육계 인사들뿐만 아니라 사회 각계각층의 지도급 인사들과 교제가 있었기에 이 운동 추진의 적임자였다. 손병희의 지시를 받은 최린은 당시 중앙고보 교장인 송진우와 중앙고보 교사인 현상윤을 초청하여 거사 계획을 알리자 그들 모두 찬성하고 함께 하기로 합의 하였다.
　그 무렵 동경에서 송계백이 서울로 돌아와 현상윤에게 2월 8일로 예정된 독립선언에 발표할 독립선언문을 보여주었다. 현상윤은 즉시 송진우에게 보여주고 현상윤과 송진우는 최남선을 찾아가 (이광수가 작성한) 독립선언문을 보여주고 이야기하자 최남선도 함께하기로 한다.

이들은 독립운동을 함께 할 인물로 박영효, 윤치호, 한규설, 윤구영 등을 선정하고 포섭했지만, 모두 거절당했다는 사실은 잘 알려진 일이다. 그리하여 사회 저명인사들을 포섭하기 위해 누차 이름을 바꾸어가며 시도했으나 모두 실패하자, 결국엔 새로운 대안으로 개신교를 생각했다. 최남선이 개신교측과 연결하고, 현상윤은 같은 고향 출신이며 정주 오산학교 이사장인 이승훈 장로를 추천했다.

이승훈은 이미 1910년 105인 사건으로 일본에 의해 고초를 당한 바 있었기에 일본으로부터의 독립의 필요를 진지하게 생각하던 터였기에, 천도교측의 운동계획을 전해 듣자 곧바로 함께 할 것을 승낙하고 동지들을 규합할 것을 약속했다. 당시 평안도 쪽에서 개신교 지도자들 중심으로 독립선언에 대한 움직임이 있었다. 이승훈은 평북지방의 개신교 중진들을 찾아다니며 참여할 것을 약속받았다.

손병희는 만세 운동이 전국에 파급되기 위해서는 각처에 산재한 천도교인, 기독교인, 불교인이 힘을 합쳐야 한다는 것을 강조하였다. 당시 불교는 일본과 협력하며 활동하고 있었는데, 최린이 평소 친하게 지내던 신흥사 주지 한용운을 찾아가 만세운동에 함께 할 것을 제안하자 한용운이 곧바로 허락하고, 해인사 주지 백용성을 불러들인다.

마지막으로 독립선언서에 서명할 각 종단 대표자의 선임 문제가 남았을 때 불교측에서는 두 명으로 확정하고, 천도교 측에서는 손병희가 마땅하다고 인정한 15명의 교회 간부를 선정하였으며, 기독교는 장로교와 감리교 두 교파가 있다는 말을 듣고, 각각 8명씩 16명을 확정하였다. 천도교가 거의 주체세력처럼 보이는 준비과정에서 교세로도 5배나 큰 천도교의 인사보다 기독교인사의 수를 확대한 것은 손병희의 타 종교를 존중하는 태도가 엿보인다

손병희는 독립선언서 발표 이후 전국에 파급될 만세 운동도 준비시켰다. "기독교인이 적은 곳에서는 천도교인이 중심이 되어 만세운동을 널리 전개해야 합니다"라고 말하며 만세운동을 선도할 만세대장으로 마땅한 사람을 다음과 같이 선정할 것을 지시하였다. "태극기를 그려서 거리로 뛰어나가 만세를 부르기만 하면 되니 굳이 학식 높은 지도자나 인격자를 고를 필요는 없소. 오히려 만세대장은 무식한 사람들이 좋아요. 일할 만한 청년이나 인격자는 뒤에 남아 만세운동을 이끌고, 재정을 조달하는 더 큰 일을 맡게 하고, 만세에 앞장 설 행동대는 좀 무식해도 용기 있고 씩씩한 사람을 내세우도록 합시다"라며 지침을 내린다.

독립선언문에 서명한 인사로 선정된 천도교측 인사는 손병희 권동진 오세창 최린 양한묵 홍기조 홍병기 이종훈 나용환 박준승 나인협 임예환 이종일 김완규 권병덕 도합 15인이다. 이들은 모두 1919년 3월 1일 태화관에서 헌병과 순사들에 의해 연행되었고, 재판 중 사망한 양한묵을 제외하고 14인 모두 1년 반에서 3년 징역형을 받았다. 독립선언서에 서명하지는 않았지만 3.1운동을 위해 힘을 보탠 인사들도 체포되어 징역을 받았는데, 이들도 기억해야 할 분들이고, 천도교인으로는 박인호 김홍규 노헌용 이경섭이 있다.

기독교와 3.1운동

이승훈이 천도교의 제안을 전달하기 전부터 개신교측에서도 독립선언에 관한 의견들이 다루어지고 있었다. 1918년 제1차 세계대전 종식과 함께 미국 윌슨대통령이 언급한 민족자결주의에 한국의 지식인들은 깊은 관심으로 표명하였다. 그해 11월 윌슨 대통령의 특사 찰스 크레인이 중국 상하이를 방문하였을 때 여운형은 그를 만나 한국의 독립운동을 지원해 줄 것을 요청하고, 크레인은 여운형에게 한국이 국내외적으로 독립의지를 표현하는 것이 도움이 될 것이라고 조언했다. 그리하여 여운형과 장덕수, 김규식, 서병호, 선우혁, 신석우, 조동호 등은 즉각 실현하기로 결의한다. 김규식을 파리강화 회의에 파송하여 독립을 호소하고, 장덕수는 일본으로 건너가 유학생들과 접촉하여 2.8독립선언을 준비하게 했다. 2.8독립선언서의 주도적 인사들은 기독교신자들이었고, 2.8독립선언 실무를 담당했던 백남훈은 조선기독교청년회(YMCA) 총무였다.

선우혁(정주교회 집사로서 상하이한인교회에서 일하였다)은 1919년 2월 선천과 평양, 정주 등지에서 이승훈, 길선주, 양전백 등 기독교 지도자들과 접촉하고 파리평화회의 소식을 전하며, 개신교세력을 중심으로 독립운동을 전개하던 이들과 협력하도록 했다. 그리하여 평양의 기독교계는 학생들과 교인들을 동원하여 만세운동을 전개하기로 결정했다. 이승훈이 천도교측에서 함께 도모하자고 제안한 것을 알리자 평양과 정주를 중심으로 한 서북지역 교회 지도자들은 모두 그렇게 하기로 결의하였다. 그 중심에는 김선두, 강규찬, 도인권, 이덕환, 윤원삼, 김동원 등 교회지도자들이 있었고, 또한 연희전문학교 김원벽, 보성전문학교 강기돈 조선 YMCA전국연합회 박희도, 세브란스 병원 내 교회 이갑성 등 학생 중심의 지휘를 계획하고 있었다. 물론 천도교의 제안을 받은 그리스도인 지도자들 중에는 곧바로 동의하기보다는 어느 정도 숙고의 시간을 가졌다는 분들도 있다. 가령 신석구 목사의 경우는 며칠 기도를 하고난 후 3.1운동에 합류하기로 결정을 했다.

3.1독립선언서에 서명할 사람으로는 길선주(평양 장대현교회), 김

병조(정주교회), 이승훈(선천오산교회), 이명룡(장주덕흥교회), 양전백(선천복교회), 이갑성(세브란스구내교회), 유여대(의주동교회) 등 장로교측 일곱 분이며, 감리교측에서는 신홍식(평양 남산현감리교회), 신석구(서울 수표감리교회), 오화영(서울 종교감리교회), 이필주(서울 정동감리교회), 정춘수(원산 상리감리교회), 최송모(해주 남본정감리교회), 김창준(서울 중앙감리교회), 박동완(정동감리교회 전도사), 박희도(서울 창의문감리교회 전도사) 등 아홉 분이다. 독립선언서에 서명한 분들 중에 길선주, 유여대, 김병조, 정춘수는 3월 1일 약속 장소인 태화관에 나타나지 않았는데, 이들 중 유여대와 정춘수를 포함, 그날 태화관에서 경찰에 의해 연행된 29인은 모두 1년 반에서 3년 징역형을 받았다. 길선주는 무죄를 받았고, 김병조는 상하이로 망명하여 체포되지 않았다.

불교와 3.1운동

불교인은 아쉽게도 겨우 2명, 당시 불교의 쇄신을 강조하던 한용운과 백용성만 이름을 올렸다. 불교가 합류하게 된 것은 여러 종교가 힘을 합쳐야 3.1운동이 의미가 있다고 여긴 손병희선생의 뜻이 중요한 역할을 했다. 손병희의 뜻을 받들어 최린이 친분이 있던 한용운을 만나 합류의 뜻을 전하였다.

한용운은 이미 1910년에 당시 불교의 타락상과 나태함을 비판하고 대안을 모색한 『조선 불교유신론』을 탈고하여 조선의 억불숭유정책으로 인한 무기력과 무질서, 각종 인습과 폐단을 비판하고 당시 불교계의 당면문제에 대해 과격하고 파격적인 대안을 모색했다. 1911년에는 친일 승려 이회광 일파가 한국의 원종과 일본의 조돌종의 합병을 발표하며 노골적인 친일행각을 벌였다. 조선 500년 동안 핍박을 받아 온 불교로서는 조선이 망하는 시대에 생각이 복잡했으리라고 여겨진다. 시간이 좀 더 있었다면 불교계의 더 많은 인사들을 설득하여 다른 종교들과 균형을 맞출 수도 있었을지 모르겠다는 생각이 들기도 한다. 한용운은 최린의 건의를 받아들인 후 불교측 인사들과 접촉하기 위해 범어사를 다녀오기도 하였지만, 결국엔 해인사의 백용성만 서명에 응하게 되었다.

1918년부터 중앙학림(동국대 전신)의 강사로 재직하고 있었던 한용운은 1919년 2월 28일 1만 장의 독립선언서를 인수받고 그날 밤 평소 자신을 따르던 중앙학림 학생들을 자신의 계동 집인 유심사로 모이게 하여 이들에게 독립선언서를 건네주며 3월 1일 오후 2시 이후에 시내 일원에 배포하도록 당부하였는데 이때 학생들은 김봉신(합천 해인사), 신상완, 백성욱, 김상헌(동래 범어사), 정병헌(구례 화엄사), 김대용(대구 동화사), 오택언(양산 통도사), 김법린(동래 범어사), 박민오 등이다. 이들은 사태가 시급함을 느끼고 인사동에 있던 범어사 포교당으로 자리를 옮겨 긴급회의를 하여 구체적인 실행방안을 협의한 결과, 가장 연장자인 신상완을 총참모로 추대하였고, 백성욱과 박민오는 참모로 중앙에 남아서 연락책을 겸하여 진두지휘를 하게 하였으며 나머지 학생들은 각자 연고가 있는 지역의 사찰로 내려가서 독립선언서를 낭독하고 만세시위를 주도할 것을 결의하였다.

서울 시내를 담당한 학생들은 3월 1일 새벽 3시에 각각 회의장을 떠나 시내 포교당과 서울 근교의 사찰을 돌아다니며 독립선언서를 배포하였고, 지방을 담당한 학생들은 3월 1일에 있은 서울 시내의 만세시위운동에 참가한 후, 독립선언서를 가지고 제각기 지방 사찰로 향하여 지역별 만세시위운동을 지도하였다. 이로 인해 중앙학림은 3.1운동을 주도하였다는 이유로 일제로부터 강제 폐교까지 당하게 된다.

결국 만세 운동을 위해 3.1선언문의 작성과 이에 동의하는 사람들(소위 민족 대표 33인)이 서명을 하며, 1919년 3월 1일 아침에 종로 태화관에서 선언문을 낭독한다. 놀랍게도 이 선언문에 이름을 넣은 33인은 모두 종교인들이다.

독립정신, 평화정신이 새겨진 위대한 선언문의 작성은 최남선에 의해 이루어졌다. 그는 선언문에 이름을 올리지도 않았고, 특정한 종교생활을 하고 있지도 않았지만, 글로는 당대 최고의 문필가라 할 수 있는 존재였는데, 그가 스스로 선언문을 작성하겠다고 자청하였다. 독립선언문에 서명은 하지 않았어도 여러 방면으로 도왔던 15인도 잊어서는 안 될 것이다.

3.1독립선언서 이후 만세운동

3.1독립선언서는 1919년 3월 1일 오후 2시에 파고다공원에서 낭독될 예정이었다. 그러나 2월 28일 밤에 33인 대표 중에 20여 명이 손병희 선생 댁에 모여 거사 계획에 대한 최종 검토를 한 결과, 파고다공원에서 독립을 선언하기로 한 최초의 계획을 수정하여 인사동에 있는 태화관에서 거행하기로 하였다. 그 이유는 학생과 민중이 많이 모여 있는 파고다공원에서 독립선언을 하면 일본 경찰과의 무력충돌이 일어날 것을 염려하여 지도부만 따로 모이기로 하였던 것이다.

1919년 3월 1일 탑골공원에서는 보성전문학교 강기덕과 연희전문학교 김원벽이 미리 연락하여 오전 수업만 마치고 학교별로 모여든 4, 5천 명의 학생들이 팔각정에 태극기를 내걸고 오후 2시가 되기를 기다렸으나 탑골공원으로 합류하기로 한 민족대표들이 예정을 바꾸어 현장에 나오지 않자 경신학교 졸업생 정재용이 단상에 올라가「독립선언서」를 낭독하였다. 기독교측 학생들 사이에선 이미 박희도가 주동이 되어 보성전문학교 졸업생 주익과 재학생 강기덕, 연희전문학교의 김원벽과 윤화정, 경성전수학교의 윤자영, 세브란스의전의 이용설, 경성공전의 주종의, 경성의전의 김형기 등 8명을 관수동 대관원에 초대하여 대체적인 합의를 보았다. 이들은 이후 각자의 학교와 중등학교 이상의 학생들을 규합하기로 하고 주익이 작성한 독립선언서를 인쇄하려던 차에 종교계의 통합이 이루어졌다는 소식에 학생들도 합류하기로 하고 그 원고를 김원벽이 승동예배당에서 불태워버리고 마침내 종교계와 학생들이 참여한 3.1만세운동의 지도부가 형성이 되었던 것이다.

　탑골공원에서 독립선언식을 마친 학생과 군중들은 가두시위행진을 하였는데, 때마침 국장으로 전국에서 올라온 민중들이 합류하여 수십만 명이 서울 시내를 여러 갈래로 나누어 행진하다가 날이 저물 때쯤에는 교외로 퍼져나가 오후 8시 경에는 마포 전차 종점 부근에서, 밤 11시쯤에는 연희전문학교 부근에서 만세운동이 이어졌으며,「공약삼장」에서 밝힌 바와 같이 평화적이고 비폭력적으로 시위하여 단 한건의 폭력사건도 발생하지 않았다.

　일제는 이러한 비폭력 평화적 시위대를 무력으로 진압하기 위해 경찰과 헌병 이외에도 용산에 주둔한 보병 3개 중대와 기병 1개 소대를 동원하였으나 결사적으로 행진하는 시위대에 의해 저지선이 뚫리자 주동 학생들을 체포하기 시작하였다. 3월 하순에 접어들면서 시위가 과격한 양상으로 발전하여 시위대가 일본 경찰파출소를 투석 습격하게 되고 이에 일제의 군경은 시위대에게 무차별 발포를 하여 사상자가 발생하기에 이른다. 일제군경의 발포로 말미암아 4월에 접어들면서 시위가 현저히 줄어들고 표면적인 시위운동에서 비밀결사라는 새로운 양상을 띠면서 산발적으로 약 3개 월 가량 시위가 계속되었다.

조선총독부의 공식기록에는 집회참여 인원이 106만여 명이고 그 중 사망자가 7,509명, 구속자가 4만 7천여 명이었다고 하나, 학자들의 견해에 따르면 3월 1일부터 4월 30일까지 만세를 부른 사람의 수는 200만 명이 넘었다고 한다.

3.1운동 100주년을 맞는 한국교회의 과제

나라의 주권을 잃고 일제의 억압과 수탈 속에 온 민족이 신음하고 있을 때 한국의 여러 종교들은 힘을 모아 독립을 선언하고 평화적인 만세 운동도 이끌었다. 기독교는 독립선언을 독자적으로 준비하고 있었으면서도 천도교로부터 함께 하자는 제의를 받아들였으며, 당시 기독교의 교세가 전백성의 1.5% 밖에 되지 않는 미약한 수준이었음에도 불구하고 세계 정세에도 밝았으며 민족의 대표로서의 자의식과 책임을 가지고 만세 운동에 함께 했던 것이다.

100년이 지난 오늘날 천도교는 극도로 쇠퇴하였고, 기독교와 불교는 일제 강점기 친일을 면치 못했으며, 특히 기독교는 이승만 정권과 박정희 정권의 비호 하에 전국민의 25% 정도의 신도수를 가질 만큼 세력있는 종교가 되었다. 기독교인들은 다수가 중산층이 되었고 이명박 장로를 대통령으로 밀어부칠 정도로 정치적인 힘도 막강하게 되었다. 아예 기독당을 창당하기도 하고, 태극기부대와 같은 정치 운동도 조직적으로 할 만큼 힘을 기르기도 하였다.

3.1운동 100주년을 맞이하는 2019년에 앞으로 1세기 간 한국교회의 과제를 생각해본다. 2018년 한국사회의 가장 뜨거운 이슈라고 한다면 명성교회의 세습문제, 교회지도자의 성폭력문제, 성소수자 차별방지법 반대운동 등이다. 교회의 세습은 그 어느 교회를 막론하고 재정관리와 교권과 관련되고, 교회지도자의 성폭력문제는 교권과 관련된 문제이다.

　최근 불교계도 재정과 성관련 문제로 쇄신 운동이 일고 있다. 불교든 기독교든 종교지도자들의 자정이 요구되는 시대이다. 100년 전에 종교적 지도자들이 민족의 문제를 과제로 여기고 움직였던 것에 비하면, 오늘날 종교는 개인의 부귀영화와 절제하지 못하는 성적 욕망의 표출로 한국 사회에서 이미지가 어두워진 지 오래된 것 같다. 민족의 문제를 위해 하나가 되자고 제안하는 것도 이미 어울리지 않는 것처럼 종교지도자들의 거국적 안목이 사라져버린 것 같은 인식을 지울 수가 없다.

　정치계에서는 북한과 평화롭게 지내자고, 그것이 남과 북, 한반도를 살리고 지켜나가는 길이라고 역사적 사명을 인식하며 노력하며 새로운 역사를 쓰고 있다. 종교계가 앞장을 서기는커녕 세속 정치의 노력을 따라오지도 못하고 있는 형편이다. 또한 성소수자를 포함한 모든 소수자들의 인권을 옹호하는 입장에서 차별금지법을 제정하여 국회인준을 받으려 하는데, 유독 기독교계에서 극심한 반대운동을 벌이고 있어 사회적 지탄을 받고 있다.

　그뿐만 아니라 2018년에는 나라의 전쟁을 피하여 제주도에 들어와 난민신청을 하고 기다리는 예멘 사람들을 공격하며 정부에게 타국사람 돕기 전에 자국인부터 보호하라며 목소리를 높이는 것도 유독 기독교인들이다. 모든 종교는 약자를 보호하며 서로 사랑하고 도우라고 가르친다. 21세기 한국교회도 다른 종교와 힘을 합쳐 남과 북을 포함하는 우리 민족에 대한 사랑뿐만 아니라, 세계를 향해 사랑을 전하며 실천하는 종교다운 종교로 거듭나기를 기대해본다.

참고문헌

윤경로, "105인 사건과 기독교수난,"『한국기독교와 민족 운동』, 도서출판 보성, 1986.
이만열,『한국기독교와 민족의식』, 지식산업사, 1991.
이상규, "삼일운동과 기독교," 한국기독학술원 제52회 학술공개세미나 발표문.

3.1운동과 기독교

김 한 나
(성공회대학교, NCCK 신학위원)

우리 민족의 역사를 하나님의 관점에서 'His Story'로 읽어내려가는 것은 기독교인들에게 아주 중요하다. 개인 각자의 삶을 주관하시고 역사하시는 하나님께서는 크게는 우주와 세상을 창조하시고 그 모든 역사를 주관하시는 분이시기 때문이다. 창세기를 보면 하나님께서는 6일 동안 세상을 창조하시고 7일째 쉬셨으며, 당신의 창조물들을 향해 보시기에 좋았더라고 말씀하셨다. 하나님께서는 당신이 창조하신 세상과 사람을 깊은 사랑과 관심으로 지금껏 돌보셨으며, 세상 끝날까지 그 일을 계속하실 것이다. 하나님께서 역사를 주관하신다는 사실은 그분의 아들이신 예수 그리스도께서 직접 사람의 몸으로 이 세상에 내려오시는 사건을 통하여 더욱더 확증된다. 세상을 사랑하사 당신의 독생자를 십자가에 내어주신 구속사건은 이 세상의 역사에 깊이 동참하시는 하나님의 모습을 우리에게 직접 보여준다. 또한, 이스라엘 역사를 통하여 우리는 하나님께서 아브라함과 그 후손을 선택하시고 각 개인과 깊은 관계를 맺으시며, 그들을 구원의 큰 역사에 동참하도록 이끄시는 모습을 볼 수 있다. 아브라함, 이삭, 야곱, 그의 열두 아들로 이어지는 하나님의 사랑은 이스라엘 민족까지 이르러, 한 민족을 이집트의 압제와 핍박으로부터 구원하시는 출애굽 사건에까지 이른다.

이러한 하나님께서 이스라엘 역사를 주관하실 뿐만 아니라, 나의 조국 대한민국의 역사를 주관하신다는 사실은 더욱더 명백하다. 3.1운동에 대한 자료수집과 연구를 통해, 우리 민족과 역사를 주관하시는 하나님의 이야기 'His Story'를 읽을 수 있었다. 하나님께서 사랑하시는 교회와 택하신 그리스도인들을 통하여 고난과 핍박을 당하는 우리 민족을 해방하시고, 악에 대항하여 싸울 수 있는 용기와 힘을 주셨다는 것을 알게 되었다. 많은 그리스도인이 하나님의 뜻에 따라 자신의 목숨을 버리고 택하신 민족을 위해 헌신하였다는 것과 그 과정에서 하나님께서 세세하게 그 모든 것들을 주관하셨다는 것을 깨닫게 되었다. 따라서 3.1운동은 단순히 외세저항 운동이 아니라 민족운동이며, 당시 한국교회와 그리스도인들이 주도적이며 적극적으로 그 민족운동에 참여했다는 것이 우리가 기억해야 할 중요한 사실이다.

우리 민족의 역사에 대한 올바른 조명과 깊은 관심은 현재를 사는 우리에게 주어진 중요한 사명이다. 과거 하나님께서 어떻게 우리 민족을 선택하시고 인도하셨는지에 대한 구체적인 지식은 현재를 주관하시는 하나님의 역사와 연결된다. 사도행전(7장)에서 스데반은 순교하기 직전 이스라엘 민족의 조상 아브라함으로부터 시작하여 다윗의 아들 솔로몬에 이르기까지 하나님께서 함께하셨던 이스라엘의 역사에 대해 설교한다. 과거 하나님의 역사적 개입과 주관하심을 바르게 앎으로써 우리는 현재도 우리와 함께하시는 '임마누엘' 하나님에 대한 깊은 이해에 이를 수 있다. 우리 조상과 함께하셨던 하나님께서 현재 우리를 돌보시며 과거 한민족을 사랑하셨던 하나님께서 지금도 여전히 이 민족을 사랑하신다는 사실은 우리가 꼭 기억해야 할 중요한 진리이다. 이 진리는 우리를 더욱더 굳건히 하나가 되게 한다. 이 진리는 우리를 나라 사랑과 민족 사랑으로 이끌어준다. 이 진리는 우리를 진정 살아있게 한다.

과거와 현재에 우리와 함께하시는 하나님은 우리의 미래에도 함께하신다. 'His Story'로서의 한민족의 역사를 이해하면 현재뿐만 아니라 미래에 대한 큰 소망을 품게 된다. 이스라엘 민족도 출애굽 이후 젖과 꿀이 흐르는 가나안 땅으로 향하는 소망을 품고, 그들의 조상 아브라함에게 이미 약속하셨던 약속의 땅으로 전진한다. 또한, 하나님께서 구원하신 그 민족을 통하여 이루실 미래의 비전에 대한 소망은 예수 그리스도를 통한 인류의 구원에까지 이르러, 아브라함의 후손 중 유다 지파 다윗의 자손 예수 그리스도의 탄생과 십자가 사건을 통해 실제로 우리의 역사 속에서 성취되었다. 따라서, 한민족의 역사를 통해 증명된 하나님의 택하심과 구원은 미래를 향한 하나님의 비전을 간절히 소망하는 길로 우리를 인도하며, 우리 민족과 한국교회에 주어진 하나님의 거룩한 사명을 품게 한다.

3.1운동과 'His Story'

1905년 을사조약 체결 이후 본격적으로 진행되기 시작한 기독교인들의 항일 민족운동은 교회와 주일학교, 기독교계 학교를 통해 민족의식과 애국심을 고취시키는 구체적인 활동으로 이어졌다. 또한, 조세저항운동, 시장세 철폐운동, 일진회에 대항해서 한국 병탄을 막는 노력

등 경제적, 정치적 측면에서 명확하게 전개되었다. 당시 조선에는 기독교와 같이 전국적인 조직을 갖춘 기구나 단체는 없었고, 이러한 조직력을 통해 기독교의 항일 운동은 더욱더 강화될 수 있었다. 따라서 기독교는 일제의 집요한 박해의 대상이 되었고, 교회와 기독교 학교, 기독교 인사들은 일제의 감시와 핍박을 당해야만 했다.* 이러한 상황에서 일제에 의한 가장 큰 기독교 박해 사건이 일어나게 되는데, 그것이 바로 '안악 사건'과 '105인 사건'이다. 1910년 안중근의 사촌 동생인 안명근이 서간도 무관학교 설립을 위해 자금을 모금하던 중, 일제에 발각되어 체포되었다. 당시 서북지방(황해도, 평안남북도)의 항일 기독교 세력과 민족지도자들을 가장 경계하던 일본은 이 사건을 총독 암살미수사건으로 조작하여 160명의 인사를 검거하였다. 이것이 바로 황해도 안악 지방에서 일어났다고 하여 '안악사건'으로 불린다. 이 사건으로 '신민회'의 주요 간부와 많은 회원이 검거되었다. '신민회'는 기독교 이념과 기독교 인사들을 중심으로 조직된 국내 최대 항일 비밀결사 단체로서, 당시 활발하게 독립운동을 전개하였다. 따라서 일제는 가장 큰 경계 대상이었던 '신민회' 조직을 파괴하고 기독교를 탄압하며, 외국인 선교사들을 추방하기 위해 '105인 사건'을 조작하여 대략 700명의 애국지사를 검거하였다. 이 중 123명이 기소되었고, 1심에서 105인이 유죄를 선고받아 '105인 사건'으로 불린다. 일제는 약 72종의 잔인한 고문을 통해 몇 달씩 피고인들을 박해했으며, 그들 중 대부분은 기독교인이었다. 하지만 재판과정에서 기소자들의 용기 있는 증언과 선교사들의 노력으로 일제의 잔인한 만행은 전 세계로 알려지게 되었고, 결국 그들의 기독교 박해는 세계 여론의 강한 질타를 받게 되었다. 따라서 기소된 123명 중

---

* 이만열, 『한국기독교와 역사의식』, (지식산업사, 1981), 63-67.

6명이 실형을 선고받았고, 나머지는 무죄판결을 받았다. 일본의 본래 의도와는 다르게, 이 사건과 관련된 다수의 기독교 인사들은 박해를 받은 후 오히려 더 활발한 국내외 항일 독립운동을 전개하였다. 다수의 인사가 3.1운동에 적극적으로 참여하여 주도적 역할(민족대표 33인과 비서명 민족대표, 평양 수뇌 회의 구성 등)을 하였으며, 더 나아가 상해 임시정부 수립과 활동에 중심적 역할을 하였다.* 그러므로 '안악사건'과 '105인 사건'은 항일 독립운동 역사에 있어 아주 중요한 사건이며, 이와 관련되었던 기독교 인사들이 3.1운동과 대한민국 임시정부 수립에 깊은 영향을 주었다.

    3.1운동의 태동 과정에서도 기독교인들의 주도적이며 적극적인 참여를 뚜렷하게 찾아볼 수 있다. 선교사들을 통하여 국제정세에 기민하게 반응했던 기독교 지도자들은 해외와 국내에서 항일 독립운동을 적극적으로 계획하였다. 1919년 2월경, 상해 기독교 지도자들에 의해 파견된 선우혁은 평북 선천의 양전백 목사를 찾아가 독립운동의 협조를 구했고, 그 후 이승훈 장로와 길선주 목사 등을 만나 독립운동의 참여를 촉구하였다. 선우혁, 양전백 목사, 이승훈 장로 모두 '105인 사건' 때에 함께 박해를 당했으며, 양전백 목사는 1916년 예수교장로회 총회장을 지냈던 교계 인사였다. 이 계기로 평양에서 김선두 목사를 비롯한 교회 지도자들이 독립운동을 위한 자금 준비와 동원 문제 등을 논의하였다. 서울에서는 YMCA와 세브란스를 중심으로 독립운동이 계획되었는데, 이 모든 운동 계획은 이승훈 장로, 함태영 목사 등에 의한 천도교 측과의 연합운동이 알려진 후 하나의 전국적인 운동으로 수렴되었다.** 천

---

* 윤경로, "105인 사건과 기독교 수난," 『한국기독교와 민족운동』. (도서출판 보성, 1986): 285-334.

도교와의 연합과정 또한 손병희와 최린이 기독교 측과 제휴하지 않으면 독립운동이 성사될 수 없음을 인식하고 이승훈 장로를 만나 연합을 제의하면서 시작된다. 이는 이미 기독교의 독립운동이 구체화 되고 있었으며, 한 말에 형성된 기독교인들의 민족의식과 전국 조직력이 거족적 독립운동을 위한 중요한 요소가 되었기 때문이다. 또한, 3.1운동의 기반이 된 독립선언서에 서명한 33인 중 16인이 기독교를 대표하는 인사들이었고, 준비과정에 참여했던 주요 48인 중 24인이 기독교인이었다는 사실은 기독교인들이 3.1운동에 주도적으로 참여했음을 명확히 보여준다. 3월 1일 당일 서울을 비롯한 12 지역에서 일어난 만세운동 또한 모두 기독교인 혹은 교회가 중심이 되어 일어났다. 당시 기독교인들의 수가 전체인구 수의 대략 1.3 %인 점을 고려할 때, 기독교인들과 교회의 3.1운동 참여는 실로 경이로운 수준이다. 일본의 조선총독부 통계에 의하면 초기 일어난 만세운동 중 주동세력이 명확히 드러난 경우, 기독교인이 주도한 지역이 25~38%로써 특정 종교 세력 중 가장 큰 비율을 차지한다.*

따라서 3.1운동 이후 기독교를 향한 일제의 박해와 보복은 가장 가혹했다. 강점 초기부터 가장 위협적인 배일세력으로서 일본의 경계와 핍박의 대상이었던 기독교는 3.1운동 이후 끔찍한 시련과 고난을 겪게 되었다. 총독부의 통계에 의하면 "교회당의 파괴가 47동, 일부 파괴가 24동, 손해 41동이며, 1919년 6월 30일 현재 투옥된 교역자 수가 1백 51명이며, 매 맞고 죽은 자가 6명(이것은 장로회 총회에 보고된 것임)이며 기독교 계통의 학교 2동이 소실"되었다. 이 중 가옥과 재산상의 피해는

** 이만열, 앞의 책, 63-67.
* 이만열, 『한국기독교와 민족의식』, (지식산업사, 1991), 345-350.

다른 종교나 단체가 아닌 기독교에서만 나타났다. 그중 1919년 4월 15일 경기도 화성군 향남면 제암리에서 일어난 '제암리 사건'은 3.1운동 후 일제가 자행한 기독교 박해의 잔인한 실상을 낱낱이 보여주는 대표적 사건이다. 3.1운동이 일어나자 수원군 발안장에서도 제암리 감리교회 청년들을 중심으로 만세운동이 일어났다. 이때 일본의 발포로 15명의 사상자가 발생했고, 만세에 참여했던 교인들은 심한 매를 맞고 피를 흘렸다. 하지만, 발안장 만세 사건 이후로 제암리 교인들은 밤마다 산에 있는 80여 개의 봉화를 올리며 만세를 불렀고, 이는 주변 마을에 호응을 일으켰다. 당시 일제는 군사를 풀어 만세운동이 활발하게 일어났던 경기 지역에서 방화와 살육을 저지르고 민간인들을 검거했다. 4월 15일 일본군 부대 제20사단 소속 장병들은 아리따께오 중위와 함께 제암리에 도착했다. 그들은 자신들의 만행을 사과하겠다는 거짓 명분으로 만세운동에 참여했던 사람들을 교회당에 모이게 한 후, 밖에서 문을 잠그고 교회 건물을 향하여 무차별적인 집중 총격을 가했다. 그들은 석유를 뿌린 후 교회 건물에 불을 질렀고 주변 민가에도 방화를 저질렀다. 이 사건으로 희생된 대부분은 만세운동에서 주도적인 역할을 한 기독교인들과 천도교인들(대략 9명)을 포함 약 29명으로 추정된다. 사건 후, 당시 의료 선교사였던 스코필드 박사가 제암리에 달려와 유골을 모아 공동묘지에 묻었다. 그는 당시의 참담했던 상황을 사진에 담고 증거를 수집하여 이 사건을 세상에 알렸다.*

    이러한 일제의 잔인한 박해 속에서도 3.1운동에 참가했던 기독교인들은 여전히 국내외에서 독립운동을 지속해 나갔다. 일부는 상해 임시정부에 참여하여 중요한 역할을 하였고, 일부는 간도에서 교육 활동

---

* 이만열,『한국기독교와 역사의식』, 71-81.

이나 독립군 부대 지원을 계속해 나갔다. 3.1운동 이후 일제는 강압적인 식민정책으로는 한국인들의 독립 의지를 꺾을 수 없음을 깨닫고, 겉으로는 유화정책을 가장한 문화통치로 한민족을 더욱더 강하게 억압하였다. 따라서, 국내에 거주하던 기독교인들은 일본의 악랄한 식민정책에 맞서, 사회적이고 경제적인 운동을 통한 독립운동을 전개해 나갔다. 1920년대 일본은 '산미증산계획'을 통해 한국을 일본의 부족한 식량을 조달하는 공급지로 만들었고, 이로 인해 한국의 농촌은 아주 피폐해져 갔다. 이러한 민족의 경제 문제를 해결하기 위해 '조선 물산장려운동'과 같은 자립운동이 기독교인과 기독교 학교를 중심으로 일어났다. 이와 함께, 1928년 장로교와 감리교에는 '농촌부'가 설치되었으며, 기독교는 농촌의 자립과 농민의 권리 신장 등의 문제 해결을 위한 '농촌운동'을 적극적으로 전개해 나갔다. 또한, 일본이 '민족 정신말살정책'을 위해 한국에 들여온 퇴폐문화에 저항하여, 술과 담배 아편을 금지하고 공창을 폐지하는 '절제운동'이 교회를 중심으로 활발하게 전개되었다. 1934년 '장로교 선교회 절제부'에서 각 교회에 보낸 근청문을 살펴보면, 술과 담배, 아편과 공창이 한민족의 정신적 타락뿐만 아니라 생명과 재산을 위협하는 것임을 강조하고 있다. 또한, 각 교회에 이러한 문제 해결을 위한 구체적인 행동 강령을 제시하며 공예배 때에 성도들에게 이를 꼭 읽어주기를 당부하고 있다. 이렇게 기독교를 중심으로 전개된 절제운동은 사회 곳곳에 퍼져나갔다. 이와 함께 백정의 신분 해방을 위해 일어난 '형평운동'은 기독교의 평등사상을 바탕으로 전개되었다. 기독교는 다양한 사회 문제를 기독교적 관점에서 조명하고 해결하려는 노력과 함께, '남녀평등', '혼인·정조의 신성성', '아동의 인격 존중' 등과 같은 내용을 담은 '사회신조'를 제정하였다.

3.1운동을 포함한 독립운동의 역사를 살펴보면 교단 간 연합을 통해 독립운동을 전개했다는 중요한 사실을 찾아볼 수 있다. 이미 1896년 8월 국왕 탄신일에 교회연합적인 경축 행사가 진행되었고, 천여 명의 기독교인들이 애국가를 부른 후 조선의 자주독립과 발전을 위해 한마음 한뜻으로 하나님께 기도하였다. 이후 1905년부터 한국 교회는 적극적으로 교파연합운동을 전개하였다. '한국복음주의선교공의회'는 장로교와 감리교 선교사 150명이 모여 조직한 공의회로서 기독교사업을 함께 추진하는 것뿐만 아니라 궁극적으로 한국복음주의 교회의 조직(단일화된 한국교회 설립)을 목표로 하였다.* 이후, 1925년에는 '조선예수교연합공의회'에 의해 '사회부'가 설치되어 다양한 사회적 문제의 해결과 민족 복지를 위한 연합활동이 전개되었다. 또한, 1928년 설치된 '농촌부'를 통하여 농촌의 자립과 당면 문제 해결을 위한 '농촌운동'이 진행되었으며, 1930년에는 '절제운동'이 연합공의회 활동으로 채택되었다. 그후, 1932년 연합공의회는 기독교 사상에 기초한 '사회신조'를 제정하여 사회 문제 해결을 위해 함께 힘썼다.

　　마지막으로, 대한성공회 교단의 만세운동 참여에 대해 살펴보고자 한다. 성공회 병천교회와 진명학교(성공회 소속)는 유관순에 의해 잘 알려진 '아우내 만세운동' 준비과정과 당일 시위현장에서 중심적 역할을 감당하였다. 진명학교 김구응 선생과 부교장이자 병천교회 전도사였던 박병무(어거스틴)은 교회 청년들과 함께 독립운동을 조직적으로 준비하였고, 진명학교 학생들과 병천교회 교인들은 만세운동 때 사용할 태극기를 만드는 일에 대거 참여하였다. 당시 병천에 이와 같은 조직적인 준비가 가능했던 공동체는 성공회와 진명학교뿐이었고, 수천 장의 태

---

* 이만열, 『한말 기독교와 민족운동』, (평민사, 1986), 86-88, 105-106.

극기를 그릴 수 있는 장소와 인원 동원이 가능한 곳도 진명학교뿐이었다. 거사 당일, 김구응 선생은 군중 앞에서 만세운동을 주도하였고, 가장 먼저 일본군 총격에 사살되었다. 그 외에도 많은 성공회 교인들과 진명학교 교사와 학생들이 만세운동에 적극적으로 참여하였다.*

3.1운동의 신학적 의의

3.1운동의 역사에 관해 연구하면서 많은 교회와 그리스도인이 3.1운동에 주도적이고 헌신적으로 참여했음을 깨달았다. 그들은 하나님의 부르심과 뜻에 따라 민족을 사랑하는 마음으로 자신들의 생명을 중요하게 여기지 않았고, 갖은 박해와 고난 속에서도 끝까지 포기하지 않았다. 이는 이스라엘 민족의 고난을 연상케 하였으며, 이집트에서 종살이와 핍박 가운데 그들을 구원하신 하나님의 손길을 떠올리게 한다. 당시, 교회에서도 이집트를 일본에 이스라엘은 조선에 비유하거나, 골리앗은 일본 권력에 다윗은 독립운동가에 비유하곤 하였다. 이와 같이 우리 민족의 고난은 곧 교회의 고난이었고, 민족이 당한 핍박은 곧 교회가 당한 핍박이었다. 이스라엘 민족의 부르짖음에 응답하시고 모세를 보내어 이스라엘 민족을 구원하신 것처럼, 하나님께서는 우리 민족의 고난에 응답하셨고 당신의 몸 된 교회와 택한 자녀들을 민족 독립운동으로 이끄셨다. 이 과정에서 많은 기독교인이 목숨을 잃었고, 교회 건물은 파괴됐지만, 하나님을 사랑하고 민족을 사랑하는 한국교회의 정신은 더욱더 강하게 불타올랐다. 이러한 'His Story'로서의 역사를 올바로 아

---

* 전해주, "성공회 병천교회의 3.1 아우내 만세운동에 대한 기여," (성공회대학교 신학전문대학원 석사학위 논문), 2006, 28-49.

는 것은 곧 하나님을 아는 것이다. 또한, 이것은 현재의 하나님과 미래의 하나님을 바로 아는 것이다.

　과거 우리 민족을 사랑하셔서 구원해주셨던 하나님께서 현재 우리 민족을 사랑하신다. 그 사실은 현재의 교회와 기독교인에게 분단된 민족의 아픔을 깊이 통찰하게 만든다. 당신의 사랑하는 한민족이 하나가 되기를 간절히 바라시는 하나님의 마음이 우리의 가슴을 깊이 채운다. 이집트로부터 해방된 이스라엘 민족의 소망이 예수 그리스도를 통한 인류의 구원으로 향했던 것처럼, 이제 우리 미래의 소망은 민족의 진정한 통일을 향해야 한다. 또한, 민족의 분열로 인해 한국교회도 남북으로 나누어졌음을 기억하며, 그리스도의 몸 된 교회가 진정 하나가 되기를 소망해야 한다. 과거의 역사를 바르게 앎을 통해 하나님께서 우리를 하나의 민족과 한 몸 된 교회로 부르셨다는 것을 깨닫고, 하나님의 뜻이 이루어지기 바라는 마음으로 일치를 향한 소망과 비전을 품어야 한다. 그리스도께서는 교회의 머리이시며, 우리는 각 지체로서 한 몸을 이룬다. 남북통일과 남북 교회의 하나 됨을 위해서는 우리 남한의 교회가 먼저 하나가 되어야 한다. 우리가 싸우고 분열된 상태에서 진정한 일치를 향해 나아가기란 어렵다. 남한의 교회가 하나가 되는 노력을 통해 우리는 남북 교회의 일치를 위해 나아갈 수 있으며, 한 몸 된 한국교회가 민족의 통일을 함께 소망하고 준비할 때 하나님의 거룩한 뜻에 동참할 수 있다. 하나의 교회, 하나의 민족 하나님이 부르신 뜻대로 우리가 하나가 된다면, 분열된 세계 교회에 새로운 소망의 빛을 비출 수 있다. 하나님께서 통일과 참된 일치로 나아가는 한국교회와 민족에게 기름을 부으셔서 세상의 모든 교회의 일치를 위한 거룩한 빛으로 삼으시길 간절히 소망한다.

참고문헌

이만열, 『한국기독교와 역사의식』, 서울: 지식산업사, 1981.
____, 『한국기독교와 민족의식』, 서울: 지식산업사, 1991.
____, 『한말 기독교와 민족운동』, 서울: 평민사, 1986.
윤경로, "105인 사건과 기독교 수난," 『한국기독교와 민족운동』, 도서출판 보성, 1986.
전해주, "성공회 병천교회의 3.1 아우내 만세운동에 대한 기여," (성공회대학교 신학전문대학원 석사학위 논문), 2006.

기독 부부 독립운동가

장 영 주
(구세군사관대학원대학교, NCCK 신학위원)

"…공릉장날 3월 28일을 택하여 독립의거에 들어선 것이나 왜경의 흉탄으로 많은 사상자를 낸 것 어찌 잊으랴 어찌 잊을 수 있으리오…"

위 내용은 파주시 봉일천시장 입구「파주 3.1운동 기념비」비석에 새겨진 글귀이다. 1919년 3월 파주지역 최대 규모의 3.1 만세 운동은 구세군의 염규호 정교(장로) 임명애 부교(집사) 부부를 중심으로 지도자 19인, 희생자 8명, 22명의 체포 및 옥고를 포함한 3천여 명의 군중들의 역사를 담고 있다.

일제 강점기 시기에 민족의 염원이었던 독립을 위해서 3.1 만세운동에 참여하거나 주도한 사람들은 수도 없이 많다. 그들 중에 대부분은 남성들이었지만 여성독립운동가들 역시 적지 않게 만세운동에 참여하고 활동하였다. 그런데 부부가 함께 독립운동에 참여한 일은 그리 많지 않다. 이것에 관련하여 본 글에서는 파주시 교하리 3.1만세운동을 주도했던 기독교인 부부였던 염규호·임명애 부부의 삶을 통해 오늘 3.1운동을 기억하기를 원하는 후손들이 생각하고 다짐해야 할 것들을 함께 나누고자 한다.

앞서 언급한 3.1만세운동과 관련하여 염규호와 임명애 부부가 주도한 파주시 교하리 3.1만세운동은 상당히 큰 만세 운동이었다.

이 시위는 파주군 봉일천리로 이어져서 봉일천 장날(공릉장)에 모인 수천명의 파주 전역의 군중들이 참여한 대규모의 만세시위로 이어진다. 당시 38세였던 염규호는 그의 아내 임명애와 함께 3.1만세운동을 벌이다가 체포되어 경성지방법원에서 보안법, 출판법 위반 혐의로 징역 1년을 선고받았고 1983년 정부에서는 염규호 고인의 공훈을 기리기 위하여 1990년에 건국훈장 애족장(1983년 대통령표창)을 추서하였다. 당시 징역 1년 6개월을 받았던 임명애는 3.1운동 활동을 통해 파주군 독립유공포상자로 선정되었다.

복음의 사람 염규호·임명애 부부

"그는 가세가 척빈한 상황 속에서도 영문에 마루가 없어 습한 바닥에서 예배드리기 곤란함을 걱정하여 자발적으로 석회 한 섬을 사오고 교우들에게 특별 헌금을 부탁할 뿐 아니라, 자갈과 모래를 등짐으로 날라 예배당 바닥을 마루대신 석회로 수축하여 필했다."

위 글을 통해 염규호 정교가 얼마나 신앙심이 깊고 열성적인가는 「救世新聞」 1918년 8월호 3면 2단에 실린 기사를 통해 알 수 있다. 교하영문 담임사관(목사)인 참위 김태제(8기 '강력한 충성자' 학기로 1919

년 2월 26일 교하영 부임 추정)의 보고에서 염규호 정교의 깊은 신앙심과 매우 헌신적인 구세군인 임을 말하고 있다.

염규호 정교는 적극적이며 매우 헌신적인 사람이었다. 그는 1880년 3월 23일 경기도 파주군 와석면 교하리(瓦石面 交河里) 578번지에서 태어났다. 교하 지역이 「구세신문」에 처음 등장하는 것은 「구세신문」 1916년 11월호(4면 1단)에 '디방통신'란 기사이다. 본 기사를 통해 교하에 구세군영(교회)이 설립된 배경은 다음과 같다. "교하에 살고 있던 염규호·임명애 부부는 평소 구세군을 심히 사랑하여 교하에 구세군영(교회)이 설립되기를 간절히 바랬다." 또한 "염규호 부부의 간절한 소망에 의해 문산포 특무정교(대표 장로) 조춘홍 부부와 문상중앙영 장기영(張基永) 사관(목사) 등이 교하에서 열심히 전도하여 십여명에 결신자를 얻었으며 이들을 중심으로 교하영(구세군교회)이 설립되면 힘써 돕기로 결심하였다"는 것이다. 이를 바탕으로 하여 교하영의 출발은 1916년 10월경으로 추정할 수 있다. 염규호는 1917년 5월 중순 교하영에서 브래지 사령관(총회장)이 인도한 병사입대식(세례식)에서 병사(성도)가 되었다(「구세신문」 1917년 7월호 2면 개성지방 소식). 이후 교하영문은 1917년 9월 초순 영문(교회) 신축락성식을 가졌다.(「구세신문」 1917년 10월호 2면 '교하영문신축락성식인도'.)

교하리 만세운동을 주도하다

이런 배경에서 신앙생활을 하던 염규호 정교는 1919년 3월 전국적으로 일어난 3.1만세운동에서도 그의 성품 그대로 능동적이었다. 염 정교(장로)의 고향이자 출생지이며 생활의 근거지인 와석면에서도 3.1만세운동이 일어났다. 교하에서의 만세운동은 3월 10일 구세군 부교(집사)인 임명애(任明愛, 음력 1886년 3월 25일생으로 당시 32세)가 운동장에 모여 있는 100여 명의 교하공립보통학교 학생들 앞에서 큰 소리로 조선 독립 만세를 외치자 학생들은 이에 호응하여 교정에서 독립 만세를 부르며 시위를 했다. 그 해 3월 26일에 교하 구세군 교회 교인들을 포함한 700명의 군중들과 함께 염규호·임명애 부부는 선두에서 군중을 인솔하고 읍내로 나아가서 독립만세를 부르면서 면사무소 앞에서 격렬한 시위를 벌이게 된다. 그러나 이 시위운동은 확산되지 못하였고, 지역 주민들은 시위운동의 확산 방법을 찾다 3월 하순 본격적인 시위운동을 벌였다. 3월 25일 교하리 염규호 정교 집에서 김수덕(金守德), 김창실(金昌實) 등과 3월 28일 동리 산에서 독립 만세 시위를 벌이기로 계획하고 "오는 28일 동리 산에 집합해야 할 것이며, 만약 그것에 응하지 않으면 방화하겠다"는 취지의 격문을 제작 인쇄 배포하였다. 그러나 만세 시위는 하루 앞당겨진 3월 27일에 일어났으며 그날의 상황은 격하게 흘러갔다.

당시 경기도장관인 마츠나가 다케기치(松永武吉)는 3월 27일 교하에서 일어난 만세 시위에 대해 이렇게 보고하고 있다.

"파주군내, 경무부장의 보고에 의하면 27일 오후 4시경 와석면 교하리에 약 700인의 군중이 동면사무소를 습격하여 유리창(硝子)과 지붕 등을 파괴했다. 분견소에서 하사 이하 3명이 응원하고 이때 면서기 2명은 투석으로 인해 부상을 입고 면장은 위험하기 때문에 일시 피난… 헌병대가 발포 선인 1명이 부상했다."

파주운동사에 의하면 3월 27일 염규호는 부인 임명애와 더불어 학생 김수덕, 농민 김선명, 김창실 등 700명의 동리민을 모아 면사무소로 행진하여 면사무소를 에워싸고 면서기들에게 업무 중단을 요구하며 유리창을 부수기도 하였다. 그 사이 시위대는 1,500명으로 불어났고 교하 헌병 주재소로 행진하였다. 교하 주재소 헌병들은 파주 헌병 분소에 병력 지원을 요청하였고 증파된 헌병들은 시위대를 향해 발포하여 당하리 사람 최홍주(崔鴻柱)가 현장에서 사망했다.* 이날 와석면 시위를 위해 격문을 인쇄하여 배포한 염규호 정교와 시위를 이끈 임명애 부교가 와석면에서 만세운동의 주모자로 체포되었다. 임명애 부교는 죄명이 보안법위반, 출판법위반으로 경성지방법원에서 1919년 6월 3일에 1년 6월 징역형을 받고 서대문감옥에 수감되었다가 1920년 9월 25일 만기 출옥하였다.** 염규호 정교는 출판법위반으로 기소되어 9월 29일 경성복심법원(京城覆審法院)에서 8개월 형을 언도 받고 서대문감옥에서 수감생활을 하다 1920년 4월 28일 은면(恩免)으로 출옥하였다.*** 그는 출옥한 후 시위주도 혐의로 1년 6개월 형을 서대문형무소에서 복역하고 있는 아내 임명애 부교의 옥바라지와 감옥에서 출산한 딸을 돌보며 해방을 염원하다가 1941년 3월 9일 생을 마감했다.****

임명애는 만삭의 몸으로 체포되어 옥고를 치르다가 출산을 위해 임시 출소하였다가 아이를 낳고 11월에 다시 갓난아이와 함께 입소하여 서대문 여형무소 8호 감방에 재수감되었다. 당시 함께 입소한 유관순

---

* 이정은, 『파주독립운동사』, (파주문화원, 2013), 150, 216, 218, 224, 238, 256, 257.
** 한국사데이커베이스, 일제감시대상인물카드.
*** 한국사데이커베이스, 일제감시대상인물카드.
****파주시, 『파주독립운동가(도록집)』 (파주시, 2016), 13, 59.

은 산후조리도 하지 못하고 들어온 임명애를 극진히 돌보는 동지애를 보여주었다. 그 감옥에서 유관순은 1920년 9월 28일 순국하고 임명애는 유관순의 죽음을 목격한 증인이 되었다. 그 후 7개월을 더 옥고를 치르다가 1921년 4월 만기 출소하였다.

염규호의 아내인 임명애는 교회 안팎으로 그 당시 '여성지도자'의 역할을 충실히 했다. 그녀의 직업은 '구세군 사령'이라고 기록되어 있는데 이는 구세군 교하 교회에서 담임목회자의 사역과 버금갈 정도로 전도부인으로서의 역할을 충실히 담당했을 여지를 보인다. 그녀는 교회 내뿐만 아니라 독립운동가로서의 여성지도자였다.

기독 부부 독립운동가 염규호 · 임명애의 흔적

3.1 독립만세운동 속에 상당한 흔적을 남겼던 기독교인이면서 동시에 부부 독립운동가로서의 염규호 · 임명애의 삶과 신앙은 '신앙과 현실' 사이의 관계를 다시 생각하게 한다. '신앙과 현실'은 동떨어진 두 세계의 충돌이나 이질적 두 세계의 영원한 평행도 아니다. 좋은 신앙인은 현실의 아픔에 동참할 수 있어야 한다. 이들 부부의 삶은 그 당시 어둡고 아픈 삶의 현장이었던 당시의 조선의 땅에 살아갔던 신앙인들의 '예수 살기'에서 비롯되었다. 3.1운동의 격변적인 흐름 속에 있었던 기독 부부 독립운동가 염규호 · 임명애의 삶의 흔적을 통해 다음과 같은 내용들을 함께 생각하면서 글을 맺고자 한다.

첫째는 3.1운동은 성별분리를 넘어서서 항일독립민족운동을 위한 연합운동으로써 권력을 넘어선 연대성의 집합체이었고 인간의 주체성 확립을 세움이었다. 이 운동 속에 이들 부부는 적극적인 비폭력 시위를

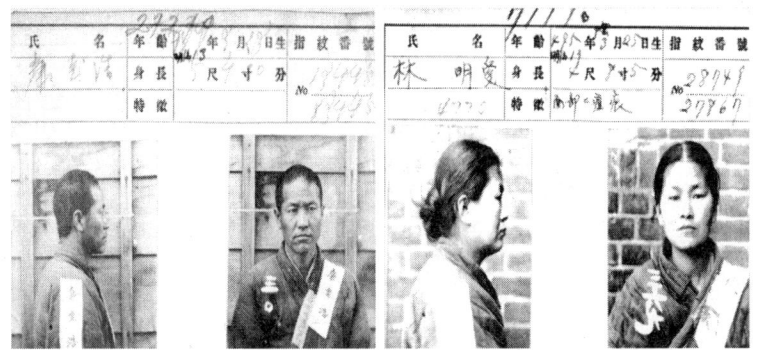

주도하며 일제의 가혹한 탄압을 저항하는 역사 현장 앞에 실천적 신앙을 행했다. 부부의 독립운동은 역사 속에서의 남녀 차별과 불합리한 사회적 신분의 차별을 넘어서는 각자 '하나님 형상'을 가진 평등한 부부로서의 '파트너십 실천 운동'이었다는 것을 기억해야 할 것이다. 이것은 여전히 '차별과 혐오의 사회'를 살아가는 지금의 시대를 살아가는 우리 모두에게 긍정적 정신적 유산과 자극이 되기 때문이다.

남녀평등의 정신과 여성들의 사회운동을 자극시킨 3.1운동의 흐름 속에 이들 부부의 독립운동은 가히 고무적인 일이었다. 당시 제국주의에 대항한 부부의 저항정신과 평등 그리고 인권의 정신은 극도의 개인주의와 혐오 속에 살아가는 우리 사회를 다시 돌아보게 한다. 의식화된 남여의 연대성을 통해 기독교의 근본 원리이자 3.1운동의 지렛대였던 자유, 평등, 해방 정신이 '예수 살기'(follow to Jesus)로써 실제화되며 실천되어서 억압과 고통당하는 타자화된 이웃들을 살리고 돌봐야 할 것이다.

둘째, 부부 독립운동가의 삶을 통해 여남의 정치영역을 극명하게 확보한 것을 주목해야 할 것이다. 그것은 정복과 지배를 넘어서는 몸부림이었고 특별히 여성이 정치의 영역으로 나온 최초의 시기였다고 할 수 있다. 당시 유교문화의 체제하에 여성의 목소리는 접할 기회가 거의 없었으며 단지 '정절'과 '복종'을 강요하는 사회 속에서 3.1만세운동 참여를 통해 여성들이 공적인 영역에 나온 것은 큰 의의를 갖는다. 동일한 맥락 속에서 당시 약자로서의 조선 남성들 역시 일제 강점기의 가혹한 체제 속에서 동일한 인간의 목소리를 내세우며 거리에 나온 것 역시 조선인으로서의 여남이 정치의 영역으로 나왔다는 것을 의미한다.

때로 사회 집단 내에서 정복과 지배현상이 나타나고 이때에 사람들에게는 희소한 가치, 예를 들면 부, 자원, 재화, 권력, 명예 등의 희소가치를 둘러싸고 공동체의 갈등이 나타난다. 이 때 공평한 분배의 과정을 통해 사회질서 유지와 공동체의 존속이 이루어져야 하는데 이것을 인간생활에 필요한 정치라고 한다면 3.1운동과 그 운동에 참여한 대다수의 사람들의 활동 역시 이와 동일한 맥락에서 이해할 수 있다. 염규호·임명애 부부의 적극적인 활동 역시 당시 약자로서의 조선 남녀의 정치영역을 자리매김한 모습이었다.

셋째, '하나님 형상으로서의 회복'이라는 신학적 입장에서 사회의 약자였던 임명애를 포함한 전도부인들의 올바른 성서읽기와 성서해석 그리고 실천을 통해 여전히 약자를 터부시하면서 가부장적인 모습을 가진 현 교회들의 깊은 신학적인 반성과 성서 본래의 정신으로의 돌이킴이 있어야 할 것이다. 그 남녀평등은 성 평등만이 아니라 사회적 위치, 조직의 남녀 인원수의 평등한 조화, 임금 등에 있어서도 남여 모두에게 동등하고도 공평한 성형평성이 함께 조화를 갖추는 것이다. 이런 면에서 근대 기독교의 영향을 받은 3.1운동의 정신, 자유, 평등, 독립, 해방으로서의 정신이 특별히 남자들이 대부분 기득권을 가진 교회들 속에 실제화 되어야 할 것이다. 염규호와 같은 의식화된 남성들을 통해 여성의 권리는 인간의 권리로서 함께 주장되어야 한다. 성경을 통해 문자가 보급됨에 따라 전통적 여성관이 변화하였고 자유평등사상의 만개로 당시 기독교 여성들은 공적 영역으로 진출하였다. '안 사람'으로서 단지 집안일을 돌보는 소극적 차원에서 집밖으로 나와 예배당에 출석하고 거리에서 독립만세운동을 적극적으로 펼쳤다. 단지 '남자 돕기'에 전 삶을 바쳤던 여성에서 남녀를 포함한 '인간 살기'의 의식으로 전환하였다. 여성은 남성 보조를 넘어선 평등한 주체로서 인식되었다. 시민적 권리 주체로서 여성을 세우는 일은 남성과 함께 자유평등 독립운동의 핵심 가치를 실현하는 것이다.

참고문헌

이정은, 『파주독립운동사』, 파주문화원, 2013.
『구세공보』, 2016. 8월호.
『구세공보』, 2017. 8월호.
『구세공보』, 2018. 8월호.

기독여성의 옥중 만세운동

장 영 주
(구세군사관대학원대학교, NCCK 신학위원)

　　일제강점기에 국권회복을 위하여 수많은 독립 운동가들이 활동하였다는 것은 익히 알고 있는 사실이다. 그런데 그중에 여성 독립운동가들도 있었다는 사실을 기억하는 사람은 많지 않다. 자주 독립을 획득하는 일은 남성만의 전유물이 아니었다. 독립운동은 남녀가 함께 참여한 운동이었다.

　　나라의 국권을 일제 강점기에 독립운동을 한 공로로 정부로부터 훈장을 받은 독립운동가는 2015년 5월 현재 13,930명이다. 그 중에 정부가 공식적으로 추모하는 여성 독립운동가는 292명이나 된다. 국권회복을 위해 분기점이 된 1919년 3.1운동에 참여한 여성들, 특별히 기독여성들은 복음을 통한 교육과 계몽을 통해 여성의 의식이 고양되는 시기였고 이것은 일본 식민지로부터의 해방과 항일운동 참여의 계기가 되었다.

　　이후 3.1만세운동에 참여했던 기독여성들은 일제의 단속을 통해 전국의 서로 다른 형무소로 수감되다. 특별히 3.1만세운동에서 체포자의 다수를 차지했던 서울 시내 여학생은 물론 전국 각지에서 올라와 체포됐던 이들은 구류, 미결, 무기징역으로 형량이 부과됐는데, 그 형량은 곧 일제에 대한 불복종의 강도를 의미했다. 그 중에 특히 서대문형무소 여옥사는 1918년 즈음 전국 각지에서 독립운동에 참여한 많은 여성 독립운동가들을 별도로 수감하기 위해 설치되었다. 그 당시 서대문형무소의 여성독립운동가에게 허락된 공간은 한두 평 남짓했다. 2.65평의 큰 방에는 10~11명, 1.23평의 작은 방에는 5명 정도가 수용되고 있었는데, 이미 옥사의 수용인원 한계를 초과한 상태였다.

한마디로 서대문형무소는 항일저항운동에 투신했던 독립운동가들의 투옥 집결지였다. 1918년 말에는 12,249명, 1919년 15,725명, 1930년 16,677명 등 수용인원이 기하급수적으로 늘어남에 따라 수감자들은 굶주림과 질병으로 사망하는 등 열악한 환경에 놓여 있었다. 그곳은 일제의 수감·재판·사형 등의 진행과 동시에 항일투쟁이 벌어지는 또 하나의 독립운동의 장소였다.

그중에서도 서대문 여옥사 8호 감방은 3.1독립만세운동 때에 유관순, 이신애, 어윤희, 권애라, 임명애 등 많은 여성 지도자들이 수감되었던 감방이었다. 이들은 옥중에서도 항일 투쟁을 멈추지 않았었다. 그 여옥사는 곳에서 지속적인 만세운동과 투쟁의 연속적인 집결지였다.

이러한 관점에서 본 글은 3.1운동 만세운동에 직접적인 관련을 갖고 항일투쟁을 벌였던 기독여성들 유관순, 어윤희 장로, 구세군의 임명애 열사 등을 중심으로 투옥된 이후에도 옥중에서 끊임없이 만세운동을 실천한 그들의 모습을 살펴보려고 한다. 그리고 감옥에 투옥된 상황에서조차도 민족독립운동의 피맺힌 염원을 가지고 주도적으로 펼쳤던 기독여성독립운동가들을 통해 그들의 절규와 목숨을 건 항쟁이 오늘 이 시대를 살아가는 남과 여, 여와 여 사이의 관계성을 위한 한국 기독교의 실천과 아직까지도 완전한 독립을 하지 못한 한반도에 시사하는 바는 무엇인지를 생각해 보기로 한다.

서대문 형무소의 여성독립운동가들: 유관순/어윤희/임명애

유관순은 여성독립운동가로서 대표적으로 떠오르는 인물이다. 그녀는 1902년 11월 17일 충남 천안군 동면 용두리(지령리) 338번지에서 부친 유중권과 모친 이소제 사이의 3남 2녀 가운데 둘째 딸로 태어났다. 유관순의 부친 유중권은 교육을 통한 구국운동에 깊은 관심을 나타냈는가 하면, 향리회를 설립하여 신앙운동을 펼치기도 하였다. 그녀의 아버지 유중권은 사회개혁, 부녀자 계몽, 교육 발전 등을 통한 자주독립의 길을 모색했던 인물이었다. 이러한 부모 밑에서 자란 그녀는 재학 중이던 이화학당에서 신앙생활과 구국운동을 함께 병행하게 된다. 그리고 이와 같은 유관순의 삶의 이면에는 신앙과 국권회복이 다름이 아님을 알게 해 준 정동교회 손정도(1882~1931) 목사 같은 인물이 있었다. 그녀는 새벽마다 조국의 광복을 위해 기도하면서 신앙과 조국의 자주독립에 대한 비전을 연결시켰다.

이후 유관순은 3.1만세운동에 참여한 학생들이 총독부의 휴교령을 받고 귀향하게 되면서 그녀 역시 1919년 4월 1일 자신의 고향인 충남 천안으로 내려간다. 그리고 그녀는 천안 병천 시장에서 전국적으로 가장 격렬하고 규모가 큰 아우내 독립만세 시위를 주도하다가 체포되어 서대문 형무소에서 순국한다. 그녀는 무참한 구타에 의해 1920년 9월

28일 서대문형무소 여옥사에서 순국했지만 수형기록카드 상에는 출소 년월일이 1921년 1월 2일로 기재되어 있었다. 당시 서대문 감옥에는 독립운동에 참여한 우국지사들이 상당수 수감되어 있었다.

1881년 6월 20일생인 어윤희는 1919년 3월 1일 개성 만세운동을 준비하고 독립선언서를 배부한 인물이다. 그녀는 1909년 30세 때에 개성 북부교회 예배에 참석하고 예수를 영접하였다. 그 이후 미리흠 여학교에 입학하여 정규 교육을 받았고 1915년 졸업 후 전도사와 전도부인의 역할로 개성 동부교회에서 목회를 시작했다.

이후 그녀는 1919년 개성에 있는 여자성경학원 사감으로 임명되어 재직하는 중에 개성만세시위를 주도하며 준비했다. 당년 3월 3일 호수돈 여학교 학생들을 시작으로 개성만세시위가 시작되었고 그 앞에는 어윤희 전도부인이 있었다. 이처럼 개성만세시위는 기독여성이 주도한 시위였다. 이후 어윤희는 일제 경찰에 체포되어 경성 지방법원 재판에 회부되어 '치안을 방해한 자'로 징역 1년 6개월을 선고받고 서울 서대문 형무소 8호 감방에 수감되었다. *

그리고 그 곳에는 이화학당 학생 유관순도 함께 있었다. 그녀는 감옥 안에서도 투쟁을 계속하였고 일본인 간수의 앞잡이 노릇을 하던 죄수를 전향시켜 독립투사들의 비밀연락원으로 만들고 옥중에서 전도하는 일을 계속 이어나갔다. 모진 고문을 받고 출소한 그녀는 1937년에 유린 보육원을 설립하고 수많은 고아들을 돌보며 그녀의 일생을 보냈다. 어윤희는 전도부인역할 이상의 몫을 한 여성이었다.

---

* 이덕주, "끝수 없는 불꽃 어윤희 장로," 「새가정」 49-52쪽을 참조하시오.

1886년 3월 25일에 태어나 만 33세에 3.1운동에 참여한 임명애는 출소 기록카드에는 '농민'으로 입력되어 있으나 실제 그녀의 직업을 '구세군 사령'이라고 기록해 놓았는데, 구세군 교하영문(교회) 담임사관 부재시 전도부인 역할을 했을 것으로 추측되는 인물이다.

임명애는 1919년 3월 10일(월) 경기도 파주시 교하리 공립보통학교 교정에서 100명의 학생들과 함께 독립 만세를 선창하고 학생들이 만세를 따라 외치는 독립만세운동을 펼쳤다.* 그 후 남편인 염규호, 지역유지 김수덕, 김선명과 함께 격문을 돌린 후, 그달 3월 26일(수) 모여든 700여 명의 주민들과 함께 대한독립 만세를 외치며 가두시위를 벌인다. 그녀는 선두에 서서 이들을 지휘하여 면사무소로 가는 중에 시위대는 해산되고 일제 순경들에 의해 체포된다. 그리고 그녀는 그해 9월 29일 소위 보안법, 출판법 위반 혐의로 징역 1년 6개월 형을 선고받고 투옥되어 서대문형무소 8호 감방에서 옥고를 치렀다. 이곳에서 임명애는 유관순, 어윤희 등과 함께 수형생활을 하게 된다. 체포된 당시 임명애는 만삭의 몸이었기 때문에 복역한지 한 달 만에 출산을 위해 임시 출소하였다가 아이를 낳고 11월에 다시 갓난아이를 품에 안고 입소하여 8호 감방에 재수감되었다.

항일항쟁으로서의 '옥중 만세운동'

앞에서 언급한 3.1만세운동의 흐름에서 격렬하게 일본에 저항하며

---

* 행정자치부 국가기록원, 『여성독립운동사 자료총서 I - 3.1운동 편』 477-478을 참조하시오. 황선엽, "구세군의 독립운동가 임명애 부교," 4-5, 「구세공보」 2016. 8월호를 참조하시오.

자주독립과 국권회복을 위해 시위에 참여한 기독여성독립운동가들인 유관순, 어윤희 그리고 임명애는 서대문 형무소 여옥사 8호방에 함께 투옥되었다. 그리고 그 곳에서 이와 같은 기독여성독립운동가들을 통해 여옥사 8호방은 '독립을 위한 제2의 전초기지'가 되었다.

유관순은 이곳 서대문 감옥에서 어윤희, 임명애 등과 함께 옥중 만세운동을 전개함으로써, 독립을 위한 옥중 만세운동을 펼치고 이 운동은 1920년 3.1운동 1주년 만세운동을 맞이하여 최고조에 이르게 된다. 이들의 투쟁은 서대문형무소 옥사 전체로 퍼져 1920년 3월 1일, 3,000명이 넘는 수감자들의 만세 소리가 서대문형무소에 울려 퍼졌다. 더욱이 이 옥중만세운동은 단순히 감옥에 투옥된 이들을 넘어서 근방 냉천동, 애오개, 서소문 일대로 번지면서 전차가 불통되고 경찰 기마대까지 출동하게 된다. 결국 이 사건으로 연루된 우국지사들은 심한 고문을 당하고 유관순 역시 1920년 10월12일 옥중에서 사망하게 된다.[*]

옥중 만세운동의 의미: '망각의 이름'에서 '다시 찾은 이름'으로

독립운동을 했던 여성들의 이름들, 그러나 우리는 그들의 이름을 거의 알지 못한다. 293명이나 되는 여성독립운동가들의 이름에서 우리가 손을 꼽을 수 있는 이름은 몇 명이나 될 것인가 말이다. 이와 같이 우리는 독립운동가라는 말에는 익숙하지만 여성이 붙은 독립운동가라는 말에는 많이 어색해 한다.

그들의 이름이 망각되어져 왔고 오늘 이 땅에 그 이름을 다시 찾는다는 것은 여성을 인간으로 다시 회복하는 자리가 될 것이다. 성서는

---

[*] 신광철, "유관순의 신앙과 3.1운동," 한국기독교역사연구소 소식 (36), 11-12쪽.

남녀 모두를 '하나님 형상'을 가진 동일한 인격체로 명시하기 때문이다. 남녀에게 동등한 투표권이 인정되고 어느 정도 가시적인 면에 있어서는 서로의 동등한 권리가 인정되는 21세기를 살아가는 이 시대도, 아직까지도 뿌리 깊숙이 여성을 남성과 같은 동일한 인간으로 인정하기를 거부하는 면이 있음을 부인하기 어렵다. 더욱이 당시 일본강점기의 시대를 살아갔던 여성들은 당연시 됐던 조선 내 가부장제의 사회상과, 조선인을 하나의 인격체로 여기지 않는 일제의 이중압박 속에 고통 받는 하나의 '물건'이었으며 '상품'이었던 면이 짙다.

기독여성독립운동가들의 만세의 함성은 같은 조선 땅에 살아가는 남성들과 함께 독립된 나라를 염원하고 동시에 독립된 개체로서 해방되기를 원하는 외침이었을 것이다. 그것은 민족억압에서 민족 해방으로의 길이며 동시에 여성억압에서 여성 해방으로, 여성혐오에서 평등으로 가는 길이었다. 그리고 인간이 인간으로 대우받으며 함께 평등으로 살아가는 삶의 염원으로서의 외침이었다.

여성독립운동가들의 삶은 복음을 통해 교육받고 하나님 형상으로서의 자신의 정체성을 찾은 여성으로서의 자신을 혐오하는 삶을 탈혐오하는 삶이었다. 동시에 그 여성이 타자의 여성을 남성과 동등한 인격체로서 인정하지 않는 여성의 여성혐오에서 벗어나서 타 여성을 인격체로 돌보고 존중하는 삶이었다. 그것은 인간 아래 인간 없고 인간 위에 인간이 없는 평등한 시선과 평등한 인격체로서의 상호간의 인정을 의미한다.

자유와 평등을 위해 독립을 외쳤던 여성, 독립운동가들의 '만세'의 의미는 여전히 이 시대에도 절실히 필요한 다각면에서의 억압을 벗어나게 하는 만세의 연속성이다. 그 만세는 내 옆에 있는 이웃인 남성과 여성 모두를 수평의 줄에 세우며 함께 손을 잡는 만세이다.

동시에 분단 73년에 종전과 통일을 향해 평화를 염원하고 있는 진정한 독립된 나라로서의 한국이라는 땅에서 함께 살아가고 싶어하는 모든 이들을 위한 자유와 평등의 만세이며 하늘을 향해 함께 손을 드는 평등을 염원하는 만세이다.

여성독립운동가들의 만세 운동은 잃어버린 여성의 이름을 다시 찾는 만세이다. 동시에 잃어버린 한반도의 이름을 찾기 위한 만세이다. 이 시대를 살아가는 분단된 한반도에 살아가는 우리 모두에게 주체적으로 완전 독립된 한반도의 이름을 다시 찾기까지 계속 외치고, 외쳐야만 하고, 외칠 수밖에 없는 지속적 만세 운동의 연결점이다. 모두의 해방과 자유 그리고 평화가 염원에서 실제화되는 것으로써의 독립만세운동이 1919년 길거리에서, 1920년 옥중에서 그리고 2018년을 살아가는 이 한반도에서 동일한 소리로 외쳐져야 할 것이다.

참고문헌

심옥주, 『여성독립운동가의 발자취를 알리다』, 한국여성독립운동연구소, 2016.
행정자치부 국가기록원, 『여성독립운동사 자료총서 3.1운동 편』, 2016.
『구세공보』, 2016. 8월호

대동단결선언과 무오독립선언

이 병 일
(무등교회)

    2019년은 3.1독립운동 100주년이다. 선혈들은 1919년 3월 1일부터 대중화, 일원화, 비폭력이라는 행동강령을 기반으로 우리나라가 유구한 독립국임과, 우리 민족이 홍익인간의 이념을 지닌 유구한 민족임을 세계만방에 고하면서 만세를 불렀다. 많은 사람들이 3.1독립운동의 의미를 기미독립선언서에서 찾고 있다. 그러나 그 전부터 일본과 치열하게 싸우면서 침략의 불합리성과 독립의 정당성을 외치는 선언서가 있었다. 1917년 7월에 발표된 대동단결선언과 1918년 11월에 발표된 무오독립선언(대한독립선언)이다.
    향린공동체(강남, 들꽃, 섬돌, 향린교회)는 매년 3.1절에 3.1절 산상예배를 드리고 있는데, 2012년부터 3.1절 산상예배를 드리면서 참석자들은 무오독립선언서를 낭독하였다.*

---

* "육탄혈전으로 독립을 완성하자" 에큐메니안,
   http://www.ecumenian.com/news/articleView.html?idxno=8753.

1918년(무오년) 11월(음력)에 만주 길림에서 만주, 노령을 중심으로 해외에 나가 있던 독립지사 39명이 한국의 독립을 선언하는 무오독립선언서를 발표했다(양력 1919년 2월 1일). 무오독립선언서는 우리나라 최초의 독립선언서이며, 한일강제병탄의 무효를 선포하고, 무력적 대항을 선언했다. 그 선언서의 대표자로는 해외의 저명인사가 거의 망라되었다. 작성자는 조소앙으로 알려져 있다.

조소앙 선생의 삶과 대동단결선언과 무오독립선언서의 배경과 내용을 간략하게 살펴보면서, 100년 전의 독립의지와 현재에 민족적으로 감당해야 할 일에 대하여 헤아려 봅시다. 위 내용에 대하여 깊이 숙고할 겨를이 없이 원고를 쓰게 되어서 소개하고 정리하는 차원에서 나누고자 한다.

조소앙(趙素昻, 1887~1959)은 1902년 성균관에 최연소자로 입학하였다. 성균관에 수학 중 역신 이하영(李夏榮) 등의 매국음모를 막기 위하여 신채호 등과 제휴하여 성토문을 만들어 성균관 학생들을 격동하여 항의 규탄하였다.

일본 유학 중에 1905년 을사조약이 체결되자 도쿄 유학생들과 같이 우에노(上野)공원에서 7충신 추모대회와 매국적신 및 일진회의 매국행각 규탄대회를 열어 일제를 비판하였다. 그해 12월에는 도쿄부립 제일중학교 가츠우라(勝浦炳雄) 교장이 일제의 한국침략의 필연성을 말하자 이를 즉각 반박하였다. 1906년 도쿄 유학생 친목단체인 공수학회(共修學會)를 조직하는 데 참가하여 배일독립운동을 고취하고 평의원 겸 회보 주필로 활동하였다. 1909년에 도쿄에 있는 유학생들의 각 단체를 통합한 대한흥학회(大韓興學會)를 창립하여 회지의 주필이 되어 국내 신문 및 학회 등과 호응하여 배일사상을 고취시켰다.

1910년에 한국이 일제에 강제 병탄되자 한일합방성토문 등을 작성하여 국내의 윤치호, 김규식 등에게 전달하고 비상대회의 비밀소집을 도모하다 왜경에 사전 발각되어 구금당하였다. 1911년에는 조선유학생친목회를 창립하고 회장이 되어 활동하였다. 이때 함께 유학을 하던 안재홍, 송진우, 김성수, 조만식 등과 서로 교분을 갖게 되었다. 1912년 선생은 조국이 일제에게 강탈당한 형세를 극복하기 위한 항일운동의 발판을 마련하고자 중국으로의 망명을 계획하였으나 실패하고 체포되었으나, 1913년 북경을 거쳐 상해로 망명하였다.

1915년 선생은 국내외 동포의 대동단결과 민족의 종교적 단결을 목적으로 육성교(六聖敎)라는 구국종교를 창안하였다. 이것은 단군의 독립사상, 석가의 자비제중(慈悲濟衆), 공자의 충서일관(忠恕一貫), 소크라테스의 지덕합치(知德合致), 예수 그리스도의 애인여기(愛人如己), 마호메트의 신행필용(信行必勇)을 연결하여 육성일체화(六聖一體化)를 시키고자 한 것이다. 즉, 이는 선생의 민족단결을 위한 기본사상이었던 것이다.

1917년 7월에 상해에서 독립운동계의 국내외의 변화에 대응하여 대동단결선언(大同團結宣言)을 기초하여 신규식, 박은식, 신채호 등 14명의 명의로 발표하고 각계인사에게 발송하였다.

대동단결선언은 1917년 7월 신규식, 박은식, 신채호, 조소앙, 신석우, 박용만, 한진교 등 14명의 명의로 발표된 선언문이다. 이 선언문은 "대동단결의 선언"이라는 제목이 적힌 본문과 "제의(提議)의 강령" 7개항, 선언 일자와 서명자 그리고 "찬동통지서"와 회신 설명 등으로 이루어져 있다. 이 대동단결선언은 1986년 안창호의 유품에서 발견되어 세상에 알려졌다.

대동단결선언은 국민주권론을 제기하였고, 정부수립 의지를 천명하였다. 선언문은 "우리 한국(韓國)은 한인(韓人)의 한(韓)이요, 비한인(非韓人)의 한(韓)이 아니다. 한인 간의 주권수수(主權授受)는 역사상의 불문법이요, 비한인에게 주권양여(主權讓與)는 근본적으로 무효이다. 경술년 융희 황제의 주권 포기는 우리 국민에 대한 묵시적 선위(禪位)이다"라고 선언하며 국민주권론을 주창하였다. 한국의 주권은 한국인끼리만 주고받을 수 있는 것이므로 현재의 주권은 순종(純宗, 재위 1907~1910)에서 일반 국민에게 전해졌다는 것이다. 따라서 일본의 한반도 강점은 무효라는 주장이다. 또한 선언문은 "우리는 국가 상속의 대의를 선포하여 해외 동포의 단결을 주장하며 국가적 행동의 진급적(進級的) 활동을 표방한다"고 하면서, 국가적 행동을 성취하기 위해서는 통일 기관, 통일 국가, 원만한 국가의 달성이라는 삼단계가 필요하다고 주장하였다. 민족 통일 기관의 수립을 통한 국가 독립의 의지를 표명한 것이다.

이러한 의지는 "제의의 강령" 7개항에 구체적으로 제시되었다. 이는 해외 각지의 단체를 통일하여 유일무이한 최고 기관을 조직하고, 중앙총본부를 설치하여 각 지역의 지부를 통해 모든 한국인을 통치하며, 대헌(大憲)을 제정하여 민정(民情)에 일치하는 법치를 실행하자는 내용이었다.

제1항은 "해외 각지에 현존한 단체의 대소·은현을 막론하고 규합 통일하여 유일무이의 통일기관을 조직한다"고 하여, 민족대회의 또는 임시의정원과 같은 것을 만들자는 것이었다.

제2항은 "중앙총본부를 상당한 지점에 치(置)하여 일체 한족을 통

합하여 각지 지부로 관할구역을 명정한다"고 하여 최고 행정부를 두고 그 산하에 지역별로 지부를 두자는 것이다.

제3항은 "대헌(大憲)을 제정하여 민정에 합한 법치를 실행한다"고 하여 헌법의 제정과 법치주의를 천명하였다.

제4항은 "독립 평등의 성권(聖權)을 주장하여 동화의 마력과 자치의 열근(劣根)을 박멸하자"고 하여 국내문제에 대한 방책을 선언하고 있다.

제5항은 "국정을 세계에 공개하여 국민외교를 실행하자"고 하여 국제외교를 모색하였다.

제6항은 "영구히 통일적 유기체의 존립을 공고키 위하여 동지간의 애정과 수양을 할 것"을 주장하였다.

제7항은 위의 실행방법으로 "기성한 각 단체와 덕망이 유한 개인의 회의로 결정할 것"이라고 하여, 제1항에서 결정한 회의에서 합의하여 실천한다는 것이다. 이어서 선언의 제일 끝에 찬동 여부의 회담통지서가 부착되어 있고, 단체와 개인에게 함께 발송되었다.*

대동단결선언은 주권불멸론과 융희황제의 주권포기론을 근거로 국민주권설을 정립함으로써 독립운동의 이념을 확립하였을 뿐 아니라, 정부적 통할체제(統轄體制)를 계획하는 등 1917년까지 다양하던 독립운동의 이론을 결집하였다는 점에서 중요한 의미를 가지고 있다. 또, 이와 같은 선언의 계획은 당장에는 실현되지 못하였으나 그 문서가 동포 사회에 널리 송달되었으며, 또 신한민보(新韓民報) 등 각처의 신문을 통해 계몽되면서 1919년 임시정부 수립의 모체가 되었다는 점에서 주목되는 것이다.

---

* 김삼웅, 『조소앙 평전』, (채륜, 2017), 51-52.

이 선언문은 주권재민론과 대동사상에 기초한 선구적인 독립선언이었다. 그 강령에는 독립과 평등은 성스러운 권리임을 주장하면서, 해외 각지에 현존하는 단체는 대소를 막론하고 규합 통일하여 유일무이한 최고기관을 조직하고자 제청하였다. 또한 헌법을 제정하여 민정에 부합된 법치를 실행할 것과 국민적 외교의 실행을 주장함으로써 민주주의 사상을 피력하였다. 이는 조소앙 선생이 임정에 참여하여 민주주의에 기초한 공화제에 입각한 헌법의 초안을 만드는 기반이 되었다.

그리하여 독립운동의 새로운 활로를 개척하기 위해서 민족대회의를 소집하여 독립운동을 이끌어 나갈 임정을 수립하려고 계획한, 이 대동단결선언의 제의 제창은 독립운동의 이념 의지가 처음 공론으로 표명되기에 이르렀다. 또한 그 해 선생은 장차 만국평화회의에 출석할 준비로 한국독립의 역사적인 주권불멸론, 주권민유론, 최고기관 창조의 필요론 등 한국독립의 절대성을 강조하는 취지서를 작성하여 스웨덴의 스톡홀름에서 개최하는 국제사회당대회에 선생이 긴급히 창당한 조선사회당 명의로 한국의 독립 문제를 의제로 제출하여 이를 정식 의제로 삼게 하는데 외교적 노력을 경주하여 이를 통과시켰다. 이것을 시발로 한국의 독립문제가 국제기구에서 논의되기 시작하였으며, 세계인의 관심을 모으게 되었다.

대동단결선언은 1910년대 복벽주의적인 전망을 버리고 민이 주권을 가지는 공화국을 명시적으로 표방한 선언이다. 이 같은 인식이 무오독립선언서에 이어지고 확장하여 "대한민주"라는 표현이 나온 것이다. 실제로 대동단결선언과 무오독립선언서의 기초자가 모두 조소앙이며, 두 선언의 주체들 역시 상당 부분 겹친다.

1918년 국내외 동포의 대동단결운동을 실현하기 위해서, 조소앙 선생은 중국 동북지방 길림(吉林)에 가서 김좌진 등과 대한독립의군부(大韓獨立義軍府)를 조직하고, 그 부주석에 선임되었다. 이듬해 2월에는 무오독립선언서를 기초하여, 김교헌, 박찬익, 이동녕, 안창호, 이시영, 신규식 등을 비롯한 당시 여러 곳에 있는 저명한 민족독립운동자 39명의 명의로 발표하였다.

대한독립선언서라고도 하는 이 선언은 국외 민족운동가들의 중추가, 1차 세계대전 이후 새로운 세계 질서 모색이란 정세 하에서 일본제국주의의 탈법, 무도한 한국 점령을 끝내고 "대한민주"의 자립을 이루고자 독립군과 한민족 모두에게 최후의 순간까지 투쟁할 것을 호소한 선언이다.

기미독립선언이나 2.8독립선언에 비해 민족의 대동단결을 주장하고, 훨씬 신랄하게 일제의 침략을 비판하고 더 선명하게 독립의지를 표출했다. 독립을 쟁취하기 위한 방안으로 무장투쟁 노선을 명확하게 제시했기 때문이다. 내용의 일부는 이렇게 적혀있다.

궐기하라 독립군! 한번 죽음은 사람의 면할 수 없는 바인즉, 개, 돼지와도 같은 일생을 누가 원하는 바이리오, 살신성인하면 2000만 동포와 동체로 부활할 것이니 일신을 어찌 아낄 것이며 집안이 기울어도 나라를 회복하면 삼천리 옥토가 자기의 소유이니 일가를 희생하라.

이 투쟁정신이 훗날 청산리 전쟁이나 봉오동 전투 등 동북지역 무장독립투쟁의 빛나는 성과로 이어지는 그 출발점이 되었다고 평가한다. 무오독립선언서는 우리 민족이 우리나라를 되찾으려면 민족이 대동단결해야 함을 강조하고 문장은 단호하다. 맨몸을 던져서라도 독립을 되찾자고 한다.

1919년 2월 상해 신규식의 밀명으로 신한청년당원으로서 도쿄에 파견, 잠입하였다. 선생은 일본 유학생시절 학생들 사이의 영향력을 그대로 행사하여 유학생들의 궐기를 고취하였고, 2.8독립선언서의 계기를 조성하는 등 그들의 독립운동을 지도하였다. 이는 기미독립선언서에서도 그대로 계승되고 반영되어 우리 민족 독립운동사의 빛나는 3.1운동이 전개되었다.

1931년 4월에 발표한 대한민국임시정부선언을 통해 삼균주의에 기초한 건국원칙을 천명하게 되었다. 1934년 11월 임정국무위원회에서 삼균제도를 국시로 채택한 대한민국건국강령을 기초하고 이를 결의에 의해서 통과하게 하였다. 삼균주의를 정리해보면 개인과 개인, 민족과 민족, 국가와 국가는 평등해야 한다는 이념이다. 이를 위해서 개인 차원에서는 정치 경제 교육의 균등이 필요하다. 민족 차원에서는 자결주의가 필요하며, 국가 차원에서는 제국주의가 중단돼야 한다는 것이다. 1941년 임정은 선생의 삼균주의에 입각한 대한민국건국강령을 공표하였다.

조소앙 선생은 1930년에 쓴 「한국독립당지근상」이라는 글에서 삼균주의에 대해 다음과 같이 구체적인 설명을 더하고 있다.

1) 개인과 개인이 균등하게 하는 길은 무엇인가. 그것은 정치의 균등화요, 경제의 균등화요, 교육의 균등화이다. 보통선거를 실시하여 정권에의 참여를 고르게 하고, 국유제를 실시하여 경제 조건을 고르게 하며, 국비에 의한 의무교육제를 실시하는 것이다.
2) 민족과 민족이 균등하게 하는 길은 무엇인가. 그것은 '민족자결'을

자기 민족과 또 다른 민족에게도 적용시킴으로써, 소수민족과 약소민족이 압박 받고 통치 받는 지위로 떨어지지 않게 하는 것이다.
3) 국가와 국가가 균등하게 하는 길은 무엇인가. 그것은 식민정책과 자본주의를 무너뜨리고 전쟁 행위를 금지시킴으로써, 모든 국가가 서로 침략하지 않고 국제생활에 있어서 전혀 평등한 지위를 가지고, 나아가서 세계일원이 되게 하는 것이 삼균주의의 궁극적 목적이다.

결국 자본주의와 공산주의 제도의 단점을 극복하면서 정치-경제-교육 세 분야의 민주화를 골고루 이룸과 동시에 일제에 압박으로부터 민족을 하나로 묶을 이론이 바로 삼균주의라는 것이다.

촛불혁명을 통해서 들어선 문재인 정부는 지난 1년 6개월 동안 많은 일을 했다. 그러나 아직도 적폐세력에 동조하고 연연하는 사람들이 국민의 대표라고 하면서 그대로 있고, 복지를 훼방하고 평화와 통일로 가는 길을 반대하고 있다. 또한 북조선과 미국의 관계에 있어서도 평화 분위기가 깨어질 요소들은 곳곳에 잠적해 있다.

조소앙 선생을 비롯한 선혈들의 열망을 담고 있는 삼균주의의 사상은 100년이 지난 지금에 있어서도 우리가 추구하고 완성해야 할 과제이다. 많은 사람들이 우리 민족의 독립은 아직 완성되지 않았다고 말한다. 아직도 일본 강점기의 잔재가 남아 있고, 미국의 비롯하여 강대국들과의 관계가 균등하지 않은 것을 부인할 수는 없다. 또한 국민들의 삶의 질에 있어서 편중을 막아야 한다.

이제 독립을 넘어서 대동단결선언과 무오독립선언서에서 선열들이 추구하려 했던 삼균주의의 사상을 똑바로 보고 따라가야 할 것이다. 국내적으로는 국민들 간의 격차를 해소하고 모든 분야에 있어서 기회를 균등하게 해야 하고, 남과 북의 평화를 정착하고 통일을 완성하기 위해 초석을 놓아야 한다. 또한 미국과 중국의 패권적 대결국면에서 우리 민족의 평화와 세계의 평화를 위해서 균등자의 역할을 잘 감당해야 한다.

참고문헌

김기승, 『조소앙: 대한민국임시정부 이론가』, 역사공간, 2015.
안상교, 『대한독립선언서 총람』, 복지문화사, 1996.
김삼웅, 『조소앙 평전』, 채륜, 2017.

동양평화론
: 안중근의 뜻을 재론하다

이 정 배
(顯藏아카데미, NCCK 신학위원장)

　　한반도에 평화의 기운이 드리운 이 때 안중근이 주창한 '동양평화론'을 재론하는 것이 무척이나 의미 깊다. 비록 당시는 오해도 많았고 터무니없다고 홀대, 비판되었으나 그의 '동양평화론'은 오늘의 시점에서 재평가되어야 옳다. 이 땅의 자주와 독립, 그리고 세계 평화를 위해 3.1 선언이 발표된 지 꼭 100년의 지난 시점에서 안중근의 꿈은 다시 생각할 주제가 된 것이다. 주변 강대국에 주권을 유린당했으나 지금 문재인 정권은 주체의식을 갖고 분단체제를 허물고 주변국들을 설득하여 한반도를 세계평화의 장(場)으로 재건코자 하는바, 안중근의 뜻이 조금은 가시화될 듯싶어 마음 설레며 급변하는 정세를 지켜본다. 주지하듯 안중근은 가톨릭 신앙인으로서 기독교에 입문했으나 이 민족을 하대(下待)하는 선교사들에 저항했다. 동시에 수구적 민족주의와는 뜻을 합하지 않았고 오히려 서구 열방의 침략에 직면하여 동양에 속한 일본의 역할을 나름 선한 마음으로 기대하였다. 하지만 일본 역시 서구를 좇아 아시아 침략전쟁의 하수인된 것을 보고 큰 좌절 끝에 이토 히로부미를 저격했는데 그 일로 당시 가톨릭교회로부터 출교를 당했고 일본에 의해 귀순 감옥에서 처형당했다. 다행히도 10여 년 전 故人 된 김수환 추기경에 의해 복권 되었고 그의 '동양평화론' 역시 재조명되기 시작하였다.

'동양평화론'의 역사적 위치

안중근의 '동양평화론'의 본뜻을 찾기 위해서 당시 일본에 의해 강요된 식민지 열등사관의 폐해를 먼저 알아야 한다. 이 땅을 점령한 일본은 우선적으로 이 민족의 역사를 날조하기 시작했다. 과거 찬란한 역사를 무가치하게 만들었고 일본의 영향사(史)를 과하게 주입시켰다. 광개토왕 비문이 지워졌고 민족의 정신이 담긴 『천부경』 등의 책들을 폐기시킨 것이다. 한마디로 열등사관을 통해 이 민족을 일본에 복종시켜 황국(皇國)시민을 만들고자 했다. 이런 정황에서 저항적 민족주의 의식 역시 자연스럽게 발현되었다. 열등사관에 반한 영웅사관이 등장한 것이다. 민족주의 역사학자 단재(丹齋) 신채호가 대표적인 경우라 할 것이다. 역사를 '我와 非我'의 투쟁의 역사로 본 그는 非我에 의해 我의 주체성이 소멸되는 것을 가슴 아프게 생각하였다. 그래서 그는 광개토왕, 강감찬 그리고 신라의 화랑에 이르기까지 만주를 호령했고 국가를 지켜냈던 역사 속 위인들을 전면에 내세워 억눌린 민중, 민족에게 자긍심을 심어주고자 했다. 이에 더해 침략자들에 대한 투쟁의식을 강요할 목적도 있었다. 그의 책 『조선 상고사』는 이 점을 명확히 밝힌 명저로 지금껏 칭송된다. 하지만 이후 함석헌이 『뜻으로 본 한국역사』에서 밝혔듯이 나라를 빼앗긴 것은 부정할 수 없는 사실이었다. 영웅사관으로 식민지 현실을 뒤집기는 역부족이었다. 일본을 비롯한 서구 전체를 非我로 적대시 하고 투쟁을 요청하는 민족사관은 평화주의를 선포할 수 없었던 것이다. 이점에서 현실을 달리 보는 시각이 필요했다. 이점에서 기독교 신앙과 민족을 만나게 했던 안중근의 열려진 관점이 역사에 등장하게 되었다.* 신채호와 동시대에 태어났고 함께 뤼순 감독에서 처형당했으나 대종교에 몰입한 신채호와 기독교 신앙을 통해 서구와 소통한 안중근 간의 차이는 컸다. 즉 非我인 기독교를 수용했고 그 시각에서 민족을 보았기에 시대와 조우하는 방식에 있어 상호 다를 수밖에 없었을 것이다. 물론 안중근의 일본이해가 옳았는지에 대한 토론은 아직도 유효하다. 그럼에도 불구하고 뤼순 감옥에서 구상한 그의 '동양평화론'은 유럽 통합론과도 견줄 수 있는 미래적 착상이었다.**

'동양평화론' 속의 종교적 흔적

본래 안중근 가문은 천주교가 이 땅에 유입되던 시절, 그 세력에 편승할 목적으로 가톨릭교도가 되었으나 점차 천주교와 민족을 공동 운명체로 생각하기에 이르렀다. 부언하자면 천주교의 도움으로 한국독립과 동양평화를 동일선상에서 볼 수 있었던 것이다. 그러하면 이토 히로부미 암살 시도에 대한 이해가 해명되어야 할 것인바 그것은 일본에 대

---

* 황종렬, 『신앙과 민족의식이 만날 때 – 안중근 토마스의 이토 히로부미 저격에 대한 신학자 응답』, (분도출판사, 2000).
** 안중근 의사 숭모회 편/이은상 번역, 『안중근 의사 자서전』, (1979).

한 전후 인식 차(差)에서 비롯한 것으로서 추후 다시 언급하겠다. 안중근은 본래 성리학에 능통한 유교가문의 후손이었다. 선친 안태훈은 동학교도를 폭도로 규정할 만큼 유교 이념에 충실한 선비였다. 이점은 안중근의 '동양평화론'을 이해할 때 대단히 중요하다. 유교를 非我로 규정한 신채호와 달리 안중근은 이미 유교적 바탕에서 천주학을 수용했고 그 바탕에서 시대와 역사를 읽었기 때문이다. 당시 천주교는 천주(天主)사상을 통해 왕권 이데올로기를 뒤엎는 개혁적 단초를 지녔으나 정교분리 원칙을 고수했고 정치탄압으로 기복신앙에 머물고 있었다. 반면 안중근은 당대 천주교의 신앙지평을 벗고 민족과 신앙을 공동운명체로 보는 새 시각을 지녔다. 종교의 보편성과 민족의 특수성을 양자택일하지 않겠다는 것이다. 하지만 종교와 민족의 일치를 지향했던 안중근의 출발점은 유교의 천명(天命)사상에서 찾아야 한다. 역사발전 과정을 천명의 틀거지에서 바라봤던 유교 가치관이 '동양평화론'의 근저라는 사실이다. 다음 글에서 안중근의 핵심요지를 살필 수 있겠다. "옛 말에 天命을 따르는 자는 일어나고 逆天한 자는 망한다고 했다. 노일 선전포고 조칙(詔勅), '한국의 독립을 공고히 하려 한다'고 되어 있어 이것은 천명을 따르는 것이며 일본 황제의 뜻을 따른 것이라 생각했다. 전쟁이 일어났을 때 아무도 일본이 승리한다고 생각한 자는 없었다. 그럼에도 승리한 것은 '하늘의 뜻을 따르면 일어난다'는 이치에서 온 것이었다. 그 후 이토 히로부미는 일본 황제 뜻에 반하는 정책을 썼기에 오늘과 같이 한일 양국이 궁지에 빠지게 된 것이다."* 여기서 우리는 안중근 '동양평화론'의 핵심요지를 접할 수 있다.

---

* 신운용, "안중근 의거의 사상적 배경," 〈안중근 의사 의거 96주년 기념 학술대회 발표문〉, 2005년 10월 26일(세종대), 51-52.

시대적 天命으로서의 '동양평화론'

위 인용문에서 나타났듯이 노일전쟁 발발 시 안중근은 일본 편을 들었다. 일본이 아시아의 평화를 위하고 서구 열강에 포위된 한국의 독립을 보장하기 위해 러시아와 전쟁 하는 것으로 믿었기에 러일전쟁을 天命이라 여겼고 大義가 일본에 있다고 믿은 것이다. 하지만 전쟁에 승리한 일본이 히로부미를 앞세워 한국 침략의 야욕을 보였을 때 안중근은 평화를 해치는 히로부미 제거를 天命이라 고쳐 다시 생각했다. 이렇듯 유교에서 배운 天命사상은 안중근에게 있어 대단히 중요했다. 여기서 함께 주목할 것은 안중근에게 있어 일본의 존재와 그 역할에 관한 것이다. 애시당초 안중근은 일본을 非我가 아니라 한국과 공존할 수 있는 이웃, 곧 확장된 의미의 我로서 이해했다. 다시 말해 서구에 대해 동양이란 틀에서 친구로 여긴 것이다. 그러나 제국주의적 지배담론을 등에 업고 탈아입구(脫亞入口)를 외친 일본에 대해서는 단호하게 항거했다. 진실한 천주교 신앙인으로서 이토 히로부미의 저격은 이런 의식 하에서 일어난 사건이었다. 신채호類의 저항적 민족주의와 일정부분 만날 수 있는 여지도 여기에 있다. 하지만 본 역사이해는 당시 상황에서 '동양평화론'을 天命으로 인식하는데 대단히 중요하다. 유교적 天命과 가톨릭 신앙의 보편정신이 안중근으로 하여금 민족을 중히 여기되 그 지평을 벗게 했던 탓이다. 본래 유교전통에서 지고한 天은 역사적 존재인 민중(民)과 분리될 수 없는 개념이었다. 天을 역사적 실체인 民의 관점에서 해석한 결과이겠다. 마태오 릿치의 『天主實義』가 전래된 이래로 天은 더욱 인격화되어 조선 민중에게 다가왔다. 이런 이유로 안중근에게 있어 天命은 다음의 뜻을 지녔다. "이른바 천명의 본성이란 것은 지극히 높으신 천주께서 사람의 태중에서부터 부어 넣어 주는 것으로서 영원무궁하고 죽지도 멸하지도 않는 것이외다."* 여기서 안중근은 政敎분리를 고수했던 당대 천주교와 달리 인간 본성인 天命을 자신이 처한 역사적 현실 속에서 바라보았다. 조선 독립, 동양평화가 자신에게 天命으로 인식된 것이다. "나의 목적은 동양 평화문제에 있고 일본 천황의 선전 조칙과 같이 한국으로 하여금 독립을 견고케 하는 것은 나의 종생의 목적이며 또 중생의 일이다…"**

이처럼 안중근은 천주교 신앙에 근거하면서 역사발전과정을 유교적 天命으로 내재화 시켰다. 天命의 역사적 실체가 조선 독립과 동양평화로 인식되었던 것이다. 여기서 특별히 주목할 것은 그의 '동양평화론'이다. 天命으로 체화된 '동양평화론'은 하지만 좌절된 문명론적 아시아주의였다. 안중근은 자주 독립을 유지하되 한중일 간의 아시아적 연대를 꿈꿨던 최초의 사람이었다. 동서양간의 문명 교섭을 민족 간 갈등으로 여긴 민족주의자들과 달리 안중근 속의 天主 신앙은 평화적 아시아주의를 위한 일본의 역할을 인정할 수 있었다. 안중근의 '동양평화론'은 다음처럼 구상되었다. "무릇 문명이란 것은 동서양, 잘난 이 못난이. 남녀노소를 물을 것 없이 각각 천부의 성품을 지키고 도덕을 숭상하며 서로 다투는 마음 없이 제 땅에서 편안이 생업을 즐기면서 태평을 누리는 것이다."*** 문명과 문화를 일양화(一樣化)시키는 미국식 세계화에 맞서 대안적, 다원적 가치 창출이 필요한 시점에서 안중근의 본 구상은 정치, 경제 그리고 문화의 지평에서 아시아 지역 통합론을 요청한다.

---

* 『안중근 의사 자서전』, 41-43.
** 신운용, 앞의 글, 55.
*** 이 말은 안중근이 1909년 11월 6일 오후 2시경 일본 관헌에게 전해준 쪽지의 내용 중 일부이다.

유불선으로 대표된 종교문화의 공통성이 지역통합의 근거이자 정치, 문화적 다원주의를 활성화 시킬 수 있다는 것이다. 획일화시키는 야만(서구)적 지구화가 아니라 제각기의 삶의 양식이 존중되는 문명적 지구화의 가능성을 제시했던 셈이다. 이렇듯 각각의 차이에 근거한 문명적 세계화, 이것이 안중근에게 天命이었다. 남북 간 분단체제가 허물어지는 이 시점에서도 이런 시각은 여전히 중요하다. 미국에 맞서고자 핵을 통해 살길을 찾았던 북한이 핵 포기를 선언한 마당에 한중일의 평화공동체 구상은 당면과제일 수밖에 없다.

'동양평화론'의 시대적 한계

그럼에도 안중근의 天命觀에 치명적인 약점도 있다. 사형직전까지도 안중근은 일본 천황의 존재를 부정치 않았다. 일본의 제국적 침략을 천황의 뜻을 어긴 이토 히로부미의 죄과로만 보았다. 이런 실책 역시 천주교의 上帝, 나아가 유교적 君主論에 기인한 것이다. 『天主實義』에 근거하여 펴낸 조선 중엽의 교리서『上帝上書』에는 天主와 君主의 관계가 권한의 大小에 따라 명시되었다. 천주의 통치영역은 전 우주에 미치고 군주는 한 국가에 권한을 행사한다는 것이다. 당시 천주교가 上帝를 신앙했음에도 불구하고 여전히 유교적 군주제를 용인했음을 보여준다. 天主의 다스림 속에서 만인 평등을 설(說)했음에도 천주교 자체가 개혁 실천적 종교가 되지 못한 반증일 것이다. 물론 안중근의 천주신앙이 프랑스 선교사의 틀을 벗어나 있었으나 국가 안에서 군주의 절대성을 부정하지 못했다. 君主는 그에게도 축소된 天主로 여겨졌던 것이다. 만물의 창조주인 天主를 경배하듯이 일국의 지배자 君主에 대한 충성도 백성이 감당할 덕목이었다. 이는 신앙과 忠, 그리고 孝가 일맥선상에서 이해된 결과일 것이다. 이런 천주교적 군주론의 맥락에서 안중근은 일본의 천황을 이해했다. 물론 일본인들도 한국의 군주에게 동일한 존경심을 표한다는 전제 하에서였다. 그렇기에 서구 문명에 일찍 접한 일본천황이 한국 독립을 위해 서구 제국주의와 전쟁한다고 믿었던 것이다. 이런 맥락에서 안중근은 사형집행 순간에도 일제 침략을 천황 뜻이 아니라 여겼다. 천황을 타도의 대상이 아니라 문제해결의 실마리로 붙잡은 것이다. 이것은 大日 인식의 치명적 한계가 아닐 수 없었다.*
침략전쟁의 배후가 천황이라 생각 못한 것은 유교와 접합한 천주교 上帝신앙의 태생적 한계라 할 것이다. 천주교 상제신앙이 한국 독립을 언급한 일본 천황의 조칙(詔勅)을 낙관적 신뢰로 귀결시켰던 까닭이다. 유학을 바탕 한 천주교 신앙이 天命이란 이름으로 민족 독립을 넘어 '동양평화론'을 정초했으나 시대착오적 군주론 탓에 시대 인식의 또 다른 한계를 드러낸 것에 크게 가슴 저리다.

'동양평화론'의 오늘의 의미와 가치

그럼에도 불구하고 안중근의 '동양평화론'은 당대 아시아 누구도 생각지 못했던 시기적으로 앞선 위대한 사상의 열매였다. 아직도 해결과제가 많이 남겨져 있으나 유럽 통합은 인류에게 새로운 미래를 예시했다. 주지하듯 아메리칸 드림 대신에 유로피안 드림의 시대가 되었다는 말이 공공연히 회자될 정도가 되었다. 언어, 종교, 인종 나아가 이념까지 상호 달랐으나 이들은 국경 없는 하나의 세계를 이뤘던 까닭이다.

---

* 이정배, 『토착화와 세계화』, (한들출판사 2006), 30.

화폐도, 정책도 교육도 공유하는 새로운 지경을 열었다. 이에 비한다면 한중일이 위치한 동북아 지역은 다양성 속의 일치를 이루는 데 있어 더 없이 좋은 공간이다. 본래 한반도는 분단돼서는 아니 될 땅이었다. 분단은 의당 패전국 일본의 몫이어야만 했다. 그렇기에 이 땅의 분단에 큰 뜻을 부여하는 목소리가 전부터 생성되어져 왔다. 세계 대전 이후 이념대결로 치달은 세상(죄)을 위해 속죄양이 되었다는 것이다. 민족이 강대국들의 분할 통치로 인해 상처받은 역사가 벌써 70년이다. 6.25 전쟁으로 희생된 남북 동포들 숫자가 독일 홀로코스트 희생자들만큼 된다는 통계도 있다. 70년 분단체제로 인해 수없는 사람들이 이념의 희생양 되었다. 이제 촛불의 힘을 입은 문재인 정권이 남북의 장벽을 허물고 있다. 미국과의 협상에서도 중요한 위치를 행사하는 중이다. 중국과 일본 그리고 러시아의 협조도 얻고 있다. 휴전협정이 종전을 넘어 평화협정으로 개정되어 남북의 왕래가 시작되면 안중근이 꿈꾼 '동양평화론'을 넘어 세계평화를 위한 첫걸음을 이 땅에서 시작할 수 있겠다. 역사적으로 빈번하게 왕래했고 문화적으로 동근원적 뿌리를 지니고 있으며 상호 소통가능한 문자를 공유하는 한중일 세 나라가 정치, 경제적으로 협력할 시(時), 세계 평화는 아시아로부터 가능해 질 것이다. 감옥에서 안중근이 꿈꿨던 '동양평화론'이 3.1독립선언 100주년을 앞둔 이 시점에서 다시 주목을 받게 된 것이 예사롭지 않다. 한반도에 임한 평화의 기운은 안중근의 '동양평화론'의 기운일 수도 있겠다. 이러 꿈을 고통 속에서도 품을 수 있었던 안중근을 조상으로 둔 이 나라 앞날이 크게 밝을 것이다.

참고도서

안중근의사 숭모회 편/이은상 역, 『안중근 의사 자서전』, 1979.
황종렬, 『신앙과 민족이 만날 때- 안중근 토마스의 이토 히로부미 저격에 대한 신학적 응답』, 분도출판사, 2000.
<안중근 의사 의거 96주년 기념 학술대회 발표문>, 2005년 10월 26일(세종대학교).
이정배, 『토착화와 세계화』, 한들출판사, 2006.

3.1운동과 역사교육

오 종 윤
(대은교회, NCCK 신학위원)

　흔히 역사는 '과거와 현재의 대화'라고 한다. 좀더 구체적으로 말하면 과거의 사건과 현재의 사건이 서로 만나는 것이 역사이다. 또한 과거의 인물들(조상)과 현재의 인물들(후손)이 만나서 대화하는 것이 역사라고 할 수 있다. 과거의 사건은 현재에 사는 사람들에 의해 되살아나고, 현재의 사건은 과거의 사건에 비추어 볼 때 좀더 확실하게 그 의미를 파악할 수 있다.
　역사는 '기억과 해석'으로 되살아난다. 비유를 들자면 '기억'은 땅속에 묻힌 유물을 발굴하는 과정이고, '해석'은 유물을 감정하고 평가하는 과정이다. 아무리 귀한 유물도 발굴해 내지 않으면 땅 속에 묻혀 잠자는 것처럼 위대한 역사도 기억의 과정을 거치지 않으면 망각 속에 묻혀 버리고 만다. 또한 캐낸 유물을 제대로 평가하지 못하면 엿장수한테 팔아넘기는 고철덩어리 취급을 당하는 것처럼 역사는 해석의 과정을 거치지 않으면 빛을 발할 수 없다.

그러므로 역사 교육은 필연적으로 '기억과 해석'의 과정을 거치게 마련이다. 조상들의 훌륭한 역사를 후손들이 잊지 않고 기억할 뿐만 아니라 그 의미를 바르게 해석할 때 역사는 살아 있는 역사가 된다. 여기에서 역사 해석의 문제가 중요하게 등장한다. 역사를 바르게 해석하여 그 의미를 캐내지 않으면 역사는 단지 과거의 역사로 남아있게 된다.

최근 2017년 촛불 시위 당시 기무사가 계엄령 선포를 검토했다는 주장이 나왔고, 구체적으로 기무사의 계엄령 실행 문건이 언론에 의해 보도되었다. 기무사 문건에서 눈길을 끄는 대목이 있다. 해방 이후 역사적 사건들을 언급하면서 제주폭동, 여수, 순천 반란, 4.19학생의거, 부마사태(부산소요사태) 등으로 기록하고 있다.* 이것은 기무사가 이 사건들을 얼마나 왜곡된 시각으로 보고 있는지를 여실히 보여주며, 역설적으로 역사 해석의 중요성을 일깨워 주고 있다.

우리나라 역사를 쉽고 재미있게 소개하는 책을 여러 권 썼고, 유쾌하고 신나는 역사 강의로 많은 사람들의 사랑을 한 몸에 받아온 설민석 씨는 역사의 대중화에 앞장서 온 젊은 역사학도이다. 언젠가 설민석 씨가 3.1운동과 관련하여 엉뚱한 논쟁에 휘말린 적이 있다. 독립선언서에 서명한 민족 대표 33인의 역할을 왜곡하고 이들의 명예를 훼손시켰다는 이유로 33인의 후손들이 설민석 씨를 고발한 것이다. 이들은 설 씨가 3.1운동에 대한 강의를 하면서 민족대표 33인이 독립선언서를 낭독한 태화관을 룸살롱으로 비유하면서 대낮에 술판을 벌인 것처럼 주장하고, 손병희의 셋째 부인인 주옥경 씨가 마치 마담인 것처럼 말을 해서 민족 대표 33인의 명예를 심각하게 깎아내렸다는 것이다. 이것은 역사 해석이 얼마나 민감하고 어려운 것인가를 잘 보여주는 사건이다.

* 「시사IN」 2018.8.7(통권568호) 별책부록, (기무사 계엄) '대비계획 세부자료.'

성경에서의 역사 교육

역사 교육을 '기억과 해석'의 과정이라고 한다면 성경에서는 역사적 사건들을 어떻게 기억하고 어떻게 해석했는지 살펴보기로 하자.

아무리 위대한 역사라도 후손들이 기억하지 않으면 망각 속에 묻혀 버리고 만다. 조상들은 끊임없이 후손들에게 역사의 내용을 가르쳐 주고, 기억하게 해야 한다. 그러기 위해서는 후손들이 호기심을 갖고 질문을 던지게 하는 것이 필요하다. 이스라엘 백성들은 이를 위해 몇 가지 방법을 고안했다.

우선 유월절에는 어린양을 잡아서 그 피를 문설주에 바르고, 어린양 식사를 한다. 이것은 출애굽 전 죽음의 사자가 어린양 피를 바른 이스라엘 백성들의 집을 넘어갔던 것을 기념하는 것이다. 그리고 쓴나물을 먹는데 쓴나물은 애굽에서 노예생활을 하던 고통과 괴로움을 기억나게 하는 것이다. 유월절에 이어지는 무교절 일주일 동안 누룩을 넣지 않은 빵을 먹는다. 이것은 애굽을 탈출할 때 다급하게 도망하느라고 미처 빵에 누룩을 넣어 부풀리게 할 여유가 없었던 것을 상기시키는 것이다. 이스라엘 자녀들은 유월절 절기를 지키면서 이런 풍속들이 어떻게 해서 생긴 것인지 묻고 부모들은 이에 대해 설명을 해 준다. '여러분의 아들딸이 여러분에게 '이 예식이 무엇을 뜻합니까?' 하고 물을 것입니다. 그러면 여러분은 그들에게 '… 하고 이르십시오'(출 12:26-27앞). 이렇게 해서 자연스럽게 역사 교육이 이루어지는 것이다.

때로는 돌을 기념비로 세우기도 했다. 여호수아가 요단강을 무사히 건넌 후에 요단강 한 가운데에서 12개의 돌을 취하여 강변에 세우도록 했다. 세월이 흐른 후에 후손들이 이 돌들의 유래를 물으면 요단강을 건넌 사건을 설명해 주는 것이다. '여호수아는 요단강에서 가져온 돌 열두 개를 길갈에 세우고 이스라엘 자손에게 이렇게 말하였다. "당신들 자손이 훗날 그 아버지들에게 이 돌들의 뜻이 무엇인지를 묻거든, 당신들은 자손에게 이렇게 알려 주십시오"(수 4:20-22앞).

추수감사절에 해당하는 초막절에는 일주일 동안 모든 백성들이 집을 나와서 초막에서 잠을 자도록 했다. 이스라엘 백성들은 출애굽 이후 40년 동안 광야생활을 할 때 초막에서 지냈다(레 23:42-43). 초막은 광야생활을 기억하게 하는 것이다. 초막절은 곡식을 모두 거두어들이는 때로 일 년 중 가장 풍요로울 때이다. 이 초막절에 초막에서 지내는 것은 가장 풍성할 때 가장 궁핍했던 광야 시절을 기억하게 하려는 것이다.

성경에서의 역사 해석

먼저 출애굽 사건을 보자. 출애굽 사건은 이스라엘 역사상 가장 위대한 구원 사건이고, 이스라엘 신앙의 원형질을 형성하는 가장 중대한 사건이다. 사람의 온 몸에 피가 흐르듯이 구약의 매 장마다 출애굽 정신이 배어있다고 해도 지나친 말이 아니다.

출애굽 사건은 시대마다 끊임없이 새롭게 해석이 되어서 백성들에게 선포되었다. 우선 출애굽 사건은 단지 인간들의 노력으로 이룬 사건이 아니라 하나님이 직접 개입하셔서 하나님이 주도적으로 일으킨 사건으로 해석했다. 또한 이스라엘의 하나님은 히브리 노예들을 해방시킨 약자들의 하나님이며 따라서 이스라엘 백성들은 약자들인 '고아와 과부와 나그네'를 돌보아야 한다고 해석했다. '너희는 너희에게 몸붙여 사는 나그네를 학대하거나 억압해서는 안 된다. 너희도 이집트 땅에서 몸붙여 사는 나그네였다. 너희는 과부나 고아를 괴롭히면 안 된다'(출 22:21-22).

광야생활을 마친 이스라엘 백성들은 여호수아의 지휘 하에 가나안 땅을 점령하고 약속의 땅을 차지하게 된다. 하지만 가나안 땅에는 여전히 가나안 원주민들이 남아 있어서 때때로 이스라엘 백성들을 공격하기도 하고 지배하기도 했다. 사사기는 가나안 땅에 들어간 이스라엘 민족과 가나안 족속 간의 투쟁을 기록하고 있다. 왜 하나님은 가나안 족속들을 완전히 멸하지 않고 일부를 남겨 두어서 두고두고 후환이 되게 했을까?

이스라엘 역사가들은 이에 대한 해석을 시도한다. 그것은 이스라엘 백성들의 죄악을 징벌하기 위한 것이라고 해석한다. 가나안 땅에 들어간 이스라엘 백성들은 그들이 섬기던 하나님을 배신하고 대신 가나안 족속들이 섬기던 바알 신을 섬기게 되었다. 하나님은 백성들의 불신앙을 심판하는 수단으로 가나안의 남은 족속들을 들어쓰셨다는 것이다. '만일 당신들이 이것을 어기고 당신들 가운데 살아남아 있는 이 이방 민족들을 가까이 하거나 그들과 혼인관계를 맺으며 사귀면 주 당신들의 하나님이 당신들 앞에서 다시는 이 민족들을 몰아내지 아니하실 것이라는 사실을 분명히 아십시오. 그들이 당신들에게 올무와 덫이 되고, 잔등에 채찍이 되며, 눈에 가시가 되어 끝내 당신들은 주 당신들의 하나님이 주신 이 좋은 땅에서 멸망하게 될 것입니다'(수 23:12-13).

이스라엘 역사에서 가장 비극적인 사건은 바벨론의 침공으로 예루살렘이 멸망한 사건이다. 이후 유다는 바벨론 포로 생활을 경험한다. 예루살렘의 멸망은 경건한 신앙을 가진 유대인들에게 엄청난 충격을 안겨 주었고, 하나님께서 왜 하나님의 백성을 멸망하게 허락했는지 질문을 던지게 했다. 당시 일반 백성들 사이에서는 '아버지가 신포도를 먹었기 때문에 자식들의 이가 시게 되었다'(렘 31:29; 겔 18:2)는 풍문이 퍼져 나갔다. 조상들이 죄를 지은 까닭에 나라가 망했다는 말이다. 망국의 원인을 자기 자신들에게서 찾지 않고 조상들 탓으로 돌리는 무책임한 생각이다.

예언자들은 이런 주장에 맞서 예루살렘 멸망은 조상들의 탓이 아니라 당대 백성들이 죄를 지은 탓이라고 선포했다. 예언자들은 예루살렘 멸망을 '백성들의 죄에 대한 하나님의 심판'이라고 해석했다. 이러한 해석이 반영된 역사책이 '열왕기'이다. 열왕기에는 남왕국과 북왕국의 왕들에 대한 평가가 기록되어 있다. 대부분의 왕들이 부정적인 평가를 받았다. 백성들의 신앙을 바르게 이끌고, 신앙의 본보기가 되어야 할 왕들이 하나같이 잘못된 신앙에 빠져 있었으니 하나님의 심판을 면할 수가 없었다는 것이 열왕기의 해석이다.

예수님이 십자가에 달려 돌아가신 사건은 초대 그리스도인들에게 수치스럽고 난감한 문제였다. 십자가 처형은 중죄인에게 해당되는 것이었는데 예수님이 십자가 처형을 당했으니 이를 어떻게 해명해야 할 것인가? 이들은 '대속의 원리'로 해석한다. 대속의 원리는 구약의 제사에 적용되었던 것을 제2이사야 예언자가 구체적으로 선포한 것이다. 인간의 죄를 대신해서 소나 양이 죽임을 당하듯이 다른 사람의 허물을 대신해서 하나님의 종이 고난을 당하였다는 것이다. 이사야가 말한 대속의 원리는 예수님의 십자가 사건을 해석하는 데 적합한 개념이었고, 이로써 초대그리스도인들은 십자가 사건의 깊은 의미를 깨닫게 되었다. '인자(예수님)는… 많은 사람을 구원하기 위하여 치를 몸값으로 자기 목숨을 내주려 왔다"(막 10:45).

오늘의 역사교육

3.1운동과 관련하여 우리의 관심을 끄는 주제가 '건국절 논쟁'과 '식민지 근대화론'이다. 박근혜 정권 시절 국정교과서 파동이 일어났었다. 이승만, 박정희를 미화하며 건국절 논쟁으로 번졌다. 임시정부가 세워진 해를 건국으로 삼지 않고 해방 후 정부가 세워진 1948년을 건국으로 삼는 것이다. 이것은 3.1운동의 결과로 세워진 임시정부의 법통을 송두리째 거부하는 것이다.

건국절 논쟁의 이론적 뿌리는 '식민지 근대화론'이다. 일제가 조선을 지배한 것이 조선의 근대화에 기여했다는 이 주장은 안병직 교수가 최초로 주창했고, 그 제자인 이영훈 교수가 열렬히 지지하고 있다. 이들의 주장은 뉴라이트 운동으로 번져나갔고, 이런 주장에 힘입어서 국정교과서를 추진하려고 했던 것이다.* 식민지 근대화론을 주장하는 학자들은 운동권 대학생들의 필독도서였던 『해방전후사의 인식』이라는 책에 대항하여 『해방전후사의 재(再)인식』이라는 책을 시리즈로 펴내기도 했다. 이영훈 교수는 그 내용을 요약하여 일반사람들이 쉽게 이해할 수 있는 『대한민국 이야기』라는 책을 내기도 했다.

길에서 흔히 볼 수 있는 개망초꽃은 주로 철로 자갈 사이에서 많이 피었다. 이름이 왜 개망초일까? 개망초는 귀화식물이다. 구한말 일본인들이 조선의 철도부설권을 따내어 철도를 만들 때 사용한 받침목에 묻어온 씨가 퍼진 것이다. 철로 사이에 피어 있는 꽃을 보고 조선인들은 나라를 망하게 하는 꽃이라는 뜻으로 망초(亡草)라고 불렀다. 개망초

---

* '식민지 근대화론'에 대해서는 한국근현대사학회, 『한국 독립운동사 강의』, (한울아카데미, 2017) 중 "식민지근대화론 비판," (김희곤, 421-437쪽)을 참고하라.

는 망초가 변형된 것으로 망초의 사촌인 셈이다. 철도가 놓이면 나라가 근대화되고 부강해지는 것이 아니라 외국 물자가 들어오고 국내의 쌀이나 광물이 외국으로 빠져나가서 나라가 빈곤해지고 결국 망국의 길로 빠져든다는 사실을 민초들은 정확하게 꿰뚫어 보았다. 식민지 근대화론을 부르짖고, 뉴라이트 운동을 하는 지식인들보다 민초들의 소박한 역사 의식이 훨씬 뛰어나다는 것을 알 수 있다. 글을 마칠 즈음 또 자유한국당에서 1948년을 건국절이라고 주장하는 발언을 했다는 보도를 접했다. 제 버릇 개 못 준다더니 언제까지 건국절 주장을 계속하려는 것인지 모르겠다. 이런 망언을 하는 사람들은 개망초를 보면서 민초들의 지혜를 터득하기를 정중히 권하는 바이다.

 3.1운동은 우리 민족사에서 가장 빛나는 역사이다. 어떤 역사가는 일제강점기 모든 독립운동은 3.1운동이라는 강으로 흘러 들어오고 3.1운동이라는 강에서 흘러나온다고 말했다. 하지만 지금도 3.1운동을 축소시키고 왜곡하려는 세력들이 여전히 살아 있다. 이런 세력들에 맞서서 3.1운동을 올바르게 해석함으로써 역사를 바르게 세우는 것이 우리 후손들의 몫이다.

참고문헌

한국근현대사학회,『한국독립운동사 강의』, 한울아카데미, 2017.
버나드 W. 앤더슨/강성열·노항규 옮김,『구약성서 이해』, 크리스챤다이제스트. 1994.
오종윤,『구약문지방넘기』, 만우와장공 , 2007.

"촛불혁명"으로 보는 3.1운동

박 창 현
(감리교신학대학교, NCCK 신학위원)

2016년 10월부터 2017년 3월까지 이어진 이 땅의 "촛불혁명"은 연인원 1,700만명이 참여하는 거대한 촛불의 물결을 이루어서 결국은 부정과 부패로 얼룩져 무능한 박근혜 정권을 퇴진시키고, 새로운 문재인 정권을 탄생시키는 기적과 같은 일을 어떠한 폭력이나 누구의 희생 없이 평화적으로 이루어 냈다. 어떻게 이러한 일이 가능했을까? 어떻게 한명 한명 자발적으로 참여한 1,700여 만 명의 시민이 한 마음으로 촛불을 들어 "어둠은 빛을 이길 수 없다. 거짓은 참을 이길 수 없다. 진실은 침몰하지 않는다. 우리는 포기하지 않는다"는 노래를 부르며 그 가사처럼 선으로 악을 이길 수 있었을까? 그들은 결국 정의를 노래하며 평화롭게 세상을 변화시켜서 이 땅에 민주주의를 바로 세우는데 기여하였다. 이 사건을 외신들은 "촛불항쟁"(candlelight struggle) 또는 "촛불혁명"(candlelight revolution)이라 부르며 전 세계가 한국민족에 대해 긍정적인 관심을 갖게 하였다. 이렇게 시민들은 스스로 결집하고 연대한 힘으로 6개월 동안 평화로우면서도 유쾌하게 지금껏 어디에서도 볼 수 없었던 민주주의 "촛불혁명" 이라는 위대한 결과물을 만들어냈다. 불의와 폭력에 대한 저항과 정의와 평화를 향한 염원이 하나로 모인 것이다. 필자가 직접 참여했던 경찰 추산 최대 규모의 촛불집회이며, 정부 수립이래 사상 최대 규모인 170만 명이 모였던 2016년12월3일 광화문집회에서, 청와대를 향하여 군중이 몰려가기 시작했는데 그때는 이미 청와대로 가는 길들의 모든 입구는 경찰버스가 두 줄로 높게 차벽을 쌓고 있었다. 이때 몇 명의 시민들이 버스 위에 올라가, 차 벽을 뚫으려 시도했을 때, 누가 시작했는지, 모두가 한 목소리로 "내려와! 내려와! 내려와!"를 외치고 있었다. 한번도 경험해 보지 못한 평화를 추구하는 집회의 모습이었다. 엄마들이 아이들을 유모차에 태워서 오고, 할아버지와 할머니부터 손자 손녀가 함께 손을 잡고 노래하며 춤을 추며 집회에 참여했고, 특정집단이나 정치지도자들을 배제한 채 시민들이, 국민학생, 중고등학생들 일반인들이 연단에 올라 마이크를 잡고 그들이 주인이 되어 의견을 표출하고, 스스로 집회를 위한 모금에 동참하며 고통을 분담하며 문화축제 양상의 시위를 이어갔다. 시민들은 시위를 지키는 경찰들에게는 꽃을 선사하고 경찰버스에는 스티커를 붙여가며 그들이 평화집회를 원한다는 의사를 분명히 하였다.

"나무위키"는 이러한 "촛불혁명"이 평화적으로 성공한 이유를 다음과 같이 열거하고 있다: 1) 최악으로 치달은 박근혜에 대한 이미지 2) 목적의 정당성과 힘을 확보한 시민 3) 국가 안보에 대한 인식 4) 대한민국의 성장과 함께 성장해 온 시민의식 5) 시민 질서에 협조하는 경찰들 6) 탄핵 심판에 대한 법조인들의 극명한 대조 7) 박근혜로부터 등을 돌린 언론.

종합하자면 시민들은 정부가 자행하는 불의(2014년 청해진해운 세월호 침몰 사고, 2015년 역사교과서 강제 국정화시도, 일본과의 위안부 합의, 주한미군 사드 배치 등)를 지켜보다가 그것이 절정에 도달한 것을 느꼈을 때, 그들은 그 불의를 제거하기 위해 분연히 거리로 나선 것이다. 그러나 그들은 분명한 목적이 있었고, 또 3.1독립만세운동, 4.19 의거, 5.16 군사구테타, 5.18광주항쟁, 6월항쟁 등을 통하여 집회를 성공적으로 이루기 위한 평화적 투쟁 방법을 배웠고 이에 성숙한 시민의식이 세계가 놀라는 평화로운 "촛불혁명"의 결과를 가져오게 만들었다. 그러나 필자가 굳이 추가하고 싶은 것은, 4차 산업 혁명이 가져온 스마트폰 시대의 젊은 사람들 중심의 SNS가 당시에는 조작되었던 주요 언론의 편향된 보도를 극복하고 시민들에게 올바른 정보를 제공하고 시민들 사이에 소통을 가능하게 한 것이 전국적이며 평화적인 시민주도의 촛불시민혁명에 기여하지 않았나 하는 것이다. 이것은 마치 독일의 마틴 루터가 생각했던 개혁사상이 구텐베르크가 발명한 활자와 인쇄술의 도움으로 전 시민들에게 전달된 것이 종교개혁의 힘이 되었던 것과 같은 맥락이라 하겠다. 그럼 앞에서 언급한 우리시대의 "촛불혁명"의 빛으로 보는 100년전, 1919년 3월 1일 일어났던 한국의 평화적 독립만세 운동의 원인과 그 결과를 한번 살펴보기로 하자.

일본의 학정

일본이 한국을 강제 점령한 후 9년째 되던 해에 3.1독립운동이 일시에 거국적으로 일어났다. 물론 국제적인 분위기가 4년간의 세계대전이 마무리되고 미국 윌슨W. Wilson 대통령의 민족자결주의의 제창으로 식민지 억압을 당하던 나라들의 독립을 위한 투쟁을 부추기기는 했지만 우리에게는 우선은 국왕 고종의 죽음(1919.1.22)이 일본의 독살이라는 흉흉한 소문이 나돌 정도로 일본의 조선인에 대한 폭정과 간악한 탄압이 극에 달해 있다고 사람들은 그것을 피부로 느끼고 있었다. 일반국민들은 포고령이나, 사립학교 규칙, 사법이나 행정에 있어서 한국인 차별대우, 언론, 신앙, 결사 자유의 박탈, 종교 근절 정책, 한국인 해외 여행과 교육에 대한 금단 조치, 옥토 약탈, 한국 청년들의 퇴폐를 유발시키는 비도덕적 정책 불의, 만주의 강제 이주와 같은 것들을 경험하였다. 더욱이 1차 대전 후에 전세계가 함께 겪던 대공황의 혹독한 여건 속에서도 일본이 농촌을 수탈하고, 엄격한 총독 헌병 정치로 작은 마을 단위 구석구석까지 일반 경찰들이 아닌 군인(헌병)들이 국민들의 삶을 감시와 폭력으로 옥조였기에 지방 단위의 국민들도 일본 제국주의의 불의와 부당함을 피부로 느끼고 있었다. 그러던 중 고종의 인산일이 마침 1919년 3월 3일이었기에, 일본의 의심을 받지 않고도 수많은 사람들이 한양으로 모일 때를 기회로 보고 만세 운동을 한양에서 터트렸고, 이렇게 이 시기에 전국에서 모여든 유림과 유력인사들이 한양에서 벌어진 3.1만세운동의 경험을 자기들의 고향에서 나누고 전국적인 독립만세 운동에 동참할 수 있게 되었을 것이다.

하나된 독립의 열망

일제의 잔혹한 폭정 앞에서 한국사람들은 한 민족이라는 관점에서 서로 다른 종교와 정치 종파들이 하나였음을 절감하였고 그것을 실행해 옮긴 것이다. 국내 정치 세력인 동학 이후 민중자각세력(의병)과 서로 다르지만 외부세력에 반대하는 자주 독립으로 하나된 국세 정세에 따른 개화파 세력, 즉 위정척사파와 개화파가 하나가 되었다. 또 국제적으로는 러시아의 재러 한족회중앙총회, 미국의 대한인국민회, 중국의 신한청년단들과 또 중국 동북, 만주, 러시아의 연해주, 미국, 일본 한국 등에 흩어진 동포들이 한민족으로 연합하였다. 종교 세력들 역시 민족이라는 이름하에 하나가 되었다. 겉으로는 동학과 기독교는 서로 반목하는 듯하나 실제로는 서로 돕는 관계였음이 드러났다. 이는 동학도였던 김구가 기독교로 개종한 것이나, 동학혁명에 실패하여 도망 다니며 핍박을 당하는 신세가 되었던 동학도들이 교회로 피난하여 도움을 받은 사례 그리고 3.1운동의 준비와 진행에 있어서 서로 긴밀한 협력으로 최고의 결과를 만들어내었다는 것이 증명을 한다. 그런가하면 기독교는 서구 문화에 개방적이란 입장에서 개화파인 독립협회 등과 자연스럽게 연합하였다. 다르게 말하면 기독교의 입장에서는 자유와 정의, 평화를 중요한 가치로 여기기에 한국이 외세의 억압을 떨쳐내고 자주독립을 해야 한다는 구호 아래 모든 종교들과 정치적 여러 집단들과 연대하고 동역할 수가 있었고 그 결과로 독립만세운동을 하는 일에 자연스럽게 하나가 된 것이다. 이들은 3개월간 전국의 222개의 처소에서 1,542회의 시위에 집회인 수가 200여만 명이 하나가 되어 벌인 운동으로, 그 중 7,509 명이 사망, 부상이 7,509 그리고 구속된 자가 46,948명이었다.

민중운동과 기독교의 역할

민중신학자 서남동의 말에 의하면 민중은 우리의 역사 가운데 평범하게 일상을 살다가 역사에 불의한 일이 생기면 분연히 일어서서 역사의 주인의 역할을 하여 역사를 바로잡고, 그 위기가 지나가면 다시 일상의 삶으로 돌아간다고 하며, 이러한 민중의 거사 중에 중요한 시초가 동학혁명이고 또한 이것이 3.1운동으로 이어졌다고 본다. 이처럼 한국 민족은 역사 위기의 순간마다 항상 자신들의 존재를 드러냈다. 3.1운동 역시 1894년 동학혁명, 1896년 독립협회, 1897년 황제탄일축하회 집단행동, 1905년 을사늑약 무효화 투쟁을 한 경험에서 얻은 것이다. 1898년 만민공동회와 1907년 신민회 비밀결사와 같은 격렬한 운동은 3.1운동의 도화선이 되었고, 특히 일본 유학생의 2.8독립선언은 직접적인 자극이 되었다.

 3.1운동이 거국적으로 동시 다발적으로 비밀리에 거사를 치르게 된 데에는 분명 기독교의 중요한 역할이 있었다.

 첫째, 기독교는 3.1운동에 신학적이고 정신적인 면에서 기여를 하였다. 1919년 4월 31일 미국기독교연합회 동양문제위원회에서는 다음과 같이 3.1운동에 대한 보고가 있다: 예수교만이 현시점에서 국제 정세에 정통하여 민족 자유를 위한 횃불을 들겠다는 판단을 내린다…. 예수교인만이 참혹한 식민 정치에 소망을 버리지 않는다. 조금은 과장된 표현이기는 하지만 기독교 정신의 핵심과 3.1운동 정신은 최남선이 집필한 선언문을 대표하는 첫 문장 "吾等은 茲에 我 朝鮮의 獨立國임과 朝鮮人의 自主民임을 宣言하노라" 속에 그대로 녹아들어 있다. 이같은 목표를 가지고 있었기에 기독교가 중심이 되어서 다른 종단들과 함께 한국 민족의 자유와 정의 그리고 독립이라는 구호 하에 하나의 운동이 되게 할 수 있었다. 당시 교회 안에서는 다윗과 골리앗의 이야기가 조선과 일본을 빗대는 이야기로 인기 있는 설교였고, 외국 선교사들과는 달리 한국인 목회자들은 "구원은 일본의 식민지 통치로부터의 해방"이라고 하고, "하나님이 주신 독립을 잃어버린 게 죄" 라는 설교를 즐겨 하였다.

그리고 두 번째는 급성장한 기독교인의 숫자와 전국에 걸친 조직이 기여를 하였다. 1895년 갑오개혁 후에 교회 성장이 두드러져서 나타나기 시작한 한국 기독교를 비숍(Isabella Bird Bishop) 여사는 그의 글 *Korea and Her Neighbors*에서 1895에 이미 교인수가 5000명에 달하였음을 밝히고, 3.1운동 당시 기독교인 인구는 20만 명으로 전 국민의 1%에 달하였다고 한다. 이러한 기독교가 그들이 속한 각 지역에서 만세운동을 주도하는 위치에 있었다고 보는 것은 타당하다. 실제로 구속되거나 죽은 많은 기독교인들의 숫자나 4월15일 제암리교회 교인들에게 벌인 일본의 천인공노할 학살 사건이 말하듯 대부분의 핍박이 기독교 건물과 교인이라는 것이 이한 사실을 증명하고 있다. 교인들은 그들이 전도되어서 지난 30년간 개교회에서 주기적으로 훈련 받은 것이 국가적 위기에 교회가 전국적인 조직망을 통하여 그 힘을 발휘한 것이다. 교회는 당시에 유일하게 전 국토의 작은 마을 단위까지 있었기에, 감시하던 일본 헌병대의 눈을 피하여 3.1운동의 계획을 비밀리에 전하고 전국에서 동시 다발적으로 일어나게 하는 원동력이 되었다. 경인선, 경부선 등 큰 간선 주변의 도시에서 주로 독립 만세운동이 일어났는데 그러한 곳마다 교회 조직이 잘되어 있어서 이 교회 조직이 3.1운동을 전국화하는 데 크게 기여하였다고 본다. 물론 이런 점에 있어서는 독립운동을 당시의 100만 명의 신도들을 거느린 천도교의 역할이 얼마나 중요했는가를 다시 한번 돌아보게 한다. 천도교는 동경의 2.8독립선언 그룹을 국내로 맞아들여 한국 안에 그 불씨를 살리고 다시 활활 타오르게 하는 데 자금을 대고 인쇄를 하여 기독교와 함께 3.1독립만세 운동이 전국적으로 일치된 선언문에 근거하도록 기여하였다.

장로교 선교사는 3.1운동이 "청천병력처럼 왔다"고 보고하고 감리교 보고서는 "허리케인처럼 전국을 휩쓸었다"고 할 정도로 3.1운동은 철저하게 선교사들이 모르게 준비되었고, 일시에 그러나 일본의 거짓에 속아 세계가 버린 한국의 건재함을 전 세계에 드러내는 운동이 되었다. 3.1운동은 이렇게 일제의 야만성을 전 세계에 알리는 계기가 되었다. 일본은 전세계에 "한국은 자기를 다스리지 못하는 열등한 민족이기에 우수한 자질을 지닌 일본 민족이 다스리는 것이 당연하다"고 경술국치를 한일 합방이라는 말로 포장하여 국제 사회에 그들의 정당성을 주장하였고, "한국민족은 단결할 줄 모르고 분열을 좋아하며 물고 뜯는 민족이라"고 비난을 하였다. 그러나 3.1운동은 이에 대하여 한국민족이 말로서가 아니라 행동으로 일본 사람들이 한 말이 다 거짓임을 드러내고, 동시에 한국민족은 진정으로 일치단결하여 평화적인 방법으로 자주독립을 염원하는 우수한 나라임을 드러냈다. 3.1운동은 단 한 사람의 변절자나 정보 제공자도 없이 순식간에 일본의 무자비한 탄압과 야만성을 평화적으로 세상에 알리는 단결된 힘을 보여주었다. 그리고 당시는 한국내 모든 통신 수단을 일본이 완전 장악하고 있었던 때였기에, 한국에 활동하고 있던 380여명의 선교사들이 이러한 사실들을 세상에 자세히 폭로함으로 분명하게 드러나게 되었다. 이렇게 국제적으로 알리는 일은 선교사들만이 할 수 있는 것이었다.

시민운동의 결과인 3.1운동

3.1운동이 기독교 지성인과 선교사들이 주도했다고만 하는 것은 잘못되었다. 앞서 언급하였듯이 선교사들이 3.1운동에 대하여 자기 나라와 국제 사회에 적극적으로 알린 것은 사실이지만 그들은 3.1운동에는 전혀 관여하지 않았다. 당시에 일본의 하라 수상은 3.1운동의 소식을 듣고 강력한 진압을 지시했고 그것이 가장 빨리 소동을 막은 방법이라 판단할 때는 다음과 같은 오해가 있었다. 3.1운동이 발발한 후에도 일본은(총독부 관리들은) 일본의 한국 통치가 성공적이고 그들은 한국인에게 존경을 받고 있으며, 한국인은 전국 규모의 민족운동을 일으킬 수 없는 민족이라고 여겼다. 그렇기에 일본은 이 일의 배후에 기독교가 있다고 생각했다. 외국인 선교사들이 한국사람들의 배후라고 생각했던 것이다. 따라서 일본은 한국인을 탄압하고, 선교사들을 불러 이것을 해결하려고 했었다. 숫자적으로 기독교가 16명, 천도교 15명, 불교 2명이었기에, 특히 민족대표 중 9명이 감리교와 7명이 장로교가 선봉에 섰다고 보았기에, 이들의 배후가 선교사들이라고 판단하였다. 사실 독립운동을 주도했던 한국민족들은 선교사들에게도 비밀리에 했기 때문에 선교사들은 참여할 수 없었고, 그 후에 일본 경찰의 조사 과정에서 그 운동에 대한 관심을 갖게 된 것이었다. 오히려 선교사들은 갑자기 벌어진 3.1독립운동으로 그들의 선교 사역이 어려움을 겪게 되는 것에 불안함을 표하였고, 또 그 일이 선교 사업을 마비시켰다고 보았다. 그러므로 감리교의 웰치 감독은 이 3.1운동을 부정적인 시각으로 염려하며 지켜보고 있었다고 한다. 선교사들은 3.1운동으로 학교가 문 닫게 되고 교회도 목사와 장로들이 잡혀 가서 아무것도 할 수 없었다고 그들의 불

만을 토로한다. 일본은 한국사람들이 자기의 말보다는 선교사들의 말을 더 잘 듣는다고 생각했기에 선교사들에게 도움을 청했고, 그리하여 선교사들이 이 일에 관여하기 시작한다. 따라서 3.1운동이 선교사나 기독교 지식인들만의 운동이었다는 주장은 잘못이다. 이것은 독립선언문을 초안하고 모였던 민족지도자 33인의 면모에서도 분명히 드러난다. 16/33명은 중인들이었고 지식인이 아니었던 것으로 확인된다. 16명이 기독교인인 것은 맞지만 성분은 몰락의 양반, 중인인 역관, 그 밖의 상공업자들(유가제조업, 전당포, 약국, 사립학교경영자)이었다. 그들은 애국계몽운동인 독립협회나 비밀결사대인 신민회 등에 다수 참여하였던 소시민들로 보아야 한다. 그런가하면 그들마저도 실상은 3.1운동의 적극적인 민족지도자라고 하기에는 부끄러움이 있다. 그들은 용기를 내서 비밀리에 거사를 준비하고 선언문을 작성하기는 했었지만, 사실은 3월 1일 당일에는 소위 민족대표자라고하는 33명 가운데 29명만이 참석하였고, 또 그들은 태화관에서 자기들끼리 모여 독립선언문을 낭독만 하고 실제 시위에는 참여하지 않은 채, 일경에 자수하고 말았다. 물론 자기들이 잡혀가면 군중이 동요하고 폭력이 일어날까봐 한 거라고 변명하지만 죽음의 위협을 무릅쓰고 탑골공원에서 독립선언문을 낭독하고 태극기를 흔들며 대한독립만세를 외치며 거리를 누비며 만세를 외쳤던 것은 일반 시민들이기에 3.1운동의 주인공은 평범한 시민들이 되어야 한다.

평화적 시위

어떻게 그 많은 사람이 죽고 잡혀가고 3개월간 지속된 만세운동이 평화적 시위가 될 수 있었을까? 이것은 답하기가 그리 쉽지는 않다. 그러나 다음의 1919년 3월 3일에 나붙은 「독립단 통고문」(獨立團通告文)에 글을 미루어 짐작컨데 초기 한국 기독교인들의 순수한 신앙에 기인한 것으로 보아야 한다: "我 可敬可責한 獨立團諸君이여, 何事 이던지 日人을 侮辱하지 말고 石을 投 하지 말며 拳으로 打하지 말라. 是는 野蠻人의 하는 바니 獨立의 主義를 損害할 뿐인즉 幸各注意할지며, 信徒는 每日 三時 祈禱하되…." 일제는 시위를 무자비하게 폭력으로 진압하여 시위 참가자들을 총칼로 능욕하였지만 기독교인들은 그들처럼 야만인이 아니라 신앙인임을 증명하려 했던 것으로 이해가 된다. 일본인들을 능욕해도 안 되고, 돌을 던지거나 몽둥이로 저항해서도 안 되고, 그저 기도만 하라는 것이었다. 주목할 것은 이 통고문이 거사가 치러진 지 바로 이틀 후에 나온 것이라는 사실이다. 죽고, 잡혀가고, 혹독한 폭력을 경험하면서도 신앙인들에게 당부한 통고문이 갖는 준엄함에 머리가 숙여진다. 그리고 또 다른 이유가 있다면 그것은 전국적으로 그리고 남녀노소 구별없이 자기 삶의 거주지 주변에서 모두 참여한 시위였기에 우리 시대의 "촛불혁명"처럼 폭력을 자제한 운동으로 보여주었듯이 한국민족의 평화로운 민족성 때문이 아닌가 생각해 본다. 기독교는 이렇게 한국민족에게 복음의 해석을 통해 전근대적이고 봉건적인 사회에 대한 개혁의 필요성을 일깨워 주었고, 동시에 일제 강점에 대한 민족자주성의 회복이 얼마나 소중한가를 자유와 정의를 통하여 소개해 주었다.

3.1운동이 오늘날 교회에 남겨준 교훈

선교는 잘못된 과거의 선교 행적을 다시 드러내고, 지금의 교회의 경계선을 넘는 것이 중요하다.

3.1운동에서 기독교는 33명 중에 16명이 기독교인이었고 많은 수의 교회 건물이 파괴되고 또 목사와 교인들이 투옥되거나 죽는 피해를 입었다고 주장한다. 3.1운동에 전국적인 교회 조직망이 동원되고 3.1운동 선언문의 정신이 복음의 핵심과 맞닿아 있었기 때문이다. 그러나 오늘날의 교회는 지난날의 영광스러운 흔적이 눈에 보이는 실체로 나타나지 못하고 그저 과거의 숫자로만 기억되고 있다. 당시에 1%밖에 되지 않던 교인들이 3.1운동에 선교적 영향을 끼치며 국민들의 마음에 감동을 주었다면, 지금의 기독교는 어떠한가? 민족을 위해 자신을 내어주었던 기독교가 어떻게 지금처럼 자기중심의 이기적 집단이 되었을까? 가깝게 우리는 "촛불혁명"에서 과연 기독교가 존재감이 있었던가를 질문해 보아야 한다. 과거의 교회가 교회 담장을 넘어서 세상 속에서 빛과 소금의 역할을 감당하고 정의로운 일과 평화적인 방법으로 사회를 하나로 묶어내는 감동을 주었다면, 지금의 교회는 사회를 분열시키고 도리어 사회로부터 손가락질을 받는 여러 가지 일에 이름을 올리고 있다. 3.1운동은 예수의 말처럼 한 알의 밀알이 땅에 떨어져 죽어서 많은 열매를 맺은 복음적인 삶의 결과이다. 그렇다면 100주년을 맞는 기독교는 3.1운동 정신에 빗대어 신앙의 선배들의 발자취를 돌아보고 지금이라도 입이나 글로만 주장하는 교회가 아니라 몸과 삶으로 보여주는 교회가 되어야 할 것이다. 3.1운동 후 기독교인의 수가 급격히 증가했던 것을 본다면, 세상 사람들은 일상생활에서 종교가 미치는 영향을 보고 어떤

종교를 선택한다는 것을 기억해야 한다. 하나님을 찾아 교회를 떠나 방황하는 가나안 교인들이 백만 명이 넘어 지속적으로 교인이 감소하는 시대에 3.1운동이 우리에게 새로운 빛을 선사하길 소망해본다.

참고문헌

주재용, 이만열, 한완상. "3.1운동 회갑 맞는 한국교회 과제는?"「기독교사상」23-3 (1979), 22-48.
송길섭, "선교사들이 본 3.1운동,"「기독교사상」, 23-3(1979), 49-59.
3.1문화재단,『3.1운동 새로 읽기』, 예지, 2012.
민경배,『한국기독교교회사』, 연세대학교출판부, 1995.

II
민족의 분열과 분단체제의 모순

한국 초기 사회주의운동

김 종 길
(덕성교회)

독립운동은 제국주의국가들이 약소국을 침략하고 식민지를 지배함에 대한 저항이며, 근대적인 국민국가를 수립하려는 건국운동이다. 일반적으로 독립운동은 민족주의 우파적 성향을 지닌 국채보상운동, 애국계몽운동, 만세운동, 의병운동, 외교활동 등을 가리킨다. 이제까지 독립운동에 관한 연구는 반공적인 시각과 우편향적인 관점에서 진행되어 왔다. 분단체제와 반공이념이 지배하는 상황에서, 사회주의/공산주의* 운동은 기피되어 왔다. 과연 초기 한인 사회주의운동, 예를 들면 한인사회당의 정치활동이나 러시아 적위군과 제휴한 한인 유격부대의 항일무장투쟁을 독립운동으로 볼 수 있는가? 이 물음에 공정하게 답하려면 새로운 관점이 요구된다.

이 글은 좌우합작적 관점**에서 '민족해방운동'***을 재인식하고, 한

---

* 이 글에서는 사회주의와 공산주의라는 용어를 동일한 의미로 사용할 것이다.
** 필자는 민족주의 및 공산세력을 아우르는 통전적인 태도를 지향하는 차원에서 '좌우합작

국 최초의 사회주의 정당인 한인사회당(韓人社會黨)을 중심으로, 한국 사회주의운동이 대한민국독립운동사에서 어떻게 자리매김하는지를 논하고자 한다. 여기서 좌우합작의 구체적 방법을 거론하거나 공산주의와 자본주의를 비교하며 시비를 가리는 일은 논외로 한다. 본 연구의 범위는 러시아혁명이 일어난 1917년부터 자유시참변이 일어난 1921년까지, 러시아 원동지역에서 전개된 초기 사회주의운동에 한정된다.

연해주에서 전개된 사회주의운동

1910년대 러시아에서 전개된 항일투쟁은 주로 사회주의운동과 맞물려 있었다. 러시아 극동지역 연해주에서 한국 사회주의가 중국에 앞서서 최초로 발생했다. 연해주에 한인사회가 형성되어 물적, 인적 기반이 마련되어 있었고, 그곳이 일찍이 해외 독립운동의 근거지였으며, 러시아혁명 및 시베리아내전을 통하여 사회주의 사상을 접촉하였던 것이다. 러시아혁명 이후에, 연해주와 만주지역 및 국내에서 다수의 사회주의 단체들이 출현했다. 그 가운데 주목할 만한 단체는 올해로 창당 100주년을 맞은 '한인사회당'이다. 연해주에서 전개된 독립운동의 중심에 이동휘(1873~1935)와 한인사회당이 있었다. 1918년 5월에 볼셰비키 세력의 거점이자 극동 소비에트 정부가 소재한 하바로프스크에서, 한인사회당(=한인사회주의자동맹)이 창당되었다. 이동휘는 일찍이 기독교인으로서 사회주의를 수용했고, 연해주에서 사회주의운동을 주도했다. 한인사회당은 연해주와 흑룡강 지방에 8개의 지부를 설치했다. 기

적 관점'이라는 용어를 사용하겠다.
*** 이 글에서 독립운동이라는 용어는 민족해방운동과 같은 뜻으로 쓰인다.

관지「자유종」을 발행하고, 문덕중학학교를 설립했으며, 군사조직인 '한인적위대'를 편성했다. 한인사회당 산하 한인적위대는 러시아 혁명군인 적위군과 함께 반혁명 세력인 백위군에 대항하여 싸웠다. 그것은 재러 한인이 볼셰비키 세력과 연대하여 전개한 최초의 무장투쟁이었다. 그러나 한인사회당의 활동은 오래가지 못했다. 1918년 4월 이래로 러시아의 정세가 급변했기 때문이다. 러시아혁명을 저지하고자 제국주의국가들은 시베리아에 출병했다. 한인사회당은 선명한 사회주의노선을 내세워 한국의 독립을 이루고 아울러 세계혁명을 수행할 것을 목표로 삼았다. 그러나 일본군이 블라디보스토크에 상륙하여 토벌작전을 펼침으로써 연해주에서 한인사회당의 활동은 그치고 말았다(1920.4).

여기서 잠시 한인사회당과 대한민국임시정부의 관계를 훑어보자. 3.1운동 이후에 독립운동의 총본부가 될 정부가 요구되었다. 비슷한 시기에 여러 정부가 세워졌는데, 그 중에 러시아 연해주에 있는 대한국민의회와 중국 상해에 있는 임시의정원이 실제적으로 정치활동을 전개할 수 있었다. 두 단체는 각각 해체하고 나서 통합하기로 합의했다. 그런데 대한국민의회는 해산되었으나(1919.8), 임시의정원이 상해 측의 기본골격을 유지하면서 한성정부의 인선을 수용하여 개편하였다. 대한국민의회 측의 반발로 양자를 통합하려는 계획은 무산되었다. 연해주 측은 대한국민의회를 재조직하였다(1920.2). 반면에, 임시의정원의 개조에 항의하던 이동휘는 마음을 바꾸어 국무총리에 취임했다. 상해에서 대한민국임시정부가 출범했다(1919.11.3). 한인사회당이 임시정부 설립에 참여한 것은 우익전선과 좌익전선의 합작을 실험한 유의미한 사건이었다. 아쉽게도 임시정부의 내분과 코민테른 지원금 사건으로 말미암아 좌우합작은 오래가지 못했다.

짧은 활동기간이었지만, 한인사회당은 한국독립운동사에서 중요한 의의를 지닌다. 한인사회당의 창당은 민족해방의 전략전술을 두고 좌우로 분화하는 가운데, 민족주의 진영 안에서 사회주의자들이 자발적으로 발생하였다는 것을 시사한다.* 또한 독립운동 진영이 러시아혁명세력과 연대함으로써 한인사회당이 국제적인 조직으로 성장하였음을 보여주었다.

초기 사회주의운동은 항일투쟁과 세계혁명을 지향했다. 대부분의 구성원들은 민족해방의 수단으로 사회주의를 선택한 경우가 많았다. 세계혁명을 통하여 조국독립을 성취하고자 한 것이다. 한인 최초 볼셰비키 당원이면서 한인사회당을 창당하는 데에 앞장섰던 김알렉산드라는 사회주의혁명과 함께 조선해방을 열망했다. 조선공산당 창당을 주도한 김재봉이 1921년 이르쿠츠크에서 열린 극동민족대회에 참가하고자 코민테른에 제출한 위임장에 "조선독립을 목적하고 공산주의를 희망함"**이라고 자술한 문장에서도 그러한 뜻이 잘 드러난다. 그들은 모두 반제국주의 투쟁을 통한 민족해방을 지향했다. 러시아 공산당은 한인사회주의자들을 높이 평가했다. 원동지역에서 공산세력을 조직하는 시베리아공사관의 보고에 따르면, 중국인들은 소상인적 욕구를 좇는 집단이지만, 한인들은 민족해방과 조국독립을 추구하는 고상한 혁명가들이라고 평가했다.*** 한인사회주의자들의 대의와 열정을 엿볼 수 있는 대목이다.

---

* 임경석, 『한국 사회주의의 기원』, (역사비평사, 2014), 71.
** 최백순, 『조선공산당 평전』, (서해문집, 2017), 144.
*** 이창주 편역, 『조선공산당사(비록)』, (우리시대, 2010), 18, 24.

3.1운동과 사회주의운동

러시아혁명 및 민족자결주의로 발화된 3.1운동은 독립의지를 세계에 표명하였고, 의병항쟁과 애국계몽운동을 결합시켰으며, 공화주의 운동을 정착시키고, 대한민국임시정부를 설립하게 했다. 특히 3.1운동은 사회주의를 수용하는 계기가 되었다. 20세기 전반에 제국주의 세력과 민족해방 세력이 충돌했다. 제1차 세계대전이 끝나자 세계질서의 재편을 논의하기 위해 1919년 1~6월에 프랑스 파리에서 강화회의가 소집되었다. 거기서 미국의 대통령 윌슨(T. W. Wilson)은 14개조 평화원칙을 주장했다. 그 가운데 있는 민족자결주의 조항은 식민지의 민족해방투쟁을 지지하는 러시아를 견제하고, 열강들이 패전국 점령지를 분할하는 문제를 다루기 위한 것이었다. 당시 한국사회는 급변하는 국제정세에 주목했다. 일제로부터 독립을 갈망하던 한국인들은 민족자결주의에 의해 고무되었다. 러시아혁명과 민족자결주의가 한국인의 독립의지와 결합하면서 기미만세운동으로 표출되었다. 민족주의 지도자들은 특히 워싱턴회의(1921.11~1922.2)에서 한국독립에 관한 문제를 다루기를 기대했다. 미국을 비롯한 영국, 프랑스, 이탈리아, 중국, 일본 등 9개국 대표들이 워싱턴에 모여서, 동아시아 태평양 지역의 이권에 관하여 논의하고, 7개 조약을 체결했다. 워싱턴회의는 제국주의 간의 담합으로, 패전국의 식민지를 분할하는 데에 관심했다. 회원국은 한국의 독립 문제를 다루지 않았고, 연합국의 일원인 일본이 조선을 침략하여 강제로 점령한 것을 사실상 추인했다. 냉엄한 국제정치의 실상을 파악하지 못했던 민족주의 계열의 인사들은 회의 결과에 실망했다. 임정 인사들은 적극적인 투쟁보다 미국에 위임통치를 청원하거나 외세에 의존하는 외교활동에 집착했다. 하지만 대한민국의 독립을 보장받지 못했고, 임정을 승인받는 데도 실패했다. 열강들은 일본 패전 이후 동아시아를 지배할 전략적 차원에서 임정의 승인문제를 다루었던 것이다.*

국내의 사회주의운동은 3.1운동과 관련이 있다. 파리강화회의 및 워싱턴회의 이후, 비로소 한인사회는 냉정한 국제현실을 직시하게 되었다. 당시에 거론된 독립운동의 노선에는 외교론, 실력양성론, 독립전쟁론 등이 있었다. 외교론이 좌절되고 실력양성론이 퇴조하면서, 독립전쟁론과 사회주의사상이 한인들의 마음을 끌었다. 3.1운동 이후에는 사회주의세력이 민족해방운동을 주도했다.** 요컨대, 민족주의운동이 한계에 부딪치고 침체했을 때, 사회주의가 독립운동의 원동력이 되었다. 사회주의자들은 순수한 열정과 선구적 안목을 지니고 세계동향을 파악했다. 그들은 국제정치의 본질을 파악하고, 열강이 주도하는 회의와 국제연맹을 의심했다. 여타 열강과는 달리, 소비에트 러시아는 약소국의 민족해방운동을 지지했다. 그리하여 약소국의 민족해방운동을 지지하는 러시아가 주도하는 세계혁명 대열에 참여했던 것이다.

초기 사회주의운동이 실패한 원인

러시아에서 한인들이 일으킨 사회주의운동이 쇠퇴한 원인이 무엇일까? 그것은 '외부세력'과 '분파성'이라고 생각한다. 첫째로, 한국 초기의 사회주의운동이 실패한 외부적 원인은 소비에트와 코민테른의 대한

---

* 고정휴, "중경시기 대한민국 임시정부의 승인외교 실패원인에 대한 검토," 「한국독립운동사연구」 33 (2009), 24.
** 강만길, 『20세기 우리역사: 강만길의 현대사 강의』, (창비, 2017), 60-63; 임경석, 앞의 책, 85 이하.

(對韓) 정책에 있었다. 소비에트의 대한인 정책은 시대적 상황에 따라서 변했다.* 예를 들면, 레닌은 필요에 따라서 한인 포용정책을 추진했고, 반면에 스탈린은 한인에 대해 탄압정책을 시행했다. 소비에트는 동북아 국제관계, 특히 일본과의 관계를 고려하여 정책의 기조와 방향을 결정했다. 소비에트 정부의 불공정한 정책과 코민테른을 이끄는 볼셰비키들의 편파적인 태도는 한인 독립운동세력에 분열을 일으키고 비극을 불러왔다. 그것은 나중에 한반도에서 벌어진 조선공산당의 교조주의와 계파투쟁의 씨앗이 되었다. 둘째로, 러시아에서 전개된 한인 사회주의운동이 실패한 내부적인 원인은 고질적인 분파투쟁이었다. 고려공산당 상해파와 이르쿠츠크파 사이에서 일어난 분파투쟁은 혁명운동의 방법과 정책의 차이에서 야기되었다. 이르쿠츠크파는 조선의 해방과 동시에 사회주의에 입각한 사회를 건설할 것을 목표했다. 상해파는 사회주의혁명에 선행하여 민족해방을 수행하고자 하였다. 두 계파가 정치적 이념을 통일하고, 그것을 중심으로 세력을 확대함으로써 양자의 대립은 해소될 수 있는 것이었다. 이념 문제와 더불어 오랫동안 쌓여온 앙금도 분열에 한몫했다. 원호인과 여호인의 차별은 대한국민의회와 한인사회당의 경쟁으로 나타났고, 고려공산당의 분열로 드러났으며, 그것은 고려혁명군과 대한의용군의 충돌로 표출되고, 마침내 동족과 상쟁한 '자유시참변'을 초래하였다(1921.6). 자유시참변을 고비로 러시아 원동지역에서 한국 사회주의운동은 점차 소멸하여갔다. 상해파와 이르쿠츠크파의 분파투쟁은 이후 한반도에서 전개된 사회주의운동에도 악영향을 끼쳤다.

---

* 민병률, "한국의 독립운동과 소련,"『한국독립운동의 세계사적 성격』, (단국대학교 출판부, 2017), 378-384쪽.

민족주의자들 못지않게 사회주의자들은 어려운 여건에서 민족해방을 위해 치열하게 투쟁했다. 연해주에서 전개된 항일투쟁은 우리나라 독립운동의 축소판이었다. 그런데도 그들은 조국으로부터 외면당해 왔고, 독립운동사에서 간과되어 왔다. 연해주 항일투쟁은 망각된 역사이며 독립운동사의 빈칸이다. 해방 이후 분단된 조국의 상황에서 한인사회당이 설 자리는 없었다. 북한에서는 스탈린의 후원에 힘입어 집권한 김일성 정권은 한인사회당의 기억을 애써 지웠다. 분단체제와 반공 이념이 지배하는 남한의 상황에서, 사회주의/공산주의 운동은 금기시되었다. 따라서 대한민국독립운동사에서 좌익계열의 활동은 과소평가되거나 배제되어 왔다.

과연 한인사회당을 비롯한 사회주의 단체의 활동을 독립운동으로 볼 수 있는가? 이 물음에 대하여 좌우합작적 관점에서 독립운동사를 재평가하기를 제안하는 바이다. 좌우합작적 관점에서 볼 때, 민족해방운동은 시기적으로 일제강점기와 그 이후를 포함하며, 그 공간적 범위는 민족주의 계열과 사회주의 계열을 포괄한다. 그러한 시각으로 보면, 이역에서 이루어진 사회주의자들의 활동도 민족해방운동으로 볼 수 있다고 생각한다. 한인 혁명가들은 조선의 독립을 목적하고 공산주의를 희망하였다. 한인사회당을 이끈 이동휘는 기독교인으로서 사회주의를 수용하였고, 사회주의자로서 민족주의자들과 협력하여 독립운동을 수행하였다. 아시아에서 최초로 설립된 사회주의 정당인 한인사회당의 독립운동은 민족해방운동의 좌표로 삼을 만하다.

어려운 여건에서 전개된 연해주 독립운동은 한계를 지니고 있었다. 한인 독립운동세력은 러시아 혁명세력과 손잡고 일제에 맞서 싸웠지만, 내부의 분열과 외부의 탄압을 극복하지 못한 채 역사의 무대에서 사라졌다. 고려공산당의 분파투쟁으로 인해 발생한 자유시참변은, 사회주의운동 과정에서 발생한 큰 과오임을 부정할 수 없다. 초기 공산당 운동은 시행착오를 겪었고, 동족상쟁의 비극을 초래했다. 비록 시행착오를 겪기도 했지만, 사회주의자들의 독립의지와 순수한 뜻마저 부정할 수 없다. 분단된 조국에서 독립운동은 현재진행형이다. 이제 우리나라의 평화통일을 구현하기 위해서, 외세에 의존하지 않는 주체의식과 분파적 태도를 극복하는 대동정신이 요구된다.

참고문헌

강만길, 『고쳐 쓴 한국현대사』, 창비, 2016.
단국대학교 동양학연구원 편, 『한국독립운동의 세계사적 성격』, 단국대학교 출판부, 2017.
독립운동사편찬위원회 편, 「독립운동사자료집」, 제8집, 1970-74.
로버트 스칼라피노/이정식 옮김, 『한국 공산주의운동사』, 돌베개, 2015.
이창주 편역, 『조선공산당사(비록)』, 우리시대, 2010.
임경석, 『한국 사회주의의 기원』, 역사비평사, 2014.
최백순, 『조선공산당 평전』, 서해문집, 2017.
한국근대사학회, 『한국독립운동사 강의』, 한울아카데미, 2017.

반공이데올로기

박 일 영
(루터대학교, NCCK 신학위원)

　　18세기부터 사용되기 시작한 이데올로기라는 말은 여러 다양한 의미로 사용되어 왔고, 지금도 학자들에 따라 정의가 다르고, 일부 긍정적인 의미로 해석하는 사람들이 있는가 하면 부정적인 의미로 사용하는 사람들도 있다. 비판적 의미에서 이데올로기를 말할 때, 우리는 지배 세력이 권력을 유지하기 위한 수단, 반대 세력을 제거하기 위한 수단, 억압이나 폭력과 같은 권위주의적 지배 방식을 합리화시키기 위한 수단으로 사용하는 방식의 이데올로기를 떠올리게 된다. 그러나 중립적인 의미로 이데올로기는 인간의 사회적, 문화적 삶의 모든 영역에서 작용하는 근본적인 신념의 체계, 의식적 무의식적으로 작용하는 사회와 정치적 환경을 해석하는 틀이라고 이해할 수 있을 것이다. 보다 상식적인 측면에서 인간은 어떤 형태이든 일종의 이데올로기에 지배를 받고 있다. 우리의 사고와 행동은 순수하게 내가 주체가 되어서 형성하고 실천하는 것이 아니다. 또한 스스로 확실한 진리라고 의심 없이 받아들이고 있는 것이 정말 객관적으로 옳은 것이라는 것을 어떻게 판명할 수 있는가? 특별히 사회적으로 동의를 얻고 있는 어떤 사고의 체계와 판단의 기준이 하나의 이데올로기가 되었다고 말할 때, 우리는 그 이데올로기에 따라 생각하고 행동할 뿐, 그 이데올로기는 더 이상 분석과 비판의 대상이 되지 않는다. 이런 면에서 우리는 우리의 가치관과 신념의 체계를 구성하고, 의식적 무의식적으로 우리로 하여금 옳고 그름, 선과 악을 판단하게 만드는 이데올로기의 정체에 대해 보다 깊이 숙고할 필요가 있다.

우리나라는 소위 반공이데올로기라는 위장되고 과장된 그리고 끝을 알 수 없을 정도로 잔인한 폭력성으로 드러난 이데올로기에 희생이 되어 왔다. 지금 우리 사회의 치유할 수 없는 갈등과 분열의 상처도 이 반공이데올로기에 기초하고 있다. 문제는 지금도 우리 사회는 이 반공이데올로기에서 자유롭지 못하다는 데 있다. 기성세대의 보수적인 사람들에게만 해당되는 이야기가 아니다. 지난 권위주의적 정권을 도왔던 사람들이 아직도 정치와 경제와 언론과 교육과 종교 등에서 영향력을 발휘하고 있다는 점만을 지적하는 것이 아니다. 반공이데올로기는 아직도 여러 가지 변형된 형태로 건재해 있고, 또 다른 형태로 얼마든지 발전할 수 있는 가능성까지도 가지고 있다. 정치와 권력 그리고 돈은 그 자체 내에 악마성을 숨기고 있다. 그리고 그 악마성은 우리가 이상적인 것으로 여기거나 당연히 여기는 자본주의, 자유주의, 민족주의, 심지어 민주주의라는 이름으로 우리 앞에 나타나기도 한다. 그런데 그 속에 숨어있는 악마성을 보지 못하게 만들어 왔고, 언제든지 또 그러한 기능을 발휘할 수 있는 것이 특히 한국의 반공이데올로기이다.

반공주의는 시대마다 나라마다 매우 다양한 형태로 나타났다. 그러나 반공주의가 우리나라처럼 심하게 왜곡된 형태의 이데올로기로 변질되어 비극을 안겨주고, 또 이토록 오랫동안 계속된 나라는 없다. 우리나라와 국민은 모두 이 반공이데올로기에 희생자지만, 여기에 오랫동안 철저히 길들여져 있어 아직도 그 정체를 모르고 있다. 이러한 현실을 진단하는 목적으로 한국의 반공이데올로기의 해악적인 요소들을 살펴보고자 한다.

한국적 반공이데올로기의 형성

1920년대 러시아혁명으로 공산주의와 반공주의의 대립은 국제 정치의 큰 변수로 작용하게 되고, 특별히 제2차 세계대전 후 미국과 소련은 이 이념으로 인해 첨예하게 맞서게 된다. 한국은 해방이 되었지만, 북은 소련이, 남은 미국이 점령함으로써 한반도는 소위 두 진영 사이의 전쟁터가 되었다. 한국의 반공주의는 공산주의의 이념에 대항하는 정치적 입장으로서가 아니라, 소련과 미국이라는 두 강대국을 둘러싼 정치 지형으로 인해 발생하게 된 것이었다. 미국은 전범국인 일본의 범죄를 묻어두고 일본을 소련의 공산주의 확장을 막는 방어기지로 삼는 정책으로 전환한다. 그리고 남한을 통치하게 된 미국은 그 연장선상에서 일제의 식민지 지배에 협력하며 민족에 고통을 주고 일본이 일으킨 전쟁을 도운 친일파를 권력층에 복귀시켰다. 이러한 국제적, 사회적 소용돌이 속에서 이승만은 교묘한 정치적인 술책으로 정권을 잡게 되고, 1948년 남한 단독정부의 초대 대통령이 된다. 그가 정권을 잡은 정치적인 술책이 다름 아닌 반공이데올로기였다.

친일파 매국노들이 권력에 복귀하는 것은 국민적 정서에 반하는 일이었다. 이승만 친일 정권은 저항 세력들을 공산주의로 내몰고, 오히려 그들을 반민족주의자 취급을 하였다. 일본 강점기에 민족을 반역하였던 사람들이 반공을 내세워 민족주의자들이 되는 역전이 일어난 것이다. 김동춘은 한국의 반공주의를 "히스테리로서의 반공주의"라고 부른다.* 이 히스테리적 반공주의의 가장 중요한 동기는 민족을 배신했던 친일 콤플렉스, 일본 제국주의의 침략과 폭력에 동조했다는 죄의식이었다. 그러나 그들이 권력을 잡게 되자 비이성적이고 폭력적인 행태로 공산주의자를 적으로 만들어 그들을 잔인하게 공격하는 일종의 집단 정신질환적·신경증적인 반공이데올로기를 만든 것이다. 한국 반공주의는 내재적 가치나 정치적 이상을 추구하는 것이 아니라, 이러한 콤플렉스, 자기보호, 공포감, 권력유지를 위한 욕망을 토대로 한 것이었다. 때문에 한국의 반공주의는 발생 초기부터 잔인한 학살극으로 점철이 되었고, 이러한 반공이데올로기에 내재된 히스테리적 폭력성은 그 이후 한국의 정치 과정에서도 끈질기게 그 병적인 요소를 드러내 왔다.

한국전쟁은 이러한 히스테리적 반공이데올로기의 폭력성을 한층 심화시켰다.** 한국전쟁으로 남북한 모두 400만명에 이르는 인명 손실과 경제적 기반의 초토화를 가져왔을 뿐 아니라, 정치를 비롯해 사회 모든 영역에 정신적으로 막대한 영향을 미쳤다. 한국 전쟁이후 남북 분단구조와 남북 사이의 증오감이 한국 사회와 정치를 지배하게 되었다. 이승만은 한국전쟁에 대한 책임을 져야 할 사람이었다. 그러나 그는 오히려 한국전쟁을 정치적으로 이용해 독재적 정권을 창출하고, 그 권력을 비

---

* 김동춘, "한국의 지배집단과 반공주의," 김동춘·기외르기 스첼 외/안인경·이세현 옮김, 『반공의 시대: 한국과 독일, 냉전의 정치』, (돌베개, 2015), 190ff.
** 유재일, "한국전쟁과 반공이데올로기의 정착," 「역사비평」, (역사비평사, 1992), 139-150.

정상적이고, 반민족적인 방식으로 유지시킬 수 있었다. 비상계엄하에서 공포정치를 하였고, 늘어난 군과 경찰 등의 국가기구를 통해 억압적 통치 방식을 이어갔다. 그리고 이때마다 이승만 정권이 이용한 국가 이데올로기가 반공주의였다. 이런 비정상적이고 폭력적인 반공이데올로기를 통해 이승만은 스스로 표방한 자유민주주의에 역행하는 불법적 개헌을 감행할 수 있었고, 쌓여가는 국민들의 저항 정서에 대해서는 반공이데올로기를 강화하는 방식으로 대응하였다. 전쟁의 참화를 직접 겪은 국민들의 정서를 이용해 정권은 정치적으로 독재체재를 강화하고, 경제적으로는 원조를 토대로 하는 재벌체재를 만들어, 국가와 재벌이 유착하는 경제구조를 형성했다. 무엇보다 대미 의존성은 정서적으로, 정치적으로, 경제적으로 더 공고해 졌다. 공산주의는 곧 반미주의와 같은 의미가 되었다.

한국적 반공이데올로기의 존속과 변형

남한 단독정부 수립 정책으로 권력을 추구하며, 반공을 명분으로 내세웠던 초기 정권은 정권 유지를 위해서도 공격적인 반공이데올로기를 강화하였다. 그리고 한국전쟁을 경험하고 국제적으로도 냉전 체제가 긴장을 더 해 가면서 남북 분단의 구조는 정신적으로 서로를 증오하게 만드는 갈등과 구조를 심화시켰다. 분단의 구조는 반공이데올로기에 영양분을 제공하며, 권위주의적 독재 정권의 유지를 가능케 하였다. 그러나 반면 이 사회 국민의 생존 이데올로기는 곧 공산주의의 "박멸"이라는 극한적 폭력성을 국민 정서에 심어주었다. 정치는 본질적으로 적과 동지를 구분하게 만드는 방식으로 존재한다. 일단 '적'으로 규정되면, 그 사람의 인권은 더는 배려의 대상이 될 수 없다. 가능한 모든 잔인한 방법을 통해서 멸절시켜야 한다. 해방 이후 이데올로기를 둘러싼 갈등이 비참한 학살극으로 이어진 것은 이 때문이다. 정치적인 반대자들을 간첩으로 조작하고, 그들을 고문하고 생명을 빼앗으면서도 가해자들은 국가와 민족을 위한다는 명분과 확신을 가질 수 있었던 이유이다. 국민도 비록 왜곡된 언론을 통해 정보를 얻을 수밖에 없다 하더라도 그러한 잔인성이 국가 생존을 위해 필요한 것이라고 여기기까지 한다.

이러한 비정상적이고, 폭력적이고 잔인한 한국의 반공이데올로기는 우리 사회에서 비판의 대상이 되지 못하고, 일종의 확고한 신념처럼 변질이 되어버렸다는 것에 그 심각성이 있다. 반공이데올로기는 모든 실정법을 비롯해 헌법의 가치를 넘어설 수 있는 초헌법적 자리를 차지하였고, 특히 반공이데올로기 형성과 유지에 결정적인 역할을 해 온 한국 기독교가 반공주의를 일종의 교리처럼 가르쳐 왔다. 이러한 방식으로 구조화된 반공이데올로기는 공산주의에 대응하는 반공주의적 이념과 관계없이 여러 다양한 형태로 변형되며 생명력을 유지하고 있다.

냉전체제가 무너지고, 미중 수교 이후, 한국도 1992년 중국과 국교를 정상화하였다. 그후 구소련 러시아와도 국교를 수립하였다. 이러한 국내외의 정치 지형의 변화는 분명 반공주의에 대한 일반적인 사회 정서에 큰 영향을 주었다. 그러나 반공이데올로기는 여러 다양한 이데올로기와 접합을 하면서 존속하고 있다. 지금까지 한국인들에게 반공은 곧 반북을 의미하는 것이 되었다. 친북은 곧 공산주의요, 내부적으로 친북성향을 지닌 사람들은 국가 생존을 위협하는 '적'으로 분류되었다. 민주화 운동을 힘입어 절차적 민주주의의 형식은 강화되었고, 우리 사회는 오랜 군사정권을 투표로 종식시키고, 국민의 정부, 참여의 정부를 탄생시켰다. 그리고 김대중 대통령은 과감하게 '햇볕정책'을 추진하였다. 그러나 국민적 저항은 만만치 않았다. 반공이데올로기는 법과 제도로 뒷받침하였던 국가보안법을 끝내 폐지하는 데 성공하지 못했다. 그 이후 노무현 정부 때에도 국가보안법은 감히 건드릴 수 없는 성역과 같은 것으로 국민 마음속에 자리잡고 있음이 확인되었다.

간단히 이런 현상을 우리는 단지 세뇌 효과 때문이라고만 말할 수 없을 것이다. 물론 공교육과 남성이라면 누구나 거쳐야 하는 군 복무가 미친 영향은 과소평가할 수 없다. 그러나 우리 사회의 보다 깊은 정서 가운데는 질서와 권위를 존중해야 한다는 생각이 배여 있다. 그것이 소수의 인권을 훼손하고, 심지어 그 부당한 대우가 자신에게 올 수 있는 가능성을 배제할 수 없는 상황임에도 우리는 질서와 권위가 흔들리는 것 자체를 공산주의자들의 책동과 관련을 시킨다. 아직도 5.18 민주화운동 배후에 북한이 있다고 믿는 사람들이 있고, 수많은 인명을 학살하고 정권을 찬탈한 전두환을 변호하고 싶어 하는 일부 사람들도 건재한다. 반미 감정도 곧 공산주의적 배반으로 여긴다. 미국을 구세주처럼 여겨 왔던 우리는 미국이 도덕적인 나라가 아니고, 우리를 위해 희생하며 돕는 나라가 아니라는 것을 안다. 우리나라에서도 미국은 자신들의 국익과 반공주의 이념을 우선시하며 독재 정권을 지지해 왔다. 그러나 아직도 우리 사회는 미국을 폄하하면 바로 친북, 종북, 좌파라는 시각으로 바라본다.

5.16 군사구테타 이후 군사정권은 반공이데올로기를 제1의 국시로 내세웠다. 이후 민주주의에 역행하는 일인 독재체제 구축을 향한 발걸음이 거침없을 수 있었던 이유 중 하나는 억압적 통치 방법으로서의 반공이데올로기였다. 공산주의를 선전하거나, 그런 사람을 알면서도 신

고하지 않은 사람까지 처벌하는 법과, 실제로는 그 법의 한계까지도 넘어서서 정적들을 간첩으로 몰고 고문하며 독재 체제를 뒷받침해왔던 국가정보원, 기무사, 경찰의 정보과 같은 국가기구들이 사실상 권력 유지 수단으로 초법적인 위세를 가지고 있었다.

그러나 군사정권은 반공이데올로기를 경제성장과 긴밀하게 접합시켰다. 경제성장 우선주의로 국민총동원체제를 만들고, 이에 저항하는 개인들을 공산주의자로 몰아 반공이데올로기로 제거할 수 있었던 것이다. 우리 사회에는 박정희의 권위주의적인 통치만이 급격한 경제성장을 가져올 수 있었다고 생각하는 정서가 폭넓게 퍼져있다. 그러나 독재 정권의 취약한 정당성을 급히 메우기 위한 외형적인 경제개발계획은 많은 문제점을 가지고 있었고, 경제성장이 성공할수록 그 문제점들은 더 분명해졌다. 재벌 위주의 성장은 정경유착이라는 부패의 고리를 만들었고, 산업간 지역간 불평등 구조는 빈부의 격차를 더 크게 벌려 놓아 상대적 빈곤감을 심화시켰다. 이러한 요인들로 인해 우리 사회가 겪는 갈등과 고통은 치유는커녕 더 깊어만 간다. 바로 이런 갈등 속에서 반시장적인 사고, 심지어 반재벌적인 생각도 공산주의, 종북, 친북으로 분류되고 있는 것이 우리 사회가 안고 있는 근본적인 문제점 중 하나이다. 공교육을 바로 잡기 위한 전교조 활동과 어용 노동조합을 거부하는 풀뿌리 노동운동도 물론 반공이데올로기 구조 가운데서 '적'으로 분류되고 있다. 복지정책조차도 반공이데올로기 범주에서 보고 있는 사람들이 적지 않다는 것이 우리의 현실이고, 이는 앞으로 우리 사회가 극복해야 할 중요한 과제이다. 신광영은 현재 반공주의의 의미는 반북주의에 한정되어 사용되고 있지만, 위의 현상들을 포함해 복지국가에 대한 비판도 공산주의 비판과 연관되고, 교육에 대한 국가 규제를 비판하는 논의 자체도 반공이데올로기와 접합시키는 이런 사회적 현상은 다음 세대에게는 위험할 발전일 수 있음을 경고하고 있다.*

반공주의와 기독교

한국의 반공주의와 기독교는 떼놓을 수 없는 깊은 관계를 가지고 있다. 기독교는 우선 무신론자인 공산주의자와 함께 할 수 없다. 그리고 미국은 냉전 체제에 돌입하면서 해외 선교를 반공주의적 정신 무장과 연결지었다. 그러나 정치적 측면에서 왜곡된 형태의 한국적 반공이데올로기 형성에 중요한 몫을 담당한 것이 기독교였다. 기독교 지도자들 상당수가 신사참배에 찬동하고, 심지어 침략 전쟁을 정당화하고 돕기까지 하였다. 이들은 신앙적이고 이념적인 것을 떠나 자신의 입지를 위해서 곧바로 이승만 세력에 합류하였다. 역시 반민족적인 기독교 인사들이 공산주의를 앞세워 민족주의자를 자처하고 나섰다. 특별히 북한 공산주의 체제에서 곤욕을 치르고 월남한 기독교 지도자들은 더욱 감정적으로 반공에 앞장을 섰다. 또한 미국에서 한국에 전파된 기독교는 근본적인 보수성을 띠고 있었고, 종교적 보수성은 반공이데올로기와 결합이 되어 반공주의를 종교적, 교리적 차원으로 승격을 시켰다. 심각한 것은 정통 신앙의 기초를 무너뜨리는 세력은 기독교에서는 '마귀'로 규정된다는 것이다. 그 마귀는 멸절의 대상이다. 신앙인은 결코 악과의 싸움, 마귀를 대항하는 영적인 싸움에서 물러날 수는 없는 것이다. 특별히 한국전쟁을 겪으면서 공산주의는 더욱 악마화되었다. 참혹한 전쟁을 겪으면서 강한 종말론적 사고를 배경으로 한국교회의 공산주의와

---

* 신광영, "한국반공주의의 궤적," 『반공의 시대: 한국과 독일, 냉전의 정치』, 301.

의 싸움은 더욱 격렬해져 갔다. 이런 기독교를 이승만은 적극적으로 지원해, 군종 제도를 만들고 성탄절을 휴일로 지정하기까지 했다. 이렇게 한국교회는 우리나라에 들어온 신학의 보수성과 아울러 반공주의적 사상의 환경 가운데서 독특한 보수성을 발전시켰다. 그리고 그 보수성은 늘 정권과 결탁하는 모습으로 나타났다. 독재 정권 밑에서 억울하게 희생당한 사람들을 반공이데올로기로 쉽게 외면하거나 배제할 수 있었고, 특혜적 재벌 중심의 경제구조 가운데서 오히려 한국교회는 특혜를 누리는 계층으로 편입되었다.

류대영은 특별히 한국 개신교 보수성과 정치적 사회적 보수성과의 상관관계를 조명한다.* 요약하자면 보수성은 변화를 싫어하는 것인데, 교회의 보수성은 성경에 나타난 움직일 수 없는 진리의 권위가 훼손 당하는 것을 참을 수 없다는 것이다. 이것이 사회적 정치적 보수성과 연결이 되어 기독교는 특별히 반공이데올로기 면에서 지대한 영향을 미쳤다. 김대중 정부 출범 이후 이러한 보수성이 위협을 당하게 되자 그동안 잠잠했던 기독교는 '애국적' 기치를 앞세워 교인들을 동원하기 시작하였다. 그들은 친북 좌파들이 국가의 존립을 흔들고 있다며, 이를 물리치자는 갖은 저급한 구호들을 외쳐댄다. 보수적 교회들은 현 사회에서 일어나고 있는 변화 자체가 자신들의 가치의 토대를 뒤흔든다고 느낀다. 정치적 경제적 기존 질서에 순응하는 데 익숙했던 그들은 이것이 국가존립과 질서 자체에도 위협이 된다고 느낀다. 특별히 정치적 경제적 억압의 수단으로서 반공주의의 허상이 밝혀지는 현실에서도 이러한 측면에서 그들은 위기감을 느끼고 교인들을 동원해 거리에 나서는

---

* 류대영, "2000년대 한국 개신교 보수주의자들의 정치활동과 반공주의," 『반공의 시대: 한국과 독일, 냉전의 정치』, 245ff.

것이다.

　류대영은 보수적 기독교의 기조를 이루고 있는 신학과 사상이 이원론과 친미주의와 관련이 있다고 분석한다.* 이원론은 선과 악을 대비시킨다. 세상은 선과 악의 전쟁터이고, 우리가 역사 현실에서 만나는 많은 변화의 현상들은 악의 음모이다. 그들은 이미 근본주의적 신학 가운데서 이미 자신들을 선이라고 자신 있게 규정할 수 있는 근거를 가지고 있다. 자신들은 틀림 없이 선의 편이다. 이것이 심각한 문제이다. 의심 없이 자신을 선으로 규정하고, 자신과 다른 사람들을 악으로 규정하고 있는 그들의 신앙과 사고 구조 자체가 문제인 것이다. 기독교 신앙과 성경의 권위는 이렇게 선과 악을 단순하게 구분 짓는 것을 오히려 경계한다. 하나님을 믿는 신앙은 인간적인 모든 것들에 대한 절대화, 신성화를 허락하지 않으며, 집단주의적 사고를 배격한다. 하나님 앞에서 인간 개개인들은 고유한 인격, 하나님의 형상을 지닌 고귀한 존재들이다. 적과 동지라는 정치적인 구분, 선과 악이라는 종교적인 구분 가운데 둘 중의 하나로 분류되어 가해자가 되고 피해자가 되는 이러한 사회적 현상 뒤에 숨어있는 악마성을 하나님 말씀은 조명하는 것이다. 기독교 신앙에서 가장 중요한 요소는 무조건적으로 '아멘'을 말하는 맹신도 아니고, 권위와 질서에 순응하는 태도나 행동 역시 아니며, 바른 분별력이다. 오늘날의 현실에서 우리 기독교인들은 하나님 말씀의 비추어서, 냉철한 분별력을 갖추는 것이 절실한 과제이고, 이 과제에 있어서 우리 사회와 역사를 지배해온 반공이데올로기를 바르게 분석하는 일은 매우 중요하고도 시급한 일이다.

---

* 앞의 책, 259ff.

참고문헌

김동춘, "한국의 지배집단과 반공주의," 김동춘·기외르기 스첼 외/안인경·이세현 옮김, 『반공의 시대: 한국과 독일, 냉전의 정치』, 돌베개, 2015.
류대영, "2000년대 한국 개신교 보수주의자들의 정치활동과 반공주의." 김동춘·기외르기 스첼 외/안인경·이세현 옮김, 『반공의 시대: 한국과 독일, 냉전의 정치』, 돌베개, 2015.
신광영, "한국반공주의의 궤적." 김동춘·기외르기 스첼 외/안인경·이세현 옮김, 『반공의 시대: 한국과 독일, 냉전의 정치』, 돌베개, 2015.
유재일, "한국전쟁과 반공이데올로기의 정착," 「역사비평」, 역사비평사, 1992.

친일청산에 대한 신학적 성찰

한 문 덕
(생명사랑교회, NCCK 신학위원)

격동의 100년, 한국의 근현대사를 반추해 볼 때, 우리는 지금 이 사회가 지닌 많은 문제들의 뿌리인 두 가지 장면과 맞닥뜨리게 된다. 하나는 일제 강점이고, 또 하나는 한국 전쟁이다. 김동춘 교수에 의하면 거세게 밀려들어오는 서구 문명에 대응하여 구한말 선각자들이 이 사회에 요청했던 과제는 개화, 독립, 민권이었다.* 그러나 우리나라는 일본 제국주의의 식민지가 되어 독립과 민권을 이루지 못한 채 개화를 강요당하게 된다. 이후 이 땅의 근대화는 종속적이고 반인권적인 방식으로 이루어지게 된다. 친일 부역자들은 해방 후 친미와 반공이라는 기치를 내세우며 부활하였고, 혼란을 틈타 분단을 고착화하며 자신의 기득권을 유지하게 된다. 자생적 근대화는 좌절되고, 기회주의적 인간들이 득세하면서 한국 사회는 민족의 정기를 바로 세우지 못하고, 역사 왜곡의

---

* 김동춘, 『대한민국은 왜』, (사계절, 2015), 9.

수렁으로 빠져들게 되었다. 친일청산은 해방 73년이 지나도록 완성되지 못한 채 이 사회를 좀먹는 다양한 독버섯으로 시시 때때로 솟아나고 있다. 본 글은 친일 부역의 문제를 그리스도교 신학적 관점에서 비판 성찰하여, 배반과 치욕의 과거를 넘어 올바른 역사를 세우는데 일조하고자 한다.

미완성의 친일청산

1948년 7월 17일 제정된 제정헌법은 101조에 친일반민족행위자를 소급해서 처벌할 수 있는 근거를 마련하고, 한 달 만에「반민족행위처벌법」이 국회에 공식 상정되어, 1948년 9월 7일 59차 본회의에서 재석의원 141명 중 찬성 103명, 반대 6명이라는 압도적 표차로 통과된다. 그러나 친일청산의 민족적 과업은 이승만 정부의 저항과 방해공작으로「반민족행위처벌법」에 의거하여 설립된 '반민족행위특별조사위원회'가 제대로 활동도 하지 못한 채 친일파 비호세력들로 교체되자 결국 별 성과 없이 역사 속으로 사라지고 만다. 그 뒤로 대한민국은 외세에 빌붙은 기회주의 기득권 세력이 지배력을 재구축하면서 극우반공세력이 자리를 잡게 된다.

2005년 대통령직속 '친일반민족행위진상규명위원회'가 출범하여 3차례에 걸쳐 1,006명의 친일반민족행위자의 명단과 그들의 친일행위를 확정 공개하였다. 2005년는「친일반민족행위자 재산의 국가귀속에 관한 법률」이 만들어졌고, '친일반민족행위자 재산조사위원회'의 조사와 수고로 여의도 면적의 1.3배가 되는 친일파 재산이 국고로 환수되었다. 2009년에는 친일파 4389명의 반민족 행각을 상세히 담은 『친일인명사전』이 세상에 모습을 드러내 60년 동안 겪었던 친일청산의 좌절의 역사에서 민족정기를 회복하는 기초를 놓았다. 그러나 이후 보수정권이 들어서면서 친일문제와 관련된 담론이 과거로 회귀하는 일들이 벌어졌다.

    새 정부는 국정 역사교과서를 만들겠다고 나서면서 친일청산을 마치 좌파, 빨갱이들의 요구나 선동으로 몰아갔다. 한편 이런 정부의 힘을 빌어 정치권, 언론, 학계, 법조계, 의료계, 예술계에 스며있던 친일세력들이 전방위적으로 반격하며 자신들의 출신과 조상들의 친일행적을 은폐하며 역사를 왜곡하는 일에 나서기 시작했다.

    대안언론 뉴스타파가 정부가 확정한 친일반민족행위자 1,006명을 대상으로 그들의 후손 1,177명을 찾아, 이들의 직업, 학력, 유학경험 비율, 혼맥, 이민, 재산의 형성과정과 보유한 재산을 조사하였다. 그 결과 이들은 부의 대물림과 권력의 후원으로 3분의 1이 서울대, 연세대, 고려대 출신으로, 또 27%가 일찍부터 유학길에 올라 전문가가 되어 이 사회의 기득권층을 유지하고 있다는 사실을 알게 되었다. 한편 독립유공자의 후손은 "독립운동을 하면 3대가 망한다"는 씁쓸한 말처럼 4분의 3이 월 소득 200만 원 이하로 생계를 유지하고 있었다. 더군다나 독립유공자 후손들은 배움의 기회를 갖지 못해 중졸 이하가 40%이며, 전체적으로 고졸 이하가 66%나 되었다.*

    이 같은 현실 속에서 이 사회의 기득권 세력을 형성하고 있는 친일파 후손들과 그에 동조하는 세력들은 여전히 자신들의 세를 과시하며 자신들의 잘못과 조상의 과거 친일행적들을 감추거나 친일행적을 온갖 궤변으로 옹호하고 있다. 잘못 끼워진 단추를 바로 잡는 일은 요원해

---

* 김용진 외 2명 지음, 『친일과 망각』 (다람, 2016), 198-200.

보인다. 이런 상황에서 그리스도교는 어떤 그리스도교적 가치를 기준으로 하여 이들을 평가하며 비판할 것인가?

공(公)을 공(公)으로 돌리기

민중신학자 안병무는 하나님 나라의 개념을 구체적으로 공(公)을 공(公)으로 돌리는 것이라고 했다. 직접 들어보자.

> 하느님 나라가 실제로 뭐냐? 그것은 公을 公으로 돌리는 것이다. 사유화하지 않는 것이다. 정치나 경제나 모든 걸 포함해서 사유화함으로써 분열되고 찢겨진 그것을 다시 공으로 돌리는 일은 하느님 나라의 성취와 불가분의 관계에 있다 그거예요. 하느님 나라를 자꾸 정신화해 버려서 피안적이고 관념화된 그런 하느님 나라는 민중의 입장에서는 있을 필요도 없어요. (안병무, "하느님 나라 – 민중의 나라",『민중신학 이야기』, [한국신학연구소, 1987], 246.)

안병무의 말대로 공(公)이 하나님 나라를 역사화한 것이라면, 일제 식민지 시절 공(公)적인 것들을 사적(私的)인 소유로 돌리고자 했던 모든 친일파들의 행적과 그것에 힘입어 사적 재산을 축적하고 여전히 그것을 향유하고 있는 그 후손들의 모든 행태는 하나님 나라를 거부하는 행위이다. 1990년대 정부와 지자체는 '조상 땅 찾아주기 사업'을 추진했다. 무연고로 남아 있던 땅을 되찾아 주는 이 사업에 많은 친일파 후손들이 '조상 땅 찾기' 소송을 통해 선대의 재산들을 속속들이 찾아가기 시작했다. 국민들은 이 사실에 공분했고, 국회는 「친일반민족행위자 재산의 국가귀속에 관한 특별법」을 통과시켜 친일파들의 재산을 국가로 귀속시키는 일을 했는데, 친일파들은 이런 국가의 결정에 적극적으로 저항하고 반발했다. 헌법재판소에 위헌 소송을 제기하는 등 이들이 국가를 상대로 제기한 소송은 2006년부터 2015년까지 239건이나 되었고, 202명의 친일파 후손이 여기에 참여하였다.

　예수는 하나님의 나라가 임하며, 하나님의 뜻이 하늘에서 이루어진 것처럼 이 땅에서도 이루어지게 해 달라고 기도했다. 예수 사역의 핵심은 하나님 나라였다. 그의 가르침과 행위는 모두 하나님 나라의 실현을 향하고 있다. 그리고 그것은 바로 모든 생명의 창조주이신 하나님의 은혜가 존재하는 모든 것들에게 부어지는 것이며, 이것을 바로 공(公)이라고 할 수 있다. 친일부역자들과 그의 후손들의 행위는 바로 이런 하나님의 뜻을 명백하게 거역하는 것이다.

성육신 정신의 회복

　그리스도교가 믿는 하나님은 인간의 몸을 입고 낮은 곳으로 오신 성육신의 하나님이다. 살덩이가 된 로고스는 지배자의 자리에 서지 않는다. 그의 삶의 가장 중요한 가치는 섬김이며, 그 섬김의 정점은 십자가에서 자신을 내어 주는 것이었다. 그러나 친일부역자들과 그의 후손들은 시대의 변화에 따라 가장 강력한 힘을 가지고 있는 권력자들에게 빌붙어 자신의 기득권을 유지해 왔다. 권력이 일제에서 미군정으로 넘어 갈 때, 이들은 친미주의자가 되어 있었다. 이들은 한 번도 자신들의 권력을 놓으려 하지 않았다. 한국 사회에 자본과 지위를 가지고 영향력을 줄 수 있는 직업군들 예를 들면 의료인, 법조인, 교수, 기업인들이 되어서 타인에게 섬김을 받는 자리에 늘 있었다. 그리고 서로 혼인 관계를 맺어 자신들의 권력을 공고히 했다. 이 또한 그리스도교 정신에 어긋나는 것이다.

예수는 이혼증서를 써 주고 이혼할 수 있다는 모세의 율법을 뒤집고 이혼하는 것은 모두 간음이라고 선포한다(막 10:1-12). 이것은 당대 권력층들이 자신들의 권력을 유지하기 위해 이전의 정략결혼을 파기하고 또 다른 정략결혼을 하는 행위를 비판하신 것이다. 예수는 분명히 말한다. "너희가 아는 대로 이방 사람들을 다스린다고 자처하는 사람들은, 백성들을 마구 내리누르고, 고관들은 백성들에게 세도를 부린다. 그러나 너희끼리는 그렇게 해서는 안 된다. 너희 가운데서 누구든지 위대하게 되고자 하는 사람은 너희를 섬기는 사람이 되어야 하고, 너희 가운데서 누구든지 으뜸이 되고자 하는 사람은 모든 사람의 종이 되어야 한다"(막 10:42-44).

죄책 고백과 회개

2005년 11월 3일 기독교 사회책임은 한국교회 죄책고백 세미나를 열고, 한국교회가 지난 1938년 9월 제27회 장로회 총회에서 불법적으로 신사참배를 가결한 일에 대해서 죄책고백을 하고, 1938년 이후 공식적인 기독교 단체가 거의 모두 부일적 성격을 지녔다는 것에 대해서도 시인해야 한다고 자신들의 입장을 밝힌 바 있다. 한국기독교장로회는 2007년 제92회 총회에서 '신사참배와 부일 협력에 대한 죄책 고백 선언문'을 발표하고 "신사참배를 한 죄"와 "일제 침략전쟁에 협력한 죄", "신사참배와 부일협력의 죄를 참회하고 청산하지 못한 죄"를 회개하였다.

그러나 이런 기독교 단체나 교단 차원에서의 선언적 죄책고백이 아니라, 실제로 친일경력이 있는 부역자들과 그의 후손들의 직접적인 죄책고백과 그에 따른 적절한 조치가 필요하다. 하나님 나라의 도래를 선포하신 예수님의 가르침은 "회개"로 시작한다. 그리스도인들은 자신의 잘못을 깨달았을 때, 용기 있게 주님 앞에 나아와 모든 것을 아뢰고 용서를 구하며 회개하는 전통을 지니고 있다. 진정한 회개와 돌아섬 없이는 하나님 나라에 들어갈 수 없다.

정의의 회복과 올바른 정신을 위하여

친일청산의 미완성이 우리 사회에 끼친 가장 큰 악영향은 불의가 정의를 대체하여 가치의 전도가 일어났고, 도덕적으로 살아가려는 대다수의 시민들의 양심에 커다란 상처를 남긴 것이다. 국민들의 삶의 터전인 나라를 잃고 겨레의 정신마저 빼앗길 위기의 상황에서 국가와 민족을 배반하고 사적 이익을 위해 기회를 엿본 사람들이 행복하고 풍요한 삶을 누리고, 국가와 민족을 지키기 위해 온 생애를 바쳤던 이들은 도리어 불행한 삶을 살게 되었다. 그리고 이것을 본 많은 군중들은 옳게 산다는 것에 대해서 깊은 회의에 빠지게 되었다. 정의로운 사회를 함께 세워가는 열정을 소멸시켜 제 이익을 위해서라면 수단과 방법을 가리지 않는 기회주의자들을 계속 양산하게 되었다.

식민지 시절 친일행각을 벌이며 일제에 부역하던 이들은 세월에 흐름에 따라 하나 둘 씩 유명을 달리하였다. 그러나 역사는 반드시 이들의 악행을 기억하고 보존하여야 한다. 반드시 정의가 승리한다는 것을 보여 주고, 하나의 표본이 되어야 한다.

　1940년 6월 독일에 점령당했던 프랑스는 1944년 8월 파리 해방 이후 나치 협력자들에 대한 대대적인 숙청 작업을 통해 부역자 일만명을 처형했다. 드골 임시 정부는 합법 절차를 통해 협력자재판소와 시민재판부를 설치하여 1948년까지 6,703명의 나치 협력자들에게 사형선고를 내리고 이중 767명이 처형되었으며, 10만 여명을 징역형과 시민권 박탈의 형벌로 다스렸다. 폴란드, 네덜란드, 중국 등 세계 각국은 부역자 처리에서만큼은 엄격한 잣대로 재판을 진행하고 형벌을 부과한다. 네덜란드의 경우는 1870년 폐지했던 사형제도를 특별형법을 통해 부활시키기도 하였다.

　그리스도교 정신을 올바르게 실천한다면 친일청산의 문제는 결코 늦출 수 없고, 멈춰서도 안 된다. 친일청산은 지속적으로 계속되어야 한다. 하나님 나라를 추구하며, 성육신의 가치를 굳게 믿는 그리스도인은 이전의 죄책고백에 맞게 회개와 그에 따른 정의의 회복을 위한 길에 앞장서야 할 것이다.

참고문헌

김동춘, 『대한민국은 왜?』, 사계절, 2015.
김용진 외 2명, 『친일과 망각』, 다람, 2016.
안병무, 『민중신학 이야기』, 한국신학연구소, 1987.

해방정국의 이념갈등

손 승 호
(한국기독교교회협의회)

　　해방정국의 이념 갈등은 한국교회에 끊임없는 논쟁거리를 제공한다. '죽고 죽이는 이념 갈등 속에서 한국교회는 어떤 역할을 하였는가? 한국교회 순교자의 대다수를 차지하는 공산세력에 의한 순교자들을 어떻게 평가할 것인가? 한국교회는 대한민국 건국에 어떤 영향을 미쳤는가?' 등은 연구자들의 첨예한 입장 차이를 발견하게 만드는 질문들이다.
　　예를 들어보자. 2015년 순천에서는 여순사건과 관련하여 죽임을 당한 손양원 목사의 두 아들, 동인·동신의 순교신앙을 기념하기 위한 표지판이 세워졌다. 이 표지판을 세운 이들은 동인·동신 두 인물의 신앙이 우리 모두에게 순교의 본이 된다고 판단할 것이다. 그렇다면 여순사건의 전문가인 김득중의 주장도 한번 보자.

　　두 형제가 죽임을 당했던 이유는 이들이 단지 종교인이기 때문이 아니었다. 손동인이 재학했던 순천사범학교에서는 모스크바 삼상 교류안을 둘러싸고 찬·반탁 논쟁이 심했는데, 두 형제는 우익의 반탁운동에 몸담고 있었다. 또 그들은 이철승이 대표로 있는 전국학생총연맹(학련)에서 활동하기도 하였다. 이 두 형제는 기독교 신자이기도 했지만 강한 반공주의 의식을 가진 우익 청년단원들이었다. 이들이 순천 지역의 학련 학생들, 대동청년단원들과 함께 봉기군에 맞서 싸우자, 봉기 세력은 그들을 체포한 다음 총살해 버렸다. 동인-동신 형제의 죽음은 종교적 이유뿐만 아니라 좌우익의 정치적 투쟁이라는 성격도 띠고 있었다. 하지만 손양원 목사가 아들을 죽인 사람을 양아들로 삼게 되면서, 두 형제의 죽음에서 정치적 의미는 탈색되는 한편 기독교적 '순교'로 채색되었다.*

이 글에서 현재 한국교회가 기념하고 있는 특정 순교자에 대해 논할 것은 아니다. 다만 해방정국의 이념갈등이 한국교회사를 정리하는 것에 다양한 난제를 던져주고 있음을 설명하고자 할 뿐이다. 흔히 한국교회에서 해방정국의 이념갈등은 "공산주의 좌익들에 의한 교회의 피해"라는 구도로 이해되고 있다. 최근 서울신학대학교 현대기독교역사연구소가 엮은 『해방공간과 기독교』에서도 전체적으로 이런 기조는 유지되고 있다. 하지만 세밀하게 들어가면 이러한 도식이 적용되지 않는 다양한 사례들이 발견되며 해방정국의 기독교를 어떻게 이해해야 할지 고민하게 만든다.

---

* 김득중, 〈여순사건 56주년 추모 여순사건 공동 수업 자료집〉 35, 뉴스앤조이, "'사랑의 원자탄' 너머 손양원의 삶과 신앙"(http://www.newsnjoy.or.kr/news/ articleView.html?idxno=195261)에서 재인용.

해방정국의 이념 지형과 기독교

해방 당시 민족 지도자들의 지지도 여론조사의 결과를 보면 대략의 이념적 지형을 알 수 있다. 먼저 조선을 이끌어갈 지도자라는 질문에 대한 설문결과는 여운형 21%, 이승만 21%, 김구 18%, 박헌영 16%, 김일성 7%, 김규식 5%로 나타났다. 일제 시대 최고의 혁명가를 묻는 질문에는 여운형이 21%, 이승만 18%, 박헌영 17%, 김구 16%, 김일성 7%, 김규식 5%의 결과가 나왔다. 전체적으로 보면 좌익이 우익보다 조금 우세를 나타내고 있었음을 확인할 수 있다.

특히 당시 여운형의 존재는 현재의 일반적인 인식보다 훨씬 무게감이 있었다. 1944년 여운형을 중심으로 비밀단체인 조선건국동맹이 조직되었으며 해방 직후 이 조직을 기반으로 조선건국준비위원회(건준)이 조직되었기 때문이다. 건준은 해방 직후 전국 각지에 지부를 설치하고 치안과 행정을 담당하였다. 이는 패전 이후 일본인들의 안전한 귀국을 위해 조선총독부 정무총감 출신의 엔도 류사쿠가 여운형에 모든 권한을 이양할 것을 약속하면서 일본인들의 안전을 보장해 줄 것을 요청했기 때문이기도 했다. 건준은 북한 지역에서도 조만식의 지도 아래 조직되는 등 해방 이후 새로운 국가 건설을 위한 준비에 나섰으나 우익 진영이 건준에 불참하였고 박헌영의 공산당 계열이 주도권을 잡아가자 미군정에 의해 인정을 받지 못하게 되어 해체되었다. 여운형과 우익의 지도자인 송진우가 나눈 대화는 해방 직후 건준의 조직에서부터 좌우익 정치적 갈등을 예고하였다.

여운형: 그대 보기에 나의 출발이 잘못된 점이 있다고 하더라도 국가의

큰일이니 허심탄회하게 나와서 대중의 신망을 두텁게 하고 대사에 차질이 없게 하라.

송진우: 경거망동을 삼가라. 중경임정을 지지해야 한다.

좌우익의 조직화도 발 빠르게 진행되었다. 먼저 좌익은 박헌영을 중심으로 조선공산당을 조직하였다. 그러나 이들은 미군정과 잦은 충돌을 일으키면서 불법화되었다. 조선공산당은 좌익 연합단체인 민주주의민족전선(민전, 공동의장: 여운형, 박헌형, 허헌, 김원봉, 백남운)을 조직하는데 주도적인 역할을 하였고 이후 좌익은 민전을 중심으로 활동하였다. 한편 우익의 경우에는 친일적 색체가 있었다. 일제강점기의 지주와 기업가를 중심으로 한국민주당이 설립되었던 것이다. 한국민주당은 우익 세력의 집결을 이끌어냈다. 이들은 미군정의 통치에 협력하면서 이승만과 제휴하였다. 그리고 반공노선을 뚜렷이 하면서 남한의 단독정부 수립을 찬성하였다. 여운형과 김규식은 여러 정파들의 폭넓은 제휴를 통해 좌우합작추진위원회를 결성하였지만 좌우익 양측으로부터 거부당하면서 민족통합은 불발되었고 남한 사회는 격렬한 좌우익의 대결로 치닫게 되었다.

이런 혼란한 상황 속에서 한국교회는 1945년 11월 이후 임시정부를 지지한다는 입장을 밝히면서 정치적인 영향력을 행사하기 시작하였다. 대표적인 단체들로는 조선기독교청년회전국연합회(1945년 11월), 기독교신민회(1945년 12월), 독립촉성기독교중앙협의회(1945년 12월), 그리스도교연맹(1947년 7월), 기독교민주동맹(1947년 12월) 등이 있었으며 이들은 교회재건과 국가 재건을 목표로 활동하였다. 이들의 계열을 살펴보자면 친이승만계가 대다수를 이루고 있으며 조선기독교청년회전국연합회 중심의 중도파와 기독교민주동맹의 좌파가 존재하고 있었음을 확인할 수 있다. 이승만, 김구, 김규식과 같은 유력한 지도자들은 하나같이 입을 모아 기독교 정신 위에 새로운 나라를 건설해야 한다고 주장했고 한국교회는 이들을 지원하면서 자연스럽게 기독교는 대체적으로 우익의 동맹세력이 되었다.*

이런 상황을 비추어 보았을 때 기독교계 조직 중 가장 특이한 것은 감리회의 김창준 목사를 중심으로 한 기독교민주동맹이라 할 수 있다. 기독교민주동맹은 기독교와 사회주의를 접목시켜 보려는 시도로 민전의 가입단체였던 점을 보았을 때 좌익성향이 분명한 단체였다. 김창준은 대구10월사건을 경험하면서 '경제적 평등이 없는 곳에 정치적 평등과 세계평화는 불가능함'을 깨닫고 민전에 참여하는 한편 기독교 본래의 사회정신을 확대하고 강화, 향상하기 위해 기독교민주동맹을 결성하였다.

> 진실로 '예수 그리스도'의 사회 정신에서 살고 또 살랴는 모든 신도는 분연히 총궐기하여 옳은 노선을 걸어야겠다… 우리 기독민주동맹은 복음적 신앙에 입각하야 근로인민의 이익을 위함은 물론, 삼천만이 다 잘 살 수 있는 민주독립국가 전취를 위하야 궐기함을 이에 선언한다.

그러나 '일제 잔재의 완전한 청산, 인민적 민주주의 국가 건설, 모스크바 삼상회의의 결정지지'를 내세운 기독교민주동맹은 '서북청년회'

---

* 이 글에서 해방정국의 기독교 진영의 동향을 모두 소개하는 것은 불가능하다. 이를 위해서는 장규식, "해방 직후 기독교사회단체의 동향,"「한국기독교역사연구소소식」61호 (2003.9), 16-23을 참조할 것.

를 비롯한 우익청년회와 기독교 세력의 방해와 테러로 제대로 된 활동을 하지 못하였다.

기독교계의 좌우합작 노력은 청년들을 중심으로 진행되었다. 조선기독교청년회전국연합회는 김규식을 회장에 추도하고 교회의 통일, 민주주의 국가 건설, 민족반역자의 배격, 임정지지 등을 선언하며 좌우합작을 통한 통일국가 건설을 위해 노력하였다. 이들 후신인 조선기독교청년회연합회(1946년 3월 결성)는 서북청년회와 같은 폭력적 우익청년회와 거리를 두고 폭력을 배제하거나 극우를 피하는 반공을 원칙으로 활동하였기 때문에 당시 청년들 사이에서 폭넓은 지지를 얻을 수 있었다.*

그러나 미국과 소련이 주도하는 국제정세는 좌익 또는 중도적 입장을 지지한 기독교인들의 열망을 꺾어버렸다. 미국의 제안으로 한반도 문제를 이관한 유엔이 남한만의 단독선거에 의한 독립정부 수립을 결의하였기 때문이다. 결과적으로 남한의 기독교에게 주어진 선택지는 이승만의 지지세력이 되어 남한 단독정부를 기독교 정신에 입각한 정부로 만들기 위해 노력하는 것 밖에 남지 않게 되었다.

'대구10월사건'과 기독교

해방정국에서 이념갈등이 폭발한 첫 사건으로는 흔히 '대구10월사건'이 거론된다. '대구10월사건'은 1946년 초부터 있었던 기민시위, 좌익세력의 전술적 강경화, 미군정의 강제 식량공출정책, 급격한 인구 증

---

* 김권정, "해방 후 기독교세력의 동향과 대한민국 건국운동," 『대한민국 건국과 기독교』, (북코리아, 2014), 47-48.

가로 인한 사회문제 악화, 친일경찰의 억압적인 활동 등이 겹치며 발생한 사건이다. 과정을 살펴보자면 좌익 강경파가 박헌영에 대한 미군정의 수배령을 계기로 1946년 9월 전국적인 총파업을 시도한 것이 출발점이었다. 그러나 강경파는 전국적인 주도권을 쥐고 있지는 않았던 것 같다. 총파업은 서울과 대구에서만 실시되었고 그나마 서울은 빠르게 진압되었다. 문제는 대구에서 발생했다. 10월 1일 시위대에 대한 경찰의 발포로 1명이 사망하자 2일 학생, 교수, 의사, 노동자, 시민 등 각계의 참여로 대규모 시위로 확산된 것이다. 다시 경찰이 이를 무력으로 진압하면서 민간인 17명과 경찰 4명이 사망하자 민중이 봉기하였고 경찰관리·부유층을 공격하였다. 오후 3시 미전술군이 투입되면서 대구 진압에는 성공하였지만 탈출한 이들의 주도로 오히려 경상북도 전역으로 봉기가 확산되었다. 10월 2일부터 계엄령이 포고되었고 11월 말까지 약 7,400여 명이 체포되었다. 대구10월사건은 한국 민중이 미군정 통치에 반기를 대규모 봉기이자 한국 현대사 비극의 시작을 알린 사건이며 동시에 이후 좌우익 양진영을 경직시킨 사건으로 평가받고 있다.

해방정국과 한국전쟁기 민간인 학살과 기독교의 관계를 연구한 최태육은 '대구10월사건'이 경상북도 전역으로 퍼져나가면서 발생한 각 지역의 폭력사태에 일부 기독교인들이 능동적으로 활동했다고 지적한다. 그리고 그 실례로 안강면, 영천군, 경주 내동면의 사례를 서술하고 있다.* 지면관계로 자세한 내용을 소개할 수는 없지만 안강면의 경우 경찰의 노력으로 소강상태에 들어갔던 폭력적 상황은 기독교인의 개입으로 크게 증폭되었고 집단희생 사건으로 비화되었다. 신원이 기록된

---

* 최태육, "남북분단과 6.25전쟁 시기(1945-1953) 민간인집단희생과 한국기독교의 관계 연구," 목원대학교대학원 박사학위논문(2014) 참조.

희생자만 231명에 달하는데 생존자들은 '억울한 죽음이 많았다'고 증언하고 있다. 그 증거 중 하나는 육통리 능골의 희생자 중 반 이상이 중학교 학생들이었다는 것이다.

경주 소재의 ○○교회의 60년사에는 다음과 같은 기록이 남아있다.

이 사건(1946년 10월 5~6일 발생한 대규모 폭력사태-인용자 주)을 구정교회에서 다루어야 할 뚜렷한 이유를 보여주고 있다. 첫째, 해방직후부터 이 지역 우익진영은 본 교회 청년회와 교역자들에 의해 구성되었고, 이들에 의해 이 지역의 치안유지가 이루어졌다. 둘째, 본 교회 청년들이 이 지역의 대규모 좌익진영의 세력들을 직접 진압하여 좌익세력의 근거를 분쇄시켰다. 셋째, 하나님의 놀라우신 역사와 기적이 좌익세력들과의 대립 과정에서 분명히 나타나고 있다는 사실이다.

1946년 10월 이 교회 교인들이 중심이 된 결사대는 군경의 지원 속에서 사제 수류탄, 대창, 몽둥이, 엽총 등으로 무장하고 대구10월사건에 영향을 받아 소요를 일으킨 3,000여 명의 주민과 살육전을 벌였다. 한 교인의 증언에 따르면 당시 '회관 안에는 시체가 수두룩하였다.' 물론 극단적 혼란 상황에서는 이런 일도 벌어질 수 있을 것이다. 하지만 이를 마냥 긍정할 수 없는 이유는 이 사태가 당시 좌익의 지도자가 우익 청년단과 교인들에게 협상을 위한 면담을 제안한 이후 벌어졌다는 것이다. 몇 교인들이 협상을 하자고 하였으나 다른 교인들은 "죽든지 살든지 하나님을 의지하고 맞서서 싸우자"고 하였고 이들의 주장이 받아들여진 결과는 참혹했다. 이 신앙인들의 자발적 폭력을 어떻게 받아들여야 할 것인가. 매우 고민스럽다.

해방정국의 이념갈등은 한국교회가 어느 정도 폭력적일 수 있는지 여실히 보여주었다. 이념에 의한 갈등은 언제나 있을 수 있고 또 언제나 있어 왔다. 그러나 이를 대화와 협상 그리고 타협으로 이어지는 평화적인 방법이 아닌 폭력으로 해결하려는 모든 시도는 기독교 신앙의 근본 가르침과 너무나 거리가 멀다. 그럼에도 이념을 신앙의 차원으로 받아들인 이들은 오히려 자발적이고 능동적으로 폭력을 행사했고 우리 역사에 씻기 힘든 상처를 남겼다. 기독교 신앙에 폭력성이 내재되어 있는 것일까? 그냥 아니라고 말하고 묻어버리기에는 우리의 역사가 너무나 뼈아프다. '대구10월사건' 이후에 연이어 발생한 좌우 대립의 구체적 사례인 '제주4.3사건', '여순사건' 등 역시 우리에게 비슷한 과정과 결과를 보여주고 있다. 아직까지 한국교회는 가해자로서의 자신을 깊이 인식하고 있지 못하고 있을 뿐 아니라 오히려 이를 순교의 역사로 자랑하고 있다. 그런데 이런 순교의 역사를 우리가 따라야 할 신앙의 모범으로 받아들일 수 있을까? 많은 성도들이 아니라고 말해주길 기대한다. 차마 우리의 손에 목숨을 잃은 이웃의 시체더미 위에서 하나님을 찬양할 수는 없기 때문이다. 조속한 시일에 이와 관련한 교회의 고백과 치유를 위한 노력이 시작되길 바란다.

참고문헌

박명수·안교성·김권정 외 엮음, 『대한민국 건국과 기독교』, 북코리아, 2014.
최태육, "남북분단과 6·25전쟁 시기(1945-1953) 민간인집단희생과 한국기독교의 관계 연구," 목원대학교대학원 박사학위논문 (2014).

기독교와 한국전쟁

손 승 호
(한국기독교교회협의회)

한국전쟁은 그 시대를 살아가던 우리에게 그리고 교회에게 어떤 의미였을까? 분명한 것은 당시의 모든 이들과 교회 앞에는 지독한 지옥이 펼쳐졌다는 사실이다. 여기 한 목사의 증언이 있다.

정확히 기억나지 않지만 1월중의 어느 날, 나는 계획대로 목사와 그 가족들을 인솔하고 제주도로의 피난길에 오르기 위해 가족들과 함께 피난 보따리를 꾸려 부산항 부둣가로 나갔다. … 그러나 부둣가에 도착한 나는 눈앞에 전개되고 있는 전혀 예상 밖의 상황에 그만 입을 떡 벌리고 말았다. 그것은 그대로 아비규환의 수라장이었다. 어떻게 알았는지 장로들까지 몰려와 '어떻게 목자들이 양떼를 버리고 자기들만 살겠다고 도망칠 수 있느냐'면서 달려들어 수송선은 서로 먼저 타려는 목사와 장로들, 그 가족들로 마치 꿀단지 주변에 몰려든 개미떼처럼 혼잡의 극을 이루고 있었다. … 지옥이라는 것이 별개 아니었다. 천당에 가겠다고 평생 하나님과 예수님을 믿어 온 그 사람들이 서로 먼저 배를 타기 위해 보여준 그 광경이 바로 지옥이었다.*

한국전쟁이 엄청난 비극이었다는 사실은 익히 알려져 있다. 양측 군경의 전투로 인한 피해, 민간인 학살 등은 특히 최근 우리의 관심을 끌고 있다. 그리고 그 비극 앞에서 우리 모두의 밑바닥이 드러나 버렸던 경험은 아직까지 한국사회를 어둡게 만드는 데 영향을 미치고 있다. 일본에서는 태평양 전쟁을, 해방 후 찾은 고국에서는 한국전쟁을 경험한 아동문학가 권정생은 "6.25는 모든 인간을 인간으로 살도록 두지 않았다"고 회고한다.** 극한의 상황 속에서 많은 이들이 자신의 인간성을 유지하지 못했고 그 결과 아무도 서로를 믿지 못했다. 이는 각자도생이 만연한 한국의 현실과도 무관하지 않다.

한국 전쟁의 피해 그리고 전쟁기지로서의 한국교회

일단 익히 알려진 이야기부터 짚어보자. 한국전쟁은 1950년 6월 25일 발발하여 1953년 7월 27일 휴전협정으로 멈춘 2차 세계대전 이후 최대의 국제전이다. 일반적으로는 조선민주주의인민공화국과 대한민국 그리고 양 국가를 지원한 소련, 중국, 미국 등이 참전한 전쟁으로 여겨진다. 하지만 이 전쟁에 물자를 제공한 국가까지 합치면 참전국은 70개국 이상으로 늘어나며 이 중에는 아이티나 바티칸시국 같은 소국까지 포함되어 있다. 이는 한국전쟁이 냉전의 질서 속에서 발생한 강대

---

* 강원용, 『빈들에서-나의 삶, 한국현대사의 소용돌이 1』, (열린문화, 1993), 340-342.
** 권정생, "영원히 부끄러울 전쟁," 「역사비평」, (1995.5).

국들과 그 동맹세력의 대리전이었음을 잘 보여준다.

H. D. 포스터는 재난 크기를 스트레스의 수치로 환산하는 계산 방식을 고안하였는데 그에 따르면 한국전쟁은 두 차례의 세계대전과 14세기 유럽의 흑사병 다음인 역대 4위의 재난에 해당한다. 인명피해는 당시 남북한 인구의 1/6 이상의 손실(사망자 약 150만 명, 부상자 약 360만 명)을 야기할 정도로 심각하였다. 때문에 맥아더가 "평생을 전쟁 속에서 보낸 본관과 같은 군인에게조차 이러한 비참함은 처음이어서 무수한 시체를 보았을 때 구토하고 말았다"라고 말했다고 전해진다. 재산피해도 막대하였다. 남북한이 모두 사회경제적 기반이 철저하게 파괴되었고 한반도에 있었던 사회 기간 시설은 약 80%가 파괴되었다. 교회의 피해 역시 적지 않았다. 수많은 기독교인이 죽임을 당한 것은 물론이고 교회의 파괴(완전 소실 267, 파괴 705, 합계 972)도 드물지 않았다.*

나아가 한국전쟁은 모든 한국인들에게 계량적으로는 드러나지 않는 성격의 심각한 고통을 야기하였다. 정부와 군경에 의한 대규모의 민간인 학살은 물론이고 지역민들 사이에서 발생한 참혹한 크고 작은 살육이 있었다. 낮과 밤의 정부가 달랐다는 증언이 지역을 막론하고 등장한다. 이는 극심한 트라우마를 야기하였다. 그리고 아직까지 이 트라우마가 치유되는 경험은 개인적으로도 사회적으로도 겪어보지 못했다. 한국전쟁이 완전히 종식되지 못한 채 권위주의적 정부의 통치가 지속되었기 때문이다. 권위주의적 정부는 국가보안법을 이용하여 한국전쟁에서의 피해가 사회적 이슈가 되는 것 자체를 막았을 뿐 아니라 희생자들을 기념하는 일도 불법으로 만들어버렸다.

---

* 박보경, "1950년 한국전쟁 당시 한국 교회의 역할," 「선교와 신학」 26(2010.8), 112에서 재인용.

이 트라우마와 관련하여서는 한국교회도 책임이 적지 않다. 특히 많은 수의 기독교인이 한국 전쟁기에 일어난 민간인 학살명령의 결재권자였다는 사실과 그 명령을 실제로 수행하는 것에도 가장 적극적인 부류의 사람들이었다는 점은 교회의 죄책고백이 필요한 부분이다. 나아가 이들이 자신의 학살 행위를 정당화하기 위해 기독교 신앙을 도구화 하였다는 점은 한국교회가 두고두고 자신을 되돌아볼 계기로 삼을 일이다.* 많은 시간이 흘렀음에도 한국교회는 여전히 지난 과오를 반성하지 못하고 있을 뿐 아니라 반공주의를 매개로 오히려 상처를 덧나게 하는 일에 동참해 왔다. 가해 사실은 너무 쉽게 잊어버린 채 피해 사실만을 기억하며 순교담론으로 치장해 온 일은 더 늦기 전에 반드시 짚고 넘어가야 한다.

또한 한국교회는 한국전쟁을 적극적으로 지원하였다. 전쟁이 발발한지 얼마 지나지 않은 1950년 7월 3일 '대한기독교구국회'가 조직되었다. 이들은 전국에 30여 지회를 두고 선무, 구호, 방송 등의 전쟁지원 활동을 하였다. 특히 의용군을 모집하여 기독청년들을 전장에 보내는 일이 이들의 주업무였다. 인천상륙작전으로 서울이 탈환된 이후에는 선무공작대원 약 천명을 훈련하여 국군의 점령지역에 파송하기도 하였다. 중국의 참전 이후인 1951년 1월 9일에는 '기독교연합전시비상대책위원회'가 조직되었다. 이들은 미국의 협력을 이끌어내기 위한 작업에 열심이었다. 한경직, 류형기 등의 지도자들이 미국교회의 적극적인 지원을 요청하기 위해 미국을 방문하였으며 미국 대통령, 유엔 사무총장, 맥아더 사령관에게 보내는 메시지를 채택 및 전달하기도 하였다.

---

* 최태육, "남북분단과 6-25전쟁 시기(1945-1953) 민간인집단희생과 한국기독교의 관계 연구," 목원대학교 박사학위논문(2015) 참조.

전쟁이 소모전으로 이어지면서 휴전의 필요성이 대두하자 한국교회는 이를 격렬하게 반대하였다. 부산에서 열린 구국신도대회는 세계교회에 보내는 성명서를 발표하였는데 매우 호전적인 메시지로 가득 차 있었다. 휴전안에 강력히 반대하면서 통일은 공산주의를 굴복시킴으로써 성취되어야 한다고 주장한 것이다.

한국전쟁기 내내 한국교회는 매우 호전적인 모습을 보이며 전쟁을 종교적으로 정당화하는 일에 최선을 다했다. 한국교회가 주최하는 무수한 집회와 기도회에서 전쟁은 일상적으로 정당화되었다. 한국교회가 전쟁을 설명하기 위해 전면에 내세운 것은 공산주의에 대한 '설복될 수 없는 마귀, 영구히 회개할 수 없는 마귀, 붉은 말을 탄 자, 적그리스도'와 같은 악마화였다. 그리고 이 악마와 싸우는 일은 자연스럽게 하나님이 원하시는 싸움, 곧 '성전'이 되었고 결국 이 전쟁은 공산주의자를 전멸시키는 것만으로 종결될 수 있는 것이 되었다. 이런 논리 속에서 한국교회의 휴전 반대는 너무나 당연한 일이었다. 한국교회는 공산주의자들의 멸절을 기본으로 하는 북진통일론에 입각해 있었다.

교회가 사람을 죽이는 일, 나아가 무고한 사람을 죽이는 일에 앞장설 수 있는가? 한국전쟁은 충분히 그럴 수 있다는 것을 증명하는 사례이다. 로마의 첫 신학자로 불리는 히폴리투스(2-3C)는 그의 저서『사도적 전통』에서 폭력과 신앙은 양립이 불가능한 것이라 주장했다. 특히 17항에서 19항에 이르는 내용은 신앙인은 적법한 명령에 의해서도 살인을 할 수 없을 뿐 아니라 군인이 되는 것 자체가 불가능한 것임을 가르치고 있다. 유감스럽게도 가끔씩 교부들의 소중한 가르침은 후대의 역사에 의해 정면으로 부정되기도 한다. 한국전쟁이 딱 그런 사례이다.

확대된 종교시장과 한국교회의 성장

　망가져버린 마을공동체와 이웃 간의 관계 속에서 모든 인간들은 스스로를 지키고, 돕고, 성장시켜야 할 자신만의 책임을 진 듯 살아가게 되었다. 전쟁이라는 쓰나미 앞에서 자연법적 전통윤리의 방파제는 무너졌다. 로버트 올리버는 한국의 전통적인 윤리가 '망치로 막 두들겨 부숴버린 꽃병'처럼 사라져 버렸으며 그 예로 젊은이들이 연장자 앞에서 맞담배를 피며 그들의 의견에 반대하기도 한다고 관찰하였다. 오랫동안 한국사회를 유지해오던 윤리가 파괴된 것은 누군가에게는 새로운 기회였을지 모르나 평범한 이들에게는 고통을 가중시키기만 하였다. 전쟁과 혼란을 틈타 일부의 사람들은 영웅이 되거나 뜻밖의 횡재를 만났지만, 많은 사람들은 홉스가 주장한 것처럼 "고독하고, 가난하고, 불쾌하고, 야만스러우며, 짧은 삶"을 살아야 했다. 김흥수는 이런 상황 속에서 정부와 종교에게 던져진 책무가 무엇이었는지 다음과 같이 정리한다.

　　전쟁의 체험은 모든 민족 구성원을 그들의 사회적 기반에 관계없이 실존적인 상황에 내팽개쳐진 개인으로 만들었다. 따라서 전후의 사회는 강력한 도움을 필요로 하는 사회였지만, 사회로부터 실질적인 도움을 얻지 못하는 사람들은 스스로 생존을 지속하기 위하여 극단적 이기주의자가 되거나 가족을 대신하는 새로운 집단에 의지할 수 밖에 없었다. 전쟁 이후 남한 정부와 종교는 이런 상황에서 남한사회의 생존을 위해 각종 담화와 종교적 상징을 통해 반공 이데올로기를 강화시켜 주면서도 다른 한편으로는 전쟁에서 살아남은 사람들의 생활 욕구를 충족시켜 주어야 하는 상황에 처했다.*

한국전쟁으로 인한 궁핍한 삶은 한편으로 종교에게는 비옥한 환경을 의미하는 것이었다. 특히 식량과 생필품의 부족은 미국과 친밀한 한국교회에 다시없을 확장의 기회를 제공해 주었다. 약 50여개의 국제적인 민간단체가 한국의 전재민을 돕기 위한 구호물자를 보내왔다. 그리고 그중에 40여 개는 기독교 관련 단체였다. 80% 이상의 민간 구호물자가 기독교계를 통해 한국에 유입된 것은 한국교회로서는 더할 나위 없는 호재로 작용했다. 권정생은 당시 아이들 사이에 불리던 노래를 다음과 같이 기억한다.

목사 붕알 땡기면 우유가루 나오고, 장로 붕알 땡기면 강낭가루 나오고.
기쁘다 구제품 나왔네, 만백성 맞으라!

강냉이 가루, 우유 가루 같은 구제품은 교회로 사람을 모이게 하는 강력한 동력이 되었다. 부산항에 도착하는 구호품은 매월 수천 톤에 이르렀고 각종 구호 기관에 이를 분배해준 보고서는 그 양이 너무 방대하여 점검도 할 수 없었다. 이에 힘을 얻은 한국교회의 성장은 엄청났다. 장로회는 1949년부터 1959년 사이에 교회가 5배, 교인은 2.3배 성장하였고, 같은 기간 감리회는 교회 2.5배, 교인 6배 정도 성장하였다. 물론 이 성장에는 이북의 기독교인들이 남하 한 것과 교회가 사람들의 불안과 공포 등의 부정적 감정을 나누고 소속감을 제공받을 수 있는 공간이 되었던 것 역시 큰 영향을 미쳤다. 그러나 당장 배고픈 이들이 교회

---

* 김흥수, 『한국전쟁과 기복신앙확산연구』, (한국기독교역사연구소, 1999), 22.

에 가면 부족하나마 음식과 옷가지를 제공받을 수 있었던 사실만큼 중요한 것은 아니었다.

　절박한 이들의 필요에 한국교회가 가장 잘 응답할 수 있었고 그 결과 가파르게 성장할 수 있었다는 사실이 나쁘다고 말할 수는 없다. 나아가 한국교회가 전쟁고아, 전쟁미망인을 위한 구호 사업에 열심이었으며 그 결과 월드비전이나 컴패션 같은 국제 구호단체들이 생겨났다는 사실은 일면 자랑스러운 면도 있다. 그러나 이 과정이 매끄럽기만 한 것은 아니었으며 한국교회가 구호물품을 이용하여 부를 축적했다는 점은 고민해 볼 필요가 있다. 기독교계의 구호품을 분배하는 일은 기독교세계봉사회 한국위원회의 것이었는데 1952년 특별감사위원회가 조직되었을 때 감사 결과 수백 건에 달하는 부정이 발각되었을 정도로 그 운영이 투명하지 못했다. 실제로 이 구제보따리를 둘러싼 추문은 끊이지 않았던 것 같다. 4.19혁명 이후 한국교회에 대한 반성이 지면에 등장할 때 구제사업과 관련한 부정이 심심치 않게 거론되었다.

기독교가 받은 영향들

　노치준은 1995년 「기독교사상」에 한국전쟁이 한국교회의 성격을 결정했다는 글을 발표했다. 한국전쟁이 한국교회에 "북한 정권과의 갈등, 반공 이데올로기에 몰입, 국가 권력과의 밀착, 내부적 분열 등과 같은 부정적인 성격들을 강화"시켰다는 것이다. 그는 이런 것들은 극복해야 할 과거의 유산이며, 평화와 통일에 방해가 된다고 주장했다. 이는 전쟁이 한국교회의 정치적 성격에 미친 영향들이라 할 수 있다.

　한편으로 한국전쟁은 한국교회의 종교적 성격에도 영향을 미쳤다.

기복적 신앙체계, 기도원과 신비체험의 확산 등은 한국전쟁이 야기한 불안한 생활환경에 대하여 기독교가 제시한 대안이기도 하였다. 방언, 예언, 입신, 신유와 같은 은사체험을 중시하고, 안찰 기도가 유행하는가 하면, 통일교나 전도관 같은 이단들이 등장하게 되는 종교적 현상들 역시 한국전쟁과 무관하지 않다.

또 다른 면에서 한국전쟁은 한국교회 내 정치구도에도 큰 영향을 미쳤다. 월남한 북한 출신의 기독교 지도자들은 미북장로회 선교사들과의 친밀함을 바탕으로 구호물자에 접근하여 한국전쟁기에 한국교회 중심세력으로 부상하였다. 이들의 등장은 한편으로는 한국교회의 대미 의존관계의 심화를 의미하기도 한다. 류형기 감독의 재선과 관련하여 한국감리교회가 분열의 위기를 겪었던 것도 북한 출신의 지도자의 중심세력화와 한국교회의 대미 의존적 성격을 한꺼번에 잘 보여주는 사례라 할 수 있다. 한국전쟁은 한국교회를 다양한 측면에서 흔들어 놓았다. 대외내 정치적으로도, 종교적으로도 한국전쟁은 한국교회의 성격을 결정한 핵심적인 경험이다.

3.1운동과 한국전쟁도 관계가 있을까? 분명히 있다. 한국전쟁은 3.1운동이 천명한 도의의 세상이 한반도에서 실패하게 되는 결정적인 사건이다. 한국전쟁은 각자도생이 우리 사회를 지배하는 법칙이 되는 출발점이었으며, 도의보다 힘이 강력하다는 사실을 모두에게 주지시킨 비극이었다. 그리고 호전적인 교회가 만들어내는 폭력과 구제의 이중주는 한국사회 내 종교의 이미지를 기이한 것으로 만들었다.

참고문헌

김흥수, 『한국전쟁과 기복신앙확산연구』, 한국기독교역사연구소, 1999.
윤정란, 『한국전쟁과 기독교』. 한울, 2015.

전쟁 범죄와 기독교

한 문 덕
(생명사랑교회, NCCK 신학위원)

올해는 제주 4.3사건의 70주기가 되는 해이다. 제주 4.3사건이란 1947년 3월 1일부터 1954년 9월 21일까지 제주도에서 발생한 남로당 무장대와 토벌대 간의 무력충돌과 토벌대의 진압과정에서 다수의 주민들이 희생당한 사건이다. 7년의 세월 동안 3만 명에 이르는 주민들이 목숨을 잃었고, 이는 당시 제주 인구의 10분의 1이었다. 4.3사건은 군사정권 동안 '북한의 사주에 의한 폭동'으로 규정되었기에 김대중, 노무현 정부가 들어서기까지는 말조차 꺼내기 힘들었고, 노무현 대통령이 2003년 10월 31일 국가 권력에 의한 대규모 희생에 대해 공식적으로 사과한 이후에야 제대로 밝혀지게 된다. 이 사건을 단순히 좌익세력의 무장 봉기와 토벌대 사이의 무력 충돌 그리고 이후 토벌대의 진압으로만 설명하는 것은 충분치가 않다. 일제식민지의 고난, 갑자기 다가온 해방 정국의 혼란, 친일파들의 경찰 등용, 미군정의 잘못된 정책, 반공을 국시로 하는 남한만의 단독 정부 수립 그리고 한국 전쟁 등 매우 복잡한 요소들이 이 사건과 연결되어 있고, 이 사건과 연결되어 벌어지는 여순 사건과 국가보안법의 제정은 지금까지도 우리에게 큰 영향을 주고 있기 때문이다.

특별히 제주 4.3사건을 우리 그리스도인들이 깊이 반성하고 고민해야 하는 이유는 무고한 양민을 학살하는데 많은 기독인들이 앞장섰기 때문이다. 1945년부터 1953년 사이 북쪽에 있던 80만에서 120만 명 정도의 사람들이 남쪽으로 내려온다. 이들은 1946년 이후 북한에서 진행된 토지 개혁과 사회주의 정권 하에서 탄압을 받고, 전쟁 중 인민군에게 가족이 학살당한 경험들이 있었고, 이들 중 일부는 학살의 피해자인 동시에 북한 지역에서 그리고 남한으로 내려와서 월북자나 좌익 가족을 학살하는 가해자들이었지만, 이들이 가해자였다는 사실은 남한에서 말할 수 없었다. 1945년 말에 월남한 사람들은 대체적으로 기독교인이거나 계층적으로 중상류층에 속했던 사람들이었다. 이들은 미군정 산하 각 기관에 쉽게 취직할 수 있었는데, 이들 가운데 다수의 청년이 영락교회로 모였고, 영락교회 청년회는 이후 서북청년회 같은 반공단체로 발전하게 된다. 이들은 군과 경찰에 들어가서 남로당을 평정하는데 신명을 바쳤고, 이들은 제주도에 내려와서 잔혹한 폭행과 테러를 자행한다.

한 시인은 이들의 만행을 이렇게 묘사하고 있다.

오라리

제주도 토벌대원 셋이 한동안 심심했다/ 담배꽁초를 던졌다/ 침 뱉었다/ 오라리 마을

잡힌 노인 임차순 옹을 불러냈다 영감 나와/ 손자 임경표를 불러냈다 너 나와
할아버지 따귀 갈겨봐/ 손자는 불응했다/ 토벌대가 아이를 마구 찼다
경표야 날 때려라 어서 때려라/ 손자가 할아버지 따귀를 때렸다
세게 때려 이 새끼야/ 토벌대가 아이를 마구 찼다/ 세게 때렸다
영감 손자 때려봐/ 이번에는 할아버지가 손자를 때렸다/ 영감이 주먹질 발길질을 당했다
이놈의 빨갱이 노인아/ 세게 쳐/ 세게 쳤다
이렇게 해서 할아버지와 손자/ 울면서/ 서로 따귀를 쳤다
빨갱이 할아버지가/ 빨갱이 손자를 치고/ 빨갱이 손자가 빨갱이 할아버지를 쳤다
이게 바로 빨갱이 놀이다 봐라/ 그 뒤 총소리가 났다
할아버지 임차순과/ 손자 임경표/ 더 이상/ 서로 따귀를 때릴 수 없었다
총소리 뒤/ 제주도 가마귀들 어디로 갔는지 통 모르겠다.*

이러한 비인간적인 만행과 민간인에 대한 무차별적 학살은 전쟁이라는 특수 상황과 관련되어 있다. 기원전 5세기 전쟁으로 수많은 생명들이 파리 목숨처럼 사라지던 시대를 한탄하며 평화를 추구하였던 묵자(墨子)는 이런 말을 하였다.

한 사람을 죽이면 옳지 않다고 하며 반드시 한사람이 죽은 것에 대해 죄를 묻는다. 이처럼 말해 나간다면 열 사람을 죽이면 열배의 옳지 않음이 있고, 반드시 열사람이 죽은 것에 대해 죄를 묻는다. 백사람을 죽

---

* 강준만, 『한국 현대사 산책 1940년대 편 2권』, (인물과 사상사, 2004), 197에서 재인용.

이면 백배의 옳지 않음이 있고, 반드시 백사람을 죽인 것에 대해 죄를 묻는다. 이런 것은 천하의 군자들이 모두 알기에 그것을 비난하며 옳지 않다고 말한다. (그런데) 지금 크게 옳지 않은 짓을 행하며 나라를 공격하는 것에 대해서는 비난할 줄 모르며 그런 상황을 좇아 칭송을 하며 옳다고 말한다. (이것은) 진실로 옳지 않음을 알지 못하는 것이다. 알지 못하기에 그 말을 적어 후세에 남기기까지 한다. 만약 옳지 못함을 알았다면, 도대체 무슨 말로 그 옳지 못한 것을 적어 후세에 남기겠는가? (殺一人, 謂之不義, 必有一死罪矣. 若以此說往, 殺十, 十重不義, 必有十死罪矣. 殺百人, 百重不義, 必有百死罪矣. 當此, 天下之君子皆知而非之, 謂之不義. 今至大爲不義攻國則弗知非, 從而譽之, 謂之義. 情不知其不義也. 故書其言, 以遺后世. 若知其不義也, 夫奚說書其不義. 以遺后世哉.) 〈비공, 상〉

네가 평화의 길을 알았더라면

그렇다. 인간은 합리적 이성을 지니고 있고, 타자를 사랑하고 양심에 따라 행동하는 고귀한 존재이다. 그런데 왜 전쟁이라는 상황에서는 옳지 않은 짓이 칭송되며 비양심적이고 상상할 수 없는 만행들이 자행되는가?

전쟁이란 조직을 갖추고 목적을 위해 사람을 죽이는 것이다. 전쟁에서는 사람을 죽이기 위한 온갖 기술이 발달하고, 전쟁에 참여한 사람 즉 군인들은 전문적인 살인자가 되어야 한다. 대규모의 사람들이 서로 마주보고 죽이기를 하는 것이 전쟁이기에 내가 살기 위해선 남을 죽여야 한다. 따라서 전쟁터에선 우선 살아남아야 한다. 타인을 생각할 자리가 생겨나기 어렵다. 온정보다 냉철한 이성이 요구된다. 그러나 보통 전쟁터에 참가한 이들은 이성을 잃게 된다.

보통 전쟁은 여러 나라의 정부와 정치인들이 더 이상 대화를 통해 평화로운 방식으로 갈등을 해결하려고 노력하지 않을 때 발생한다. 이들 나라는 무기와 군대를 동원해 폭력으로 갈등을 해결하려고 한다. 전쟁을 수행하기 위해서는 신념, 사람, 무기, 자금, 정보, 조직이 있어야 한다. 확실한 신념이 없이 전쟁은 발생하지 않는다. 한국전쟁은 일제의 식민지 지배를 청산하고 통일된 국가를 세우겠다는 북쪽과 공산주의 사회로부터 자유민주주의 사회를 지켜내겠다는 남측의 갈등이 가져온 결과이다.

오스트리아 작가인 카를 크라우스가 말한 대로 "전쟁은 한쪽이 예전보다 더 좋아지게 될 거라는 희망과 다른 쪽이 더 나빠질 것이라는 기대에서 출발하지만, 그 다음에는 복수심으로 인해 처음의 상대도 더 좋아지지 못하고, 마지막에는 양쪽 다 더 나빠지는 충격적인 결과에 이르는 놀음"이다. 전쟁은 이기는 쪽이든, 지는 쪽이든 피해를 입은 당사자들에게는 삶의 근거지가 황폐화되는 참혹한 결과를 내게 되어 있고, 전쟁과 직접 관련 없는 일반 시민들에게도 심각한 피해를 입히게 된다. 전쟁에 참여한 이들은 평생을 전쟁의 후유증에 시달리게 된다.

특히 한국전쟁은 20세기에 일어난 그 어떤 전쟁보다 민간인 희생비율이 높았고, 온갖 다양한 학살방법이 동원되어 전국 방방곡곡에서 무수한 민간인 학살이 자행되었다. 그리고 이런 죽음들은 장례를 치른다든지, 유골을 수습한다든지 하는 어떠한 의식이나 죽은 자에 대한 예우를 할 수 없었다.

전쟁 이전에 이미 수만 명이 희생된 제주 4.3사건과 여순 사건을 비롯해 전쟁 발발 직후 보도연맹과 좌익수감자들에 대한 학살, 노근리 사건 등 미군에 의한 학살, 좌익과 인민군에 의한 학살, 미군의 무차별 폭격에 의한 학살, 국군과 미군에 의한 이북 주민들에 대한 학살, 빨치산 토벌과정에서 국군에 의해 자행된 민간인 학살, 남북이 각각 자기 지역을 회복한 뒤, '부역자' 처단 과정에서 일어난 학살 등 한국의 모든 국민들은 전쟁을 전후하여 끝없는 연쇄적 학살의 피해자임과 동시에 가해자였다. 모른 척하고 살아왔지만, 100만 명이 넘는 희생자가 발생한 이 학살에 대해 우리는 알게 모르게 학살 은폐의 방조자로 살아 왔던 것이다. 그리고 이런 학살의 은폐된 기억은 이후 한국사회의 군사 독재와 반공주의, 보신주의, 가족 이기주의, 가치관의 전도, 적대적 프레임, 불신 등 매우 깊은 부정적 영향을 끼치게 된다.*

문제는 한국 그리스도인들 또한 이러한 상황에서 한 치도 벗어날 수 없었다는 사실이다. 게다가 한국전쟁의 혼란 속에서 월남한 반공 그리스도인들은 공산주의 체제를 사탄으로 규정하고 결사적으로 없애야 하는 존재로 인식했다. 한경직 목사는 1949년도에 '기독교와 공산주의'라는 제목의 설교에서 "공산주의야 말로 일대 괴물이다. 이 괴물을 벨 자 누구냐? 이 사상이야말로 묵시록에 있는 붉은 용이다. 이 용을 멸할 자 누구냐?"**라고 했다. 황은균 목사는 여기서 한걸음 더 나가 "조선도 내란이 불가피한 단계에 이르렀다"는 점과 기독교인들은 "중세기 기사들과 같이 자유를 위하여 의의 싸움을 하지 않으면 안된다"***는 주장을 폈다. 한때 반공 유격대의 상징처럼 여겨졌던 '구월산부대' 대장

---

* 한홍구, 『대한민국사 01』, (한겨레 신문사, 2003), 121-126.
** 한경직, '건국과 기독교', (보린원, 1949).
*** 황은균, '복흥 8호', 1948.3.

인 김종벽은 이렇게 말한다.

치안대원들이 공산당을 잔인할 정도로 처단하는 것은 "그들이 배워주고 갔으니 그대로 복수할 따름이다"고 말하고 있었고 기독교인들도 공산당을 죽이는 것은 사탄(마귀)을 죽이는 것이니 제6계명 살인죄에 해당되지 않는다는 해석을 내릴 정도였다.*

전쟁을 전후해서 벌어진 많은 민간인 학살에서 그리스도인들은 적극적인 가해자였다. 반공 이데올로기와 순교의 논리를 앞세워 학살의 주범으로 활약했던 것이다.

보복의 금지와 원수 사랑

역사학자 아놀드 토인비는 "인류의 가장 큰 비극은 과거에서 아무런 교훈을 얻지 못하는데 있다."라고 말했다. 사람들은 현실이 너무 버겁고 힘들 때, 과거의 쓰라린 기억들을(떠올리기 싫다면서) 모두 그냥 묻어 버리려고 한다. 그러나 결코 그럴 수는 없다. 이 땅의 억울한 죽음의 가해자가 그리스도인들이었다면, 하나님 앞에서 반드시 회개하여야 한다. 그리고 다시는 이런 일들이 일어나지 않게 하기 위한 최선의 노력을 기울여야 한다.

예수는 산상설교에서 누가 네 오른쪽 뺨을 치거든, 왼쪽 뺨마저 돌려 대라고 말했고, 너희 원수를 사랑하며, 너희를 박해하는 자를 위하여 기도하라고 말하였다. 그래야만 하늘의 계신 너희 아버지의 자녀가

---

* 김종벽, '한국레지스탕스', 「전사」 제69호, (육군본부, 1968.10), 7.

될 것이라고 했다. 이것은 전쟁을 통해 일어나는 계속되는 학살의 악순환을 막기 위한 예수의 방책이었다. 폭력이 난무하는 사회는 다양한 요인이 겹쳐져서 수 년 아니 수십 년에 걸쳐서 만들어진다. 이를 풀기 위해서는 강한 의지, 풍부한 지혜, 인내, 사람들 사이의 협력, 긴 시간이 필요하다.

폭력을 통제하는 방법으로 크게 세 가지를 사용할 수 있다. 첫째, 강한 폭력을 써서 폭력을 없애는 방법이다. 이 방법은 심각한 증상에 대해 서둘러 치료방법을 마련할 때 적합할지 모르지만 그 피해 또한 매우 크다는 사실을 기억해야 한다. 둘째, 최소한도의 폭력을 이용하여 폭력을 줄여 나가는 방법인데, 이것은 유엔이 평화유지군을 파견하여 우선적으로 폭력을 막고 중재하는 방법과 같은 것으로 첫 번째 방법보다는 더 신중한 것이지만, 평화유지군의 활동의 정당성 문제가 늘 제기된다. 세 번째는 폭력을 적극적으로 부정하고 비폭력의 힘을 이용하여 평화를 만들어 가는 방법이다. 강대국에서는 스스로 무기를 없애는 군축을 시행하고, 가난하고 위험한 세계에서는 만성적인 폭력사회를 주민들의 일상적인 노력으로 바꾸어 가는 방법이다. 이 방법만이 가장 이상적인 것인데, 현실적으로는 여러 가지 어려운 점이 있다.

그러나 그리스도인은 바로 예수의 뒤를 따라 평화를 이루는 사람들이며 모든 폭력의 종식을 위해 헌신하는 사람들이다. 그리스도인들은 평화를 위한 지금의 나의 선택이 폭력적인 세계를 바꿀 수 있다는 믿음을 가지고 열심히 노력해야 한다. 하나님의 형상으로 지어진 우리는 인간적인 자부심을 갖고, 상황은 바뀌며 자신에게는 상황을 바꿀 힘이 있다는 것을 자각해야 한다. 평화의 힘으로 전쟁을 끝내야 한다. 인류가 전쟁을 끝내지 않으면, 전쟁이 인류를 종식시키게 될 것이다.

참고문헌

한홍구, 『대한민국사 01』, 한겨레 신문사, 2003.
강준만, 『한국 현대사 산책 1940년대 편 2권』, 인물과 사상사, 2004.
윤정란, 『한국전쟁과 기독교』, 한울, 2015.
최태육, 『어떻게 그럴 수가 있는가』, 작가들, 2018.

급진적 산업화

박 일 영
(루터대학교, NCCK 신학위원)

한국 근대사는 일제 식민지배 이후, 해방과 분단과 전쟁 그리고 오랜 독재 시대를 거치며, 굴곡진 유산을 우리에게 남겨 주었다. 1919년 3월 1일을 기점으로 활발한 독립운동이 전개되었으나, 우리의 힘으로써가 아니라 강대국들의 전쟁 승리로 주어진 해방은 민족의 염원인 완전한 독립으로 이어지지 못했고, 북은 소련, 남은 미국에 의존하는 여전히 외세에서 벗어나지 못하는 분단국가의 비극적인 운명을 안게 되었다. 우리 민족은 허울뿐인 이념에 철저하게 희생을 당해야 했고, 그렇게 해서 시작된 우리의 역사는 아직도 그 아픔을 치유할 내적인 힘을 갖추지 못하고, 곳곳에 분열과 갈등을 안고 있다.

근대 이후 민주화와 산업화는 시대적 요청이었다. 그러나 처음 정권은 반공 이데올로기를 내세워 독재의 길을 선택했다. 그 후 군사정권은 결여된 정통성을 메우기 위해 경제개발을 밀어붙였고, 다시 경제개발을 명목으로 권위주의적 정치 행태를 심화시켰다. 우리나라는 종종 산업화에 있어서 단기간에 놀라운 경제성장을 이룬 모범적인 국가로 소개되기도 한다. 전체 경제 규모에 있어서 우리나라가 선진국 반열에 오르고, 일반적인 국민의 생활 수준이 크게 향상된 것은 사실이다. 이 경제 발전이 최소한 절차적 민주주의의 형태를 갖춘 민주화의 기초가 되었다고 주장하는 사람들도 적지 않다.* 그러나 건전한 가치관과 성숙한 시민의식이 뒷받침되지 못한 경제 발전은 오히려 바람직한 사회 형성을 저해하는 요소가 될 수 있다. 인간의 몸은 생존을 위해 먹을 것을 필요로 하지만, 먹을 것이 충분하다고 해서 인간적인 삶이 되지 못하는 것과 마찬가지이다. 경제는 여전히 오늘날 우리 사회와 사회 구성원 모두에게 중요한 의미를 갖는 것이지만, 성숙한 정신이 전제되거나, 함께 수반되지 않는 물질적인 풍요는 인간 삶의 정신적 차원을 오히려 훼손시킨다는 것을 잊어서는 안 된다.

해방 이후 경제성장 우선주의는 우리나라 역사의 중요한 전환점을 맞을 때마다 옳고 그름의 판단을 유보하는 역할을 하였다. 오히려 옳은 것이 비난을 받고, 그름이 계속 혜택을 누리는 왜곡된 현상이 반복되었다. 결국, 우리는 "누구를 위한 경제성장인가?"를 묻지 않을 수 없다. 민주화와 산업화는 동시에 추진될 수 없다는 주장도 많지만,** 민주주의적 절차와 정당성을 결여한 권력과 경제구조는 태생적으로 각종 불균형과 불평등을 낳을 수밖에 없고, 사회의 기본 윤리를 무너뜨릴 수밖에 없다.

---

* 김육훈, "민주화운동사-민주주의 역사, 무엇을 어떻게 가르칠까,"「역사와 교육」16 (2017. 10), 17ff.

** 이주천은 "박정희 시대에서 경제발전과 민주주의의 양립성 문제 – 비교사적 고찰"에서 국내·외 여러 학자들을 인용하며 이렇게 주장한다;「열린정신 인문학」10(2009-6), 125.

이 글에서 주목하고자는 것은 한국 사회가 자랑거리로 여겨왔던 급진적 산업화라는 과장된 포장 안에 숨어 있는 문제점들이다. 필자는 경제 전문가도, 정치 전문가도 아니다. 이 주제를 다루기 위해서는 경제와 정치 그리고 양자 사이의 관계 등에 관련된 폭넓은 지식이 필요할 것이다. 학계 내에서도 한국형 경제성장의 허구성 내지는 특성에 대한 많은 논의가 있지만, 그러한 전문적인 논의는 이 글의 관심과 의도를 벗어나는 것이다. 필자는 단지 좋은 사회를 이루기 위해서는 수치로 나타내는 경제적 성과의 총합을 넘어서 정당한 노력에 따른 정당한 분배가 필요한 것이며, 자본주의는 영리 자체를 목적으로 하는 것이라 하더라도 자본은 최소한의 도덕성을 갖춘 것이어야 하며, 더 나아가서는 인간이라면 모두에게 최소한의 인권과 생존권이 보장되어야 한다는 성서적 관점에서 이 주제를 다루고자 한다.

산업화 추진의 잘못된 기초

미군정은 소련의 공산주의에 대응하며 민주주의와 자본주의를 표방하고 출발하였다. 그러나 해방과 더불어 우리 민족이 올바른 역사의 길을 향하기 위해서 우선적으로 했어야 할 일은 과거 잘못된 역사의 청산이었다. 민주화를 위해서도 산업화를 위해서도 이 기초는 필수적인 것이었다. 전후 소련의 공산주의 확장을 저지하는 일을 최우선 정책으로 삼고, 전범들의 과거까지 문제 삼지 않았던 미국에게 이런 한국의 민족 정서를 배려해 줄 것을 바랄 수는 없었다. 결과적으로 이승만 정권이 반공을 앞세워 반민특위까지 무력화시키며, 친일세력을 지지 기반으로 권력을 차지하게 되었을 때, 이 잘못된 시작은 우리 민족 역사의 방향을 그릇된 방향으로 고착시키는 역할을 하였다. 재산은 정당성을 가질 때 도덕성에 기초한 사회의 질서가 가능한 것이다. 일제에 협력하고 동족을 탄압하며 사사로운 이익을 추구했던 지배층들이 그들의 재산과 권력을 계속 유지할 수 있었던 것은 이후 소위 눈부신 경제 발전에도 불구하고, 근본적인 문제점으로 작용하였고, 결국 많은 종류의 비리와 부패와 이에 따른 저항을 야기하는 원인이 되었다.

해방 후 일본인 소유의 재산, 즉 적산을 처리하는 과정부터 방향은 틀어졌다. 적산의 국유화라는 일반적인 공감대와는 달리 적산이 특혜적인 방식으로 특정인들에게 분배되어 그들의 사유재산이 되었다. 이후 미국의 원조물자 역시 특혜적 방식으로 배분되었고, 이것은 후에 독점 대기업을 위주로 하는 산업구조 그리고 필연적으로 정경유착의 부패를 형성하는 토대가 되었다. 이렇게 외세에 의해 시작되고, 민족 정서가 외면된 채, 오히려 반민족적인 세력들이 그 외세와 결탁함으로 국가 주도적, 집단 주도적으로 진행된 산업화는 처음부터 평등과 정의와는 거리가 먼 것이었다. 경제 발전은 성공과 실패 그 자체가 중요한 것이 아니다. 정당성과 도덕성을 갖추지 못한 경제 발전은 성공할수록 오히려 부정적이고 불안한 요인들을 더 키울 뿐이다. 결국 "누구를 위한, 무엇을 위한 경제 발전인가?"라는 중요한 질문에 대한 숙고 없이 성공만 내세운 주도 세력은 스스로 지도력의 토대를 잃어버리고 저항을 받을 수밖에 없는 것이다.

이런 관점에서 볼 때, 우리나라 경제 발전의 자랑거리였던 "급진적" 산업화는 그 안에 내재하였던 근원적인 문제점들을 드러내고, 또 심화시키는 과정을 보여 주었다. "급진적"이라는 말 자체가 문제점을 안고 있다. 모든 것은 때가 무르익어 이루어졌을 때 지속적인 생명력을 가질 수 있고, 정상적인 역할을 하는 법이다. 정상적인 성장 과정을 무시하는 속도 우선주의는 수단과 방법을 가리지 않게 된다. 성과만큼이나 수단과 방법의 정당성도 중요한 것이다. 급변하는 사회에 살아남기 위해서는 대(大)를 위해서 소(小)가 희생되어야 한다고 당연한 듯 말하지만, 그 소(小)는 누구여야 하는가? 성경은 언제나 소(小)의 억울함과 아픔에 귀를 기울일 것을 요청하고 있다.

'급진적 산업화'에 숨겨져 있는 악순환의 고리

처음부터 역사의 바른 방향 설정에 기초하지 못하고, 정권 유지에만 관심했던 이승만 정권은 독재로 변질하여 갔고, 4.19혁명으로 민중들은 스스로 민주주의의 주체임을 확인하였다. 그러나 4.19혁명 이후 들어선 정부는 민중들의 요구를 실현하기에는 역부족이었다. 그들 역시 기존 정치 행태에 길들어 있어서 정치 싸움에 몰두하였고, 무엇보다 부정부패를 청산하고자 하는 강력한 의지를 보여 주지 못했다. 그렇다고 5.16 군사쿠데타를 긍정적으로 평가하는 것은 성급한 일일 것이다. 어떤 경우에든 군사쿠데타는 민주주의를 근본을 흔드는 일이었고, 그렇게 해서 탄생은 정권은 아무리 강력한 것이라 할지라도 태생적 한계를 가질 수밖에 없는 것이다.

민주적 정당성을 갖추지 못한 군사정권은 반공을 '제1의 국시'로 내걸었고, 이 반공이라는 이념은 독재 정권을 유지하는 데 중요한 역할을 하였다. 이 반공 이데올로기와 함께 군사쿠데타로 시작된 독재 정권은 경제개발 계획을 전면에 내세웠다. 당시 경제적으로 잘 살게 해주겠다는 약속은 국민들의 관심과 지지를 받을 수 있는 가장 호소력 있는 명분이었다. 그리고 강력한 정부주도의 추진력이 없으면 경제개발은 성공할 수 없다는 측면도 함께 강조하였다. 실제로 박정희는 민정이양의 약속을 어겼지만, 강력한 추진력을 가진 지도자라는 인상을 심어주는 데 성공하였다. 그러나 강력한 인상을 주기 위해 무리를 할 수밖에 없는 것 자체가 한계를 드러낼 수밖에 없다. 필요한 자본을 마련하기 위해 한일협정을 무리하게 추진한 일은 경제개발로 꾀하고자 했던 지지 기반 확보에 역행하는 일이었고, 그 후 강력한 추진력이 필요하다는 명분 자체들이 국민적 저항을 불러일으키는 현상을 반복하게 되었다.

경제성장 지상주의는 산업화 추진의 강력한 동력이 되었음이 분명하다. 1961년 83달러에 머물러 있었던 1인당 GNP는 1975년 1,500달러로 급증하였다. 이런 경제적 성과를 기반으로 정부는 더욱 권위주의적 통치의 필요성을 선전하며, 유신체제라는 결국 비극적 자멸에 이르는 길을 택하게 된다. 국민이 잘살게 되려면 강력한 권위를 가진 정부가 필요하다는 요구는 그럴듯하게 들릴 수 있지만, 권력의 속성상 국민을 잘살게 해주겠다는 약속은 권력을 유지하기 위한 속임수에 불과하다. "누구를 위한 경제성장인가?" 전체 통계적 수치의 경제성장이 아무리 급상승하였다 하더라도, 그 혜택은 지배층에 속해 있었던 소수에게 집중되었고, 실제로 경제 성장의 주역인 노동자와 국민들은 보다 심화되는 빈부의 격차 가운데서 더 큰 상대적 빈곤감을 감수해야 했다. 강력한 추진이 필요하다는 말은 이미 무리수와 희생이 있을 수밖에 없다는 위협을 담고 있다. 또 그 강한 추진력과 일부의 희생을 합리화시키기 위해서는 "급진적 성장"을 이루어내야 한다.

이런 악순환은 불가피한 것이었다. 외형적 경제성장을 내세워 독재 권력의 정당성을 얻어야 한다. 지지기반을 확고하게 하기 위해서는 좋은 성적표를 내세워야 한다. 다시 경제적 경쟁력을 갖추기 위해서는 비상적인 강력한 통치 체제를 필요로 한다. 결국 이런 악순환적 요소를 내포하고 있는 경제 발전 추진은 늘 자랑거리로 내세웠던 강력한 정부의 "급진적 성과"만큼이나 급진적으로 그 문제점들을 표면에 드러내게 되었다.

경제성장 지상주의의 문제점들

독재 체제 밑에서 추진되고, 또 성취했던 경제성장을 긍정적으로 평가하는 사람들도 대부분 무리한 경제개발 추진이 가져온 문제점들을 지적하는 데 망설이지 않는다. 물론 그 사람들은 경제개발을 이루기 위해서는 그런 문제점들은 불가피한 것이었다는 것을 주장하고 싶어 한다. 그리고 박정희 방식의 독재 통치는 보편화될 수 없는, 이후 시대에서는 가능하지도 않은 것이지만, 지난 시대에는 필요한 것이었다고 주장한다. 이런 면에서 그들은 박정희를 영웅으로 내세우고 싶어 한다. 실제로 당시 정권에 참여했던 인사들이 회고록이나 신문 기사 등을 통해 소위 박정희 신드롬을 유행시키기도 했고, 아직도 그런 영향이 남아 있다. 전문 분야의 학자들 가운데 지난 시대의 독재 정권이 이룬 경제성장의 공이 과보다 큰 것이라고 평가하는 사람도 적지 않다. 또 지금도 일부 진영에서는 박정희의 독재하에서 가능했던 경제 발전이 1986년 민주화 항쟁을 가능하게 했다는 역설적 주장을 펴기도 한다. 그러나 그 독재 정권이 우리 사회의 영적, 정신적, 윤리적 차원에 남긴 폐해는 너무 심각하다.

박정희 정권을 긍정적으로 평가하는 한승조도 그 정권에 대한 비판으로 다음 다섯 가지를 거론한다:* 첫째, 공업화와 급속한 도시화로 농공 불균형, 환경 파괴와 공해 발생에 의한 환경적 불균형이 확대되었다; 둘째, 계급간 분배불균형이 더욱 확대되었고, 노동계급의 급격한 양적 성장과 궁핍화가 심화되면서 조직적 노동운동이 필연적으로 뒤따르게 되었으며, 저임금 장시간 노동 체제가 보편화되었다; 셋째, 재벌 편성과 그 지배가 강화되어 경제 개발은 정부와 독점 재벌이 유착되는 경제왜곡 구조를 탄생시켰다; 넷째, 외채의 누적과 종속적 축적의 위기를 가져왔으며, 차관 중심으로 외자 도입이 지속되어 국제수지의 적자 폭이 증가되었다. 중화학 투자 기업간 과당 경쟁이 더욱 치열해짐으로써, 기업은 부실화하고 가동율이 감소되었다; 다섯째, 유신체제 동안에 산업화는 반노동적 여러 조치와 중화학공업화정책을 통해 시행되었는데, 이를 안정적으로 추진하게 위해서 개발독재라는 개도국형 파시즘 구조를 갖추게 되었다. 국가권력이 절대화되고 저항 세력에 대한 통제 기제를 강화함과 동시에 반공·안보·성장 이데올로기 강화를 기반으로 국민동원체제를 수립하였다.

 같은 맥락에서 유사한 문제점들을 지적하지만 최형묵은 기독교 사회 윤리 측면에서 고도성장을 이룩한 제2차, 제3차 경제개발계획이 추진된 기간 동안 사회적, 경제적 권리로서의 인권이 심각하게 위협받게 된 점을 조명한다.** 공업위주의 산업화 과정에서 저임금 도시노동자의 생계유지를 위한 저곡가 정책으로 농촌의 피폐화 가속; 도시로의 인구 유입으로 인한 광범위한 노동자군 형성과 도시 빈민층 증가; 노동 운동

---

* 한승조, 『박정희 붐, 우연인가 필연인가』, (말과 창조사, 1999), 32-34; 이주천, "박정희 시대에서 경제발전과 민주주의의 양립성 문제 - 비교사적 고찰," 113-114 에서 재인용.
** 최형묵, "민중신학에 근거한 기독교 사회윤리의 관점에서 본 한국 근대화," 「신학논단」 74(2013. 12), 22ff.

의 강력한 통제; 특혜적 대기업위주의 경제구조 형성과 정경유착으로 인한 부패; 높은 외자 의존도에 따른 원리상환금 압박과 수출입 격차 등의 요인들과 고도성장 결과로 인한 물가상승; 경제 대외의존성 강화; 산업 및 지역간 불균형 심화 등 경제성장 지상주의가 낳은 이런 불평등한 사회 현상은 당연히 사회적 정의를 훼손하는 것들이었다. 노동자들은 정당한 대가를 받지 못했고, 사회적 약자들을 보호하는 제도는 약화되었고, 결과적으로 기본적인 삶의 권리는 언제든지 침해의 여지를 갖게 되었다.

그러나 우리는 이런 사회가 국민들에게 끼치는 영적인 위험성도 발견할 수 있어야 한다. 아무리 자본주의적 원칙이 지배적이라 하더라도 우리는 영적인 원리를 무시할 수 없다. 영적인 면에서 볼 때 불로소득은 허용되어서도 안 되고, 또 이것은 궁극적으로는 누구에게도 이익이 되지 않는다. 사회 구성원들의 성숙한 시민의식이 건전한 사회의 토대이다. 정신적인 성숙함이 없이 물질적인 풍요가 거저 주어질 때 그 풍요는 득이 되지 않는다. 역으로 정의롭고 평등한 사회 구조 가운데서 인간의 욕망은 제어될 수 있고, 최소한의 도덕적 질서는 가능해지는 것이다.

무엇보다 독재 정권이 정권 유지 방법으로 내세운 경제성장 지상주의는 이 나라를 국민총동원체제로 변질시켰고, 이런 집단주의는 그 안에 악마성을 내포하고 있다. 권력은 언제든지 정권에 저항하는 사람들의 인권을 언제든지 비밀리에, 혹은 공개적으로 훼손할 수 있다. 우리 사회가 민주적, 절차적 정당성을 어떤 경우에도 소홀히 할 수 없고, 또 자유로운 의사 표현이 늘 보장되어야 하는 이유이다. 속도와 외적인 성과와 효율성만을 내세우게 될 때, 이에 방해되는 요인들은 국민적 혐오와 제거의 대상으로 변하게 된다. 이런 사회 구조 가운데서는 "누구나"

이런 희생의 대상이 될 수 있다는 점이 쉽게 간과된다. 집단주의적 최면 가운데서 우리는 "침묵"을 훈련받는다. 이런 사회 구조 가운데서 자신이 언제든지 피해자가 될 수 있다는 가능성은 쉽게 잊는다. 더 나아가 훈련되거나 강요된 "침묵" 가운데서 우리는 자신도 모르는 상태에서 가해자가 되는 것임을 기억해야 한다. 성경은 우리로 하여금 언제나 사회적 약자, 언제든지 희생이 될 수 있는 자들과 함께 해야 함을 요구하고 있다. 요컨대 우리 사회는 억울함이 없어야 한다.

아직까지도 우리 사회의 일부 사람들은 눈부신 경제성장의 신화에 대한 향수를 가지고 있다. 그들은 어찌되었든 잘 살게 되었지 않느냐고 말한다. 그러나 우리 사회 대부분 구성원들이 불행하다는 것이 문제이다. 그리고 아직도 모든 국민이 행복하고 평등하고, 인권이 존중되는 그러한 이상적인 사회는 더욱 요원해 보인다는 것이 문제다. 그리고 우리 사회의 정신적, 도덕적, 역사적 토대가 처음부터 결여되어 있었기 때문이라는 것에 주목해야 한다. 친일부터 시작해서 정권 교체 때마다 휘몰아쳤던 폭풍 가운데서도 기득권자들은 그 자리를 계속 유지할 수 있었던 것이 근본 문제이다. 끈질기게 이어져 온 민주화 운동은 1987년 6월 항쟁을 끌어내 헌정사에 있어서 중요한 전환점을 이루었지만, 정치적 경제적 기득권자들은 여전히 건재하다. 심화된 불평등의 구조는 끊임없는 계급간 갈등을 불러일으키고 있고, 대기업 중심으로 이룩한 경제성장의 구조는 아직도 빈부의 차이를 더욱 넓히고 있다. 정경유착으로 인한 부패의 고리는 아직도 건재하다. 우리가 관심해야 할 것은 이런 사회적 불건전한 현상 자체뿐 아니라, 그 현상들 가운데서 무너지고 있는 사회적 윤리, 개인적 윤리의 토대이다. 사회 구성원들이 의롭고 정직하게 살아야 할 이유를 찾지 못할 때, 아무리 잘살게 되었다 하더라도 그 물질적 풍요 자체가 우리 사회의 해악으로 작용할 수 있는 것이다. 수고한 대가를 공평하게 분배받아야 하는 것은 물론이다. 한 걸음 더 나아가 공평한 분배를 넘어서 모든 사람의 기본적인 생존권과 인권은 존중되어야 한다. 경쟁의 논리만을 가지고 왜곡된 사회 구조가 만들어 낸 약자들을 소외하고 경시해서는 안 된다. 우리 사회에 그런 그늘진 곳이 있고, 또 그곳에서 기본적인 생존권과 인권조차도 무시되고 있는 사람들이 존재하고 있다는 것 자체가 우리 사회가 잘못되어 있다는 것을 말해주는 것이다.

참고문헌

이주천, "박정희 시대에서 경제발전과 민주주의의 양립성 문제."「열린정신 인문학연구」 10(2009. 6), 99-125.
최형묵, "민중신학에 근거한 기독교 사회윤리의 관점에서 본 한국 근대화."「신학논단」 74(2013. 12). 연세대학교 신과대학(연합신학대학원), 273-310.
김육훈, "민주화운동사·민주주의 역사, 무엇을 어떻게 가르칠까."「역사와 교육」 16 (2017. 10), 10-40.

외세와 분단체제

김 태 현
(한국기독교교회협의회)

'관계는 존재의 한 부분'이다. 교과서적인 가르침은 이 관계를 선하게, 상호보완적일 것을 요구하지만 현실은 그렇지 않다. 어린왕자가 자신의 별을 떠나 홀로 사는 왕을 만났을 때, 왕은 왕자에게 명령을 내린다. 왕은 명령을 따르는 백성 때문에 존재할 수 있다. 상호적이지 않고 불평등한 관계이다. 왕의 주체성이 타자의 주체성을 억압하거나 침해하는 구조이다. 개인이나 사회 그리고 국가 사이에도 이러한 억압과 침해는 있다. 특별히 어떤 국가 혹은 민족 공동체의 내정, 외교적 상황에 다른 국가나 민족이 개입하여 영향력을 행사하는 것을 '외세'라고 정의할 수 있다. 따라서 '외세'는 관계가 존재하는 모든 곳에 있었고, 있고, 앞으로도 그럴 것이다.

모든 (인간)관계가 그렇듯이 '외세' 자체보다는 그것이 어떻게 관계 맺고 어떤 결과를 만들어 내는지에 따라 그것에 대한 가치평가는 달라진다. 한국인들은 '일제강점'과 '군정' 그리고 '독재'로 이어지는 혹독한 근현대사의 경험으로 인하여 '외세'를 좋은 의미로 이해하지 않는다. 그 과정은 물론 결과도 좋지 않았기 때문이다.

'외세' 혹은 '외세개입'에 대한 가치평가는 존재론적으로는 주체성의 문제, 현실적으로는 이해득실의 문제와 함께 다뤄져야 한다. 여기에 묵과해서는 안 될 또 한 가지가 있다. 최근 파키스탄이 경제위기를 맞은 상황에서 *The Nation*에 실린 만평은 파키스탄인이 함정에 한 발을 내딛는 순간이고 그의 양손을 각각 외세(foreign powers)와 국내 세력(domestic powers)가 잡고 이렇게 말한다. "불안해 하지마. 모든 것이 좋아." 주체성을 해치고 손해를 끼치는 일은 단순히 외세의 문제만은 아니다. 결과가 망쳐진 이유를 전적으로 '외세'의 개입에서 찾아서는 곤란하다. 마지막으로 종교적 가치에 따라 한 가지 덕목을 덧붙인다면 그 관계 맺음에서 자신이 억압을 가하는 주체가 될 수도 있음을 잊어서는 안 된다.

우리나라 역사의 중요한 몇 장면을 살펴보자. 대체로 우리나라는 많은 외세의 침략을 받았다. 신라는 외세인 당나라를 끌어들였다. 신라에게 고구려와 백제는 항상 위험 요소였다. 통일전쟁은 생존을 위한 선택이었고 이를 위해서 당과 손을 잡았다. 또한 당을 축출하기 위한 나당전쟁 역시도 철저히 자신의 이익에 따른 결정이었다. 자진해서 외세를 끌어들였고 그 축출도 스스로 결정했다. 임진왜란의 발발도 외세에 의한 것이었고, 이 전쟁에 명나라가 개입한 것도 외세의 개입이다. 전자나 후자나 외세의 개입이라는 측면에서 같지만 전자는 의도하지 않았던 것이고 후자는 조선이 요청한 것이다. 관계와 상황에 따라 외세의 개입에 대한 가치판단이 다를 수밖에 없다. 자기 결정권, 주체성이 작동되고 또한 스스로를 지킬 수 있었다.

외세에 대한 부정적 인식은 주체성의 문제와 연관이 있다. 외세에 대한 부정적 인식이 자리를 잡게 된 것은 1910년 경술국치가 결정적이다. 국권을 상실한 후 우리 현대사는 엄청난 혼란의 시작이었다. 외세와 관련된 논란은 1945년 해방 이후 더욱 심화 되었다. 정부수립 후 1947년 조선건국준비위원회가 구성되었지만 제기능을 할 수 없었다. 외세에 부역한 이들을 처벌하기 위한 반민족행위특별조사위원회 역시 제대로 된 활동이 어려웠고 처벌 또한 제대로 이뤄지지 못했다. 부역자들은 얼굴을 바꿔 여전히 지배계층이 되어 살아남았다. 이런 혼란의 배후에는 해방군으로 주둔한 미군정과 그를 배경으로 권력을 잡은 이승만이 있었다. 이런 상황은 어떤 이들에게 매우 흡족한 구조였다. 미군정은 일본총독부의 자리를 대신했고 이승만과 그 주변은 총독의 자리를 대신했다. 반면에 독립운동가와 다수의 민중은 이런 상황이 개탄스러웠을 것이다. 해방은 되었어도 조국은 부활하지 못한 채 분단되었다. 제국주의 때문에 국권을 상실했고 제국주의 때문에 분단되었다. 제국주의는 '외세'이고 일본대신 미국이 그 자리를 차지한 것만 바뀌었을 뿐이다.

분단체제

외세의 개입에 따른 혼란은 이런저런 모습으로 다양하게 나타났다. 무엇보다도 독재정권이 오래 지속 되면서 사회적 병리 현상이 나타났다. 일련의 현상을 백낙청은 '분단체제'로 규정한다.

민족문학의 논객이자 영문학자인 백낙청은 분단이 한반도에 미치는 영향을 분석하고 그것을 분단체제로 개념화했다. 정치학자 손호철이 논문으로 비판, 이것을 재비판 하는 형식으로 대중에게 깊이 각인되었다.

백낙청이 제시한 분단체제론의 핵심은 첫째, 분단된 남북한의 관계는 한반도와 남과 북 각각의 역사와 현실을 효과적으로 설명할 수 있으며 둘째, 분단체제는 월러스틴이 규정한 근대 세계체제의 하위 체제로, 자본주의 세계경제와 한국사회라는 국민국가 사이에 존재하는, 동아시아에 위치한 특이한 존재로 볼 수 있다. 이런 역사적 현실에 주목해 백낙청은 한국 사회운동이 다른 나라 사회운동과 구별되는 분단체제 변혁운동이라는 중대한 과제를 안고 있다고 주장한다.* 손호철은 분단모순을 주제로 삼음으로 계급모순과 민족모순을 소홀히 하고 있다고 비평하지만 백낙청은 분단과 국민국가의 한계로 인한 특수성이 우선되어야 한다고 반박한다.

백낙청의 연구는 분단과 한국사회의 관계라는 강만길의 오랜 관심과 잇닿아 있다. 강만길은 『분단시대의 역사인식』(1978)에서 분단시대를 외면할 것이 아니라 극복할 현실로 대결해야 하며, 분단시대를 객관화하고 비판해야 하며, 반드시 극복해야 한다고 주장한다. 백낙청은 국사학자 강만길의 주장을 세계사회적 차원과 국민국가라는 한계를 통해 분석의 틀을 가함으로 '분단시대론'을 더욱 정교하게 다듬었다.

분단체제는 광복 이후 벌어진 자유주의와 사회주의의 경쟁과 긴밀히 연관되어 있다. 남한은 자유주의를, 북한은 사회주의를 각각 채택하였고, 이어진 한국전쟁으로 인해서 분단체제는 별다른 어려움 없이 자기 자리를 확고히 한다. 이런 배경에서 한국의 민주화운동과 통일운동은 사회주의 혹은 공산주의로 손쉽게 규정되었다. 더불어 독재정권은

---

* 김호기, 「경향신문」 2015년 3월 31일.

이를 자신에게 유리하게 적절히 이용하였다. 때때마다 나타나는 남남갈등의 대표격인 지역갈등, 역사 교과서 문제, 소득과 분배문제 등이 그것이다. 시민사회를 분열시킨 일련의 사건들은 거의 대부분 분단상황과 연계되어 나타난다고 해도 과언이 아니다.

김호기는 분단체제가 가져온 가장 중요한 결과로 남남갈등을 꼽는다. 남남갈등의 바탕에는 북한체제와 대북정책에 대한 대립되는 이해가 깔려있다고 본다. 금강산 피격, 천안함 사건, NLL 논쟁 등 남북관계에 관련한 사건은 다른 모든 관심사를 잠재우는 막강한 '블랙홀'이다. 우리 현대사에 지우지 못할 학살 사건들, 제주 4.3, 노근리 사건 등 크고 작은 수많은 학살과 인혁당 사건 등 반민주적이고 법치에 어긋나는 일들도 분단을 이유로 자행되었고 분단체제 안에서 묵과되었다.

분단체제는 결정적으로 외세의 개입에 의해서 탄생했다. 3.1 독립선언이 일제에 대한 항거이기도 하지만 민권국가의 탄생을 천명하기도 했다. 서구의 경우 민권이 쟁취되고 오랜 시간을 그 정신을 구체화하고 그에 따른 제도와 과제를 토론했다. 안타깝게도 우리는 국권침탈과 함께 그 기회도 함께 침탈당했다. 해방 이후 재개될 수 있었으나 일본의 자리를 대신한 서구 열강과 독재정권에 의해 사라지고 말았다.

분단체제론은 우리 근현대사의 질곡을 외세의 개입에만 모든 책임을 돌리지 않는다는 점에서 주목할 만하다. 분단체제는 남북한의 체제경쟁만이 아니라 남북의 기득권 세력들간의 적대와 공생이라는 복잡한 관계도 설명한다. 분단은 외세의 개입으로 시작되었지만, 분단체재를 강화하는 요인들이 재생산, 축적되었다. 이를 잘 드러내는 사건이 '총풍'이다. 1997년 대통령선거를 앞두고 휴전선에서 북의 도발을 요구한 이 사건은 독재권력이 어떻게 분단을 극한 대립상황으로 지속하면서 남과 북은 각각의 체제와 권력을 유지해 왔는지 잘 보여 준다. 김대중, 노무현 정권이 넘어서려던 것이다. 안타깝지만 남이나 북, 서로 준비가 덜 된 상황에서 이러한 시도는 실패로 돌아갔다. 그리고 이어진 이명박, 박근혜 정권은 분단체제를 십분 활용하였다.

이 지점에서 백낙청이 분단체제가 세계체제의 하위체제라고 말한 이유를 생각해봐야 한다. 백낙청은 자본주의 세계체제가 한반도에서 구체적으로 작동하는 형태를 분단체제라고 한다. 분단체제를 단순히 동서냉전의 산물이 아니다. 70년 전에 그렇게 시작되었을지 몰라도 페레스트로이카 이후 냉전은 다각화되었다. 미중 무역 갈등, ISIS 같은 무장테러단체 등은 다른 형태의 냉전을 구축하고 있고 그런 분쟁에 수많은 전쟁물자가 동원된다. 국내에서도 분단체제를 적절히 활용하는 세력은 그로 인해 이득을 보는 사람들이다. 자신의 이해관계가 위협받을 경우, 때로는 냉전의식으로, 때로는 지역감정으로, 때로는 낯익은 권위주의로 그때그때 적절히 대응하고 있다. 이명박 정권의 경우 경제 이슈와 남북 갈등을 극대화하여 사익을 최대한 끌어냈음이 밝혀졌다. 세계체제라는 것이 끊임없이 변화하듯 분단체제도 그것을 따라가고 있다. 갈등 상황을 연출해 내는데 잘 먹히는 효율적인 도구들이 재활용되고 있을 뿐이다.

주체적 삶 그리고 외세와 분단체제의 극복

분단체제는 흔들리고 있다. 곧 허물어질 것이다. 그 시작이 1987년 6월 항쟁이라면 2016년 겨울에 마침내 촛불혁명까지 진행 중이다. 촛불혁명을 다각도로 분석할 수 있겠지만 외세와 분단체제 극복의 관점에서 살펴보자.

　우선 촛불은 대한민국 헌법 1조 1항을 각성했다. "대한민국은 민주공화국이다. 대한민국의 모든 권력은 국민으로부터 나온다." 70년 전 국회에서 헌법이 제정될 당시와는 차원이 다르다. 외세에 의해 결정된 한반도의 운명을 깨뜨리는 자각이 국회의원이 아닌 일반인 한사람, 한사람에게 일어났다. 주체성의 자각이다. 생존과 실리를 선택할 권한이 지배계층이 아닌 자신에게 있음을 자각한 것이다. 권력자는 분단체제를 이용한 기득권 세력과 그들이 조장하던 사회적 갈등의 오래된 비정상을 '적폐'라 규정했다. 적폐청산은 그 어느 때보다 중요한 과제가 되었다. 자신의 생존을 보장받기 위해서라도 반드시 이뤄져야 한다. 이런 점에서 산적한 과제들 많지만 그중에서도 한반도의 평화는 반드시 우선 순위에 있어야 한다.

　2018년 4월 27일 판문점 선언은 기적과도 같은 일이었다. 부과 몇 달 전까지 전쟁발발을 염려하던 상황이 극적으로 전환되었다. 문재인 대통령, 김정은 위원장 그리고 트럼프 대통령이 함께 만들어 가는 이 상황이 굉장히 낯설지만 즐겁다.

　자본주의 체제가 한반도에 구체적으로 작동하는 형태가 분단체제라는 백낙청의 주장을 근거로, 필자는 트럼프 대통령의 등장을 기점으로 한반도에서 냉전구조도 종식되었다고 생각한다. 분단체제는 냉전으로 치장되어 있기에 착시효과를 일으켜왔다. 한반도 분단이 방산업체의 이익관계와 연관되었음을 알지만, 분단체제 안에서 일어나는 체제와 관련된 사건은 이 문제를 냉정하게 구분해서 사고하는 것을 막아왔다. 하지만 기업가 출신인 트럼프의 계산 방식은 우리로 하여금 트럼프처럼 냉전이 아닌 자본주의적 사고로 분단문제를 바라볼 수 있도록 했다. 엄청난 패러다임의 변화가 일어난 것이다. 북한의 변화도 놀랍다. 북미 관계에 남한이 관계하고 있고 그 역할은 매우 중요하다. 김정은 위원장은 실리를 선택했다. 주체사상이 체제를 위한이 선택이 아니라 먹고 사는 생존을 위한 선택으로 확장되었다. 문재인 대통령의 선택도 놀랍다. 스스로 정치는 잘하지 못한다고 말했던 그는 정치적 이념 투쟁이 아니라 한반도와 대한민국이 주도하는 주체적 평화를 선택했다. 외세를 한반도 평화의 조력자로 불러왔다. 트럼프 대통령만이 아니다. 다양한 외교적 방법을 동원해서 세계 각국에 이를 요청하는 중이다. 110여 년 전 세상 누구도 알아주지 않고 아무도 모르는 사이에 국권을 상실했던 나라의 설움을 잘 알아서인지 온 세상 미디어를 통해서 한반도의 변화를 적극적으로 알리고 있다. 누구도 한반도 평화를 향한 꺾을 수 없으며 누구라도 평화를 지지하는 사람들은 참여해달라는 메시지이다.

성육신, 하느님이 우리와 관계 맺으시다

외세와 관계 맺기는 우리가 세상에 사는 이상 피할 수 없다. 힘에 부칠 때도 있겠지만, 그래서 소중한 무엇을 잃어버리기도 하겠지만, 그 결과로 원치 않는 결과를 만나기도 하겠지만 문제의 본질을 직시하고 자기 정체성을 잃지 않아야 한다. 오늘날 그리스도인은 자기 정체성을 잃고 말았습니다. 신앙이 아닌 다른 판단 기준으로 교회를 세습하고, 비자금을 숨겨둔다. 그렇게 쌓아 올린 큰 건물과 목회자 그리고 대형교단의 명성은 어찌보면 우리를 속박하는 억압의 체제일 것이다. 성서는 하느님께서 인간이 되셨다고 증언한다. 명령하는 왕이 아니라 우리 중의 하나와 같은 모습으로 오셨다. 인간으로 오신 그분은 우리에게 인간

답게 살 것을 요구한다. 이것이 성육신의 참의미이다. 인간의 미소는 타자를 억압하지 않는다. 그리스도와 함께 주체적인 사람은 인간의 미소로 웃는다.

참고문헌

백낙청, 『흔들리는 분단체제』, 창작과비평사, 1998.
_____, 『분단체제 변혁의 공부길』, 창작과비평사, 1994.
김종엽, 『분단체제와 87년체제』, 창비, 2017.

박순경의 신학과 통일운동

김 판 임
(세종대학교, NCCK 신학위원)

3.1운동 이후 기독교는 미국선교사들이 표방하던 정치와 신앙의 분리원칙을 더욱 강화하였다. 일제강점기에 살아남기 위한 수단이었을 것이다. 일제 말기엔 창씨개명과 신사참배까지 요구하며 한국인의 정신세계를 말살하려는 일제의 정책에 기독교도 굴복하고 말 지경이었던 것이다. 이러한 기독교가 해방이 되자, 기독교를 국교화하려는 이승만 대통령을 중심으로 한국사회의 중심세력이 되었다.

더욱이 한국전쟁 이후 반공이데올로기를 내세우며 정권을 유지했던 이승만과 박정희로 이어지던 60,70년대에 한국 사회에서 통일을 이야기하기란 매우 어려웠을 것이다. 당시 통일을 염두에 두고 연방제 등을 언급했던 김대중 대통령은 긴급조치로 체포령이 떨어져 목숨이 위태로울 정도였다. 초등학교 음악교과서에는 "우리의 소원은 통일"이라는 노래가 실려 모든 어린이들이 노래를 불렀지만, 실제로 통일을 언급하는 사회인사는 예외 없이 고난을 당했다.

이러한 분단시대 통일을 외치는 일이란 목숨을 건 행위였다. 정부가 생각하는 통일이란 멸공이란 이름으로 북한을 멸하는 일이었고, 그 외에 다른 것은 모두 불순분자, 용공, 친북 등의 이름으로 박해하였다. 해방 이후 여성 통일 운동가를 말할 때는 문익환 목사와 뜻을 같이 했던 그의 아내 박용길 장로와 한신대학교 이우정 교수 등 기독교 인사들을 생각할 수 있다. 1995년을 앞두고 기독여성계에서는 해방 이후 희년을 맞이하여 통일 관련 많은 논의와 행사를 진행하였지만, 아무런 진척이 없자 그 이후 조용해졌다. 이 글에서는 2009년 늦봄 평화상을 수여하신 박순경 교수의 평화 신학을 소개하고자 한다.

박순경의 학업과 정신세계

3.1운동이 일어나고도 4년이 지난 1923년에 박순경은 태어난다. 어머니는 독실한 불교신자이고 아버지는 한학자셨다고 한다. 이들이 낳은 3남3녀 중 막내로 자라난다. 1942~43년에 찾아간 학교는 세브란스의 고등간호학교(현재 연세대학교 간호대학의 전신)였다. 이 학교에서 박순경은 두 살 위 김옥선을 친구로 지내다 그를 통해 사회주의 계열의 항일운동가들과 인연을 맺고 민족문제에 관심을 가졌다. 신의주 출신의 김옥선은 오빠가 항일운동으로 옥사한 관계로 자신도 일제 형사들의 감시를 받고 있었다. 김옥선을 통해 박순경은 사회주의 계열의 항일운동가들과 인연을 맺기도 하고 민족 문제에 눈을 뜨게 된다. 1943년에 김옥선과 함께 몽양 여운형 선생을 만난 박순경은 여운형에게서 인상 깊은 말을 듣게 된다. 그것은 "일제가 곧 패망하게 된다"는 것이었다. 박순경은 후에 자신의 삶을 회고하며 이 당시 김옥선과 그의 오빠들

그리고 여운영 등을 통해 그의 통일신학의 주제가 그의 인생에 다가왔다고 증언한다. 해방 이후 그 친구는 다시 만나지 못했지만, 박순경의 마음엔 민족통일-기독교-공산주의, 이 셋은 만나야 하고 이것은 역사적 필연이라는 환상적인 주제를 품었다고 한다.

간호학교를 졸업하고 수간호사 생활을 하던 박순경은 학문에 대한 생각을 놓지 않고 있었다. 1944~45년 어머니와 아버지를 차례로 여의고 본인도 병석에 눕게 되자 삶과 죽음의 문제와 더불어 인생의 허무가 밀려왔다. 그런 중에 "하나님은 사랑이시다"는 성경문구를 떠올리며 극복의 힘을 얻어 그 길로 감리교협성신학교에 입학을 하게 된다. 신학을 하기로 한 데에는 세 가지 목적이 있었다고 한다. 첫째는 인생의 허무와 죽음, 실존의 문제를 풀어보려는 것이고 두 번째는 여운형 선생과 여러 민족운동가들과 함께 민족의 문제를 생각해 보고 싶었고, 마지막으로 기독교와 민족 통일과의 일치에 관한 고민을 해결해보고자 함이었다.

그때가 해방 다음해인 1946년 봄이다. 당시 감리교회는 신사참배 문제로 분열되고 있었지만, 신학교는 철저한 자기 비판이나 반성 작업을 외면하였다. 교장인 변홍규 박사로부터 일반 교수들에 이르기까지 모두 신사 참배를 한 사람들이었기 때문이었다.* 그들의 신학은 모두 역사와는 관계없는 무역사 신학이었고, 박순경의 간절한 물음에 대답을 주지 못했다. 박순경은 언제나 역사에 관심을 가졌다.

이러한 분위기에서 박순경은 신학교시절 이영빈, 허혁과 같은 학문적 동반자를 만나 칼 바르트를 읽고 토론하며 자신의 신학적 입장을 만들어 간다. 친일청산을 커녕 친미 반공노선으로 일관했던 이승만 정권 시절, 교회는 그들이 베푸는 은혜를 만끽하며 친정부적인 역할을 담당

---

* 박순경 팔순 기념문집, 『과거를 되살려내는 사람들과 더불어』에 실린 이영빈 목사의 글에서.

했고,* 이에 실망한 이들 신학도들은 칼 바르트의 로마서 강해와 하나님 말씀의 신학, 반나치운동 등에 나타나고 있는 위기신학(혹은 변증법적 신학이라고도 한다. 바르트의 초기 신학)에 심취하여 연구모임을 가지고 정신세계를 견고하게 만들어간다.

신학교를 졸업했지만, 그가 가졌던 질문들은 여전히 해결되지 않았다. 그리하여 신학교 졸업 후 서울대 철학과를 진학한다. 그러나 철학 공부도 그가 가졌던 인생과 민족의 문제를 해결하는데 크게 도움이 되지 않았다. 결국 미국 유학을 결심하게 된다. 1958년 미국 에모리 대학과 드류대학에서 공부하고 신학박사학위를 받는다. 미국에서 유학하는 동안 박순경은 부유한 미국사람들을 보면서 가난하고 헐벗은 한국 사람들을 생각하며, 한민족의 처지가 이집트제국의 노예였던 이스라엘 백성과 처지가 같다고 여겼다. 헨델의 메시아의 첫부분에 "위로하라 위로하라 내 백성을 위로하라"(사 40:1)는 노랫말을 들을 때마다 한민족을 생각하며 눈물을 흘리셨다고 한다.

박순경은 박사학위를 마치고 돌아와 1966년부터 이화여자대학교 기독교학과 교수로 학생들을 가르치기 시작한다. 가르치는 일에 열심을 다했지만, 여전히 '자신이 할 일이 이것인가'라는 회의가 지워지지 않고 있었다. 1972년 7.4 남북공동성명이 발표되자 박순경은 수십 년간 마음속에 가지고 있던 통일 문제를 고민하기 시작한다. 그리고 마르크스와 사회주의 책들을 마음껏 읽을 수 있는 유럽으로 떠난다. 먼저 칼 바르트가 말년에 강의를 했던 바젤 대학, 이어서 튜빙엔대학, 서베를린의 자유대학에서 한 학기씩 공부를 하는데, 이와 함께 의도적으로

---

* 이에 관해 윤경로, "분단 70년, 한국 기독교의 권력 유착 사례와 그 성격," 「한국 기독교와 역사」 44 (2016.3), 27-65.

"무덤순례"를 한다. 박순경은 바젤에 있는 칼 바르트의 무덤, 키에르케고르의 무덤과 칼뱅의 무덤을 방문하고 자신이 나아갈 방향을 확고히 정하게 된다. 그것은 다름 아니라 한국의 신학자로서 한국을 위한 신학을 해야겠다는 의지의 발현일 것이다.

박순경은 1975년 서베를린에서 동아시아 선교부 주최로 열린 "한독 선교의 날" 행사에서 "한국 민족 문제와 신학의 과제"라는 제목으로 강연을 한다. 이 강연에 그에게 이정표가 되었다고 볼 수 있다. 그에게 한국민족의 문제는 통일의 문제였고, 한국 신학은 통일문제를 주제로 삼아야 한다는 것과 한국 기독교는 사회주의와 연결을 맺어 통일을 이루어야 한다고 주장했다. 한국사회에서 지독한 반공의식은 통일을 가로막는다는 사실을 인지하셨기에 이러한 문제의식과 확고한 신념을 가지게 된 것이다. 유럽에서의 경험은 박순경이 10대 말, 처음 고등학문을 접할 때부터 가졌던 모든 경험과 문제의식이 결론을 내리는 시간이었다.

박순경의 통일 신학과 활동

유럽 여행을 마치고 돌아온 박순경은 한국신학의 나아갈 방향에 대해 확고했다. 민족-기독교-공산주의. 이 셋의 조화가 이 민족을 살릴 신학적 주제였던 것이다. 필자는 1978년 1학기부터 1983년 1학기까지 5년 반, 11학기를 박순경 교수님에게 조직신학을 배웠다. 교수님에게 주요 화두는 민족과 겨레, 역사, 하나님이었다. 유럽 여행에서의 깨달으신 바에 대해서도 종종 말씀하셨다.

김애영 선배가 교회를 개척할 때 교회이름으로 〈겨레교회〉를 지어

주셨는데, 사실 내게도 가슴이 뭉클한 것이었다. 왜냐하면 대개 교회 이름은 동네 이름 아니면 은혜교회 같은 이름이 많았기 때문이다. 박순경 교수님은 언어 연수나 문화 체험 수준의 유학이면 모르겠으나 장기간의 외국유학은 되도록 추천하지 않으셨는데, 이는 자신의 역사적 현실에서 신학을 해야 한다는 의식을 가지셨기 때문이다. 요즘과 같은 정치 분위기라면 〈통일로교회〉와 같은 이름을 주시지 않을까 생각해 본다.

독일에서 돌아온 이후 박순경은 통일신학을 강의했지만, 그의 강의에 대해 교회도 학계도 냉담한 반응을 보였다. 당시 박정희 말기와 전두환 정권시기 통일은 거의 금기시되어 있었다. 통일에 관해 이야기하던 사람들은 인혁당 사건 등을 겪으며 지하에 숨어있었고, 1958년부터 외국 유학생활과 대학이라는 한정된 활동 공간 때문에 박순경은 통일인사들과의 인적 네트워크를 형성하지 못했기 때문에 박순경의 활동은 매우 외로운 것이었다.

박순경 교수는 감리교신학대학 출신의 여성들과 이화여자대학교 기독교학과 출신들을 중심으로 여성신학자들도 연대하여 활동할 필요가 있음을 피력하며, 1980년 〈한국여신학자협의회〉의 발족을 적극 추진하시며 초대회장을 맡기도 하셨다. 그가 한국 여성신학의 과제를 생각할 때에도 민족과 민중의 어머니, 교회의 어머니를 주제로 삼아야 한다고 할 정도로 민족 문제를 놓지 않으셨다. 그에게 민족은 여성이나 민중보다 더 포괄적인 개념이고, 민족이란 권력과 돈을 가진 강자가 아니라, 미국의 부유한 시민들과 대조적인, 가난하고 힘없고 눌리고 당하는 자이다. 즉 박순경은 민족을 민중과 여성의 시각에서 보아야 한다고 여겼다.

1980년 5.18 항쟁이 일어나고, 70년대 말부터 강해졌던 민주화 운동은 80년대엔 민족, 분단, 통일을 화두로 삼게 되자 박순경도 통일 운동 원로들과 인연을 맺기 시작하여 80년대 말, 1988년 이화여자대학교를 정년으로 은퇴한 후 대전 목원대학교로 자리를 옮긴 후, 통일운동에 적극적으로 활동하기 시작한다. 1988년 전국민족민주운동연합(전민련) 조국 통일위 위원으로 활동하고, 1991년 범민련 남측준비위 구성에도 앞장서서 활동했다.

 1988년 7월 7일 노태우 정권은 "민족자존과 통일 번영을 위한 특별선언"(7.7선언)을 통해 남북 동포의 상호교류, 해외 동포의 자유로운 남북 왕래를 천명하였다. 통일 운동 진영은 남측과 북측 해외파가 모여 범민족대회를 열 것을 제안했고, 같은 해 12월 북의 조국평화통일위원회가 공개서한을 보내 범민족대회지지 의사를 밝혔다. 그러나 노태우 정권의 7.7선언과 남북관계 유환 국면은 진실이 아니었다. 범민족대회의 실무회담을 판문점에서 열기 위해 임진각으로 향하던 100여명의 통일 인사들이 버스 째로 연행되었고, 그 다음해 베를린에서 남과 북과 해외의 삼자실무회담을 열고 조국통일범민족연합(범민련) 결성에 합의했지만, 이 자리에 참가했던 조용술, 이해학, 조성우 세 사람은 귀국 직후 연행되었다. 또한 당시 방북 사건으로 구속되어 있던 문익환 목사를 의장으로 세워 남측 준비위 결성을 주도하던 이창복 등 관계자들도 모두 연행되었다.

 이와 같이 범민련에 대한 탄압이 거세게 밀어오던 1991년 박순경 교수도 구속된다. 범민련 남측준비위 결성에 참여했다는 것과 도쿄 강연이 구속의 빌미를 제공한 것이다. 1991년 재일대한기독교가 주최한 〈평화통일과 기독교 선교에 관한 동경 회의〉에서 강연을 한다. 강연 제목은 "기독교와 통일의 전망"으로, 통일 문제를 해결하기 위해서는 주체사상을 이해해야 한다는 주장이 담겨있었다. 김일성의 주체사상과 기독교의 대화, 북의 집단영생론, 인간개조론, 사상 혁명, 수령론에 대한 신학적 재조명을 요구하는 박순경의 강연내용은 그동안 반공, 반북이 뿌리 깊게 자리 잡은 한국사회, 특히 정권의 이데올로기와 혜택에 편승하며 자라온 한국기독교에서는 박순경의 제안은 도저히 용납하기 어려운 것이었을 것이다. 특히 북의 수령론을 기독교의 우상, 자본주의 사회의 독재와 구별해보아야 한다는 내용은 김일성 지지자로 오해받기 쉬운 것이었다.

1991년 11월 1일, 그러니까 27년 전 오늘, 서초동 서울지법 417호 법정은 복도까지 방청객으로 가득 찼다. 통일운동의 이론과 실천에 앞장 서 온 박순경 교수를 존경하는 많은 사람들이 첫 재판을 지켜보기 위해 달려 왔던 것이다. 그날 그 자리에서 박순경은 수십 쪽에 이르는 모두 진술에서 그의 신념을 밝힌다. 반공 기독교에 대한 비한, 민족 문제와 민족 복음화, 주체사상의 선교 신학적 재해석, 자주 평화 통일의 전망, 혁명 원리와 신학적 재해석, 기독교 선교 등 그 어느 국가 보안법 재판에서도 볼 수 없는, 그의 인생과 학문을 결산하는 최고의 강의였다.

박순경은 106일간 구속되었다가 풀려났고, 그 이전과 이후 지속적인 연구로 통일신학에 관한 여러 저서들을 집필하셨다.

아무도 민족과 통일을 이야기하지 않고 있을 때 박순경은 외로이 선구적으로 〈통일신학〉을 강의했다. 반공반북은 반민족적이고 반성서적이라는 그의 외로운 신학적 외침에 한국기독교는 아직도 아무런 응답을 하지 않았다. 그의 강연은 구속의 이유가 아니라 지속가능한 메시지로 환원해야 할 연구과제로 수행되어야할 가치가 있다.

그가 민족과 통일을 이야기할 때에 그 속엔 역사를 주관하시는 하나님이 있다. 그가 외로웠던 것은 통일운동 동지들과 신의 문제를 나눌 수 없기 때문이기도 하다. 이제 95세 고령의 박순경의 마지막 꿈은 평양에 신학교가 다시 세워지는 것을 보는 것이다. 평생을 연구할 수 있는 체력이 되도록 관리하며, 하루도 연구생활을 놓지 않는 여성 통일신학자 박순경을 존경하며, 그의 통일신학이 젊은 학자들에 의해 지속적으로 연구되고 평화통일로 나아가는데 밑거름이 되길 기원하게 된다.

참고문헌

박순경, 『삼위일체 하나님과 시간 사계절』, 2015.
_____, 『통일신학의 미래』, 사계절, 1997.
_____, 『통일신학의 여정』, 한울, 1992.
_____, 『통일신학의 고통과 승리』, 한울, 1992.
박순경 팔순 기념문집. 『과거를 되살려내는 사람들과 더불어』, 사계절, 2003.
윤경로. "분단70년, 한국 기독교의 권력 유착 사례와 그 성격." 「한국 기독교와 역사」 44 (2016.3), 27-65.

'위안부' 문제와 동아시아 역사수정주의*

이은선

(한국信연구소, NCCK 신학위원)

"진실의 힘은 진실을 밝히는 길이 얼마나 고된지 몸으로 알고 있습니다. 국가의 책임을 추궁하는 길이 얼마나 외로운지 겪어서 알고 있습니다."**

"(일본군) 위안부 문제 해결에 있어서도 가해자인 일본 정부가 '끝났다'라고 말해서는 안됩니다. 전쟁 시기에 있었던 반인륜적 인권 범죄행위는 끝났다는 말로 덮어지지 않습니다."***

---

* 이 글은 본인의 기발표된 "동아시아 역사수정주의와 평화이슈-'일본군 위안부'문제를 중심으로"(한국재일일본여성신학포럼 2017.2.14.-17. 제주 강정)"을 많이 축약하고 수정/보완한 것이다.
** 신실의 힘 세월호 기록팀, 『세월호, 그 날의 기록』, (진실의 힘, 2016), 637.
*** 문재인 대통령 제99주년 3.1절 기념사, 2018.3.1.

일종의 '분단체제' 아래 있는 동아시아

올해는 UN이 제정한 인권선언 70주년의 해이다. 또한 한반도에서는 비록 남북이 나눠져 이루어진 것이기는 하지만 일제 강점으로부터 해방 3년 후 1948년 정부수립 70주년이 되는 해이기도 하다. 내년 3.1운동 백주년을 한 해 앞두고 있는 오늘은 한일간의 관계에서도 촛불혁명으로 탄생한 문재인 정부에서 그동안 지난 정부에서 있었던 여러 가지 왜곡과 오류들이 다시 검토되고 있다. 모두 아다시피 지난 2015년 12월 28일 한일 외무장관이 발표한 '일본군 위안부' 합의는 그동안 많이 비판받아왔고, 급기야 올해 3.1절 기념식에서 문재인 대통령은 가해자인 일본이 그에 대해서 먼저 '끝났다'고 말해서는 안된다고 분명히 밝혔다. 또한 독도 문제에 있어서도 독도는 일본의 한반도 침탈 과정에서 가장 먼저 점령당한 우리 땅이고, 오늘날도 여전히 독도 문제를 거론하는 것은 일본이 자신들의 제국주의 침략에 대한 반성을 하지 않는 것이라고 일갈했다.

중국의 동아시아 연구가 쑨거(孫歌)에 따르면 동아시아, 특히 한국, 일본, 중국의 역사에는 일종의 '분단체제'가 존재했는데, 그것이 오늘의 분단과 냉전과는 모양이 다르지만 그 현대판이 바로 오늘 우리가 서로 간에 겪고 있는 갈등과 냉전이며, 그것은 오래된 역사적 뿌리로부터라고 지적한다.* 넓은 지리공간을 차지하며 중화(中華)사상을 유지했던 중국은 과거의 오랜 역사 속에서 주변국들과 '조공관계'를 맺어왔다. 하지만 근대에 들어와서는 일본의 제국주의 침략과 더불어 혹독한 역사 경험을 했고, 내부의 사회주의 혁명을 거쳐 지금은 동아시아를 넘어서

---

* 쑨거, 『사상이 살아가는 법-다문화 공생의 동아시아를 위하여』, (돌베개, 2013), 8.

세계의 슈퍼 헤게모니로 등극했지만, 동아시아에서조차 오히려 미국보다 더 친근한 이웃이 되고 있지 못하다. 근대의 일본은 탈아시아를 외치며 서구를 추종하면서 아시아를 식민지로 삼는 제국주의 국가 중 하나가 되었지만, 지금은 다시 서구 미국의 준(準)식민지가 되었고, 요사이는 이러한 제2차 세계대전 이후의 시간들을 정리하고자 '역사수정주의'의 목소리를 크게 내면서 다시 주변의 이웃나라들과 갈등하고 있다.

동아시아 '역사수정주의'의 첨예한 논쟁 대상, '위안부' 문제

한국 사회에서 일본군 위안부 문제가 크게 촉발된 것은 1991년(8월 14일) 당시 서울 종로구 창신동의 산동네에서 어렵게 살고 있던 위안부 피해자 김학순 할머니(1924~1997)가 처음으로 용기 있게 공개 증언을 단행했기 때문이다. 그녀는 당시 한국 기독교사에서 역사 깊은 동대문 감리교회(장기천 감독)에 다니고 있었고, 원폭 피해자 이맹희 씨의 인도로 〈한국교회여성연합회〉와 연결되어 있었다. 이미 1970년대부터 한국 원폭피해자에 대한 지원을 시작한 〈한국교회여성연합회〉는 88서울올림픽을 계기로 심각해진 '기생관광문제'에 주목하면서 '여성과 관광문제'로 다루었고, 그 뿌리에 정신대문제가 있다는 것을 알아채면서 1888년 2월 일본으로 조사단(윤정옥, 김신실, 김혜원)을 파견했고, 이어서 1990년 '정신대문제 대책 협의회'를 발족하는 등 처음 시작의 선구적인 역할을 담행했다.

이상의 상황 변화에 일본 정부는 1993년 종군위안부 문제에 대한 군의 '관여'를 인정하는 '고노담화'를 발표하였다. 이후 1995년 전후 50주년 기념식선을 맞이해서는 일본 식민지 지배와 침략 책임을 재확인하는 '무라야마 담화'가 발표되었고, 7월에 정부와 국민이 협력한다는 형태로 '여성을 위한 아시아 평화국민기금'이 발족되었다. 하지만 일본 내에서는 그에 반발하여 우경화의 조짐이 더 거세졌고, 그러면서 전쟁 시기에 관한 '역사수정주의'의 요구가 드세졌다.

박유하의 『제국의 위안부』 사태

이 상황에서 2013년 한국의 일문학자 박유하 교수는 90년대 이후 점점 더 심해지는 일본 사회의 우경화 상황을 타개한다는 의지로 한일 간의 '화해'를 위한 새로운 길을 모색한다면서 『제국의 위안부』를 발표했다. 하지만 그 안의 "매춘"이라든가 "동지적 관계"라는 언급 등이 특히 피해자 할머니들의 분노를 크게 사서 명예 훼손죄로 고소되는 일이 발생했고, 검찰에서의 3년 구형이 있었지만 2017년 1월 학자의 학문적 자유라는 논리 등과 더불어 무죄 판결로 일단 막이 내려진 모습이다.

위안부 피해자 할머니들과 이들을 돕고 있는 〈한국정신대문제대책협의회〉가 줄기차게 요구하는 것은 일본 정부가 이 문제를 '일본군'의 전쟁범죄로 인정하고, 따라서 정부의 '공식적인 사과'가 있어야 하며, 그에 합당한 정부 차원의 '보상'과 '재발 방지책'을 마련해야 한다는 것이다. 하지만 군의 관여는 인정하지만 그 위안부 징집을 일제 조선 지배의 결과로 명확히 표현하지 않는 고노담화조차 수정하겠다는 아베 정부 하에서 이 주장이 받아들여질 리가 없다. 이에 대한 박유하의 첫 번째 모색은 어떻게든 일본군에게 면죄부를 주고, 그것을 일본 민족 내지는 국가의 한 개별적인 범죄가 아니라 당시 세계 제국주의적 환경에서 나온 보다 보편적인 '제국주의'나 인류 '가부장주의'의 범죄로 부각시키는 일이었다. 그녀는 '일본군 위안부' 문제는 "타국을 지배하는 것을 나쁜 일로 생각하지는 않았던 제국 시대"에, 그것도 "양국 합의"에 의한 "법적으로 유효"한 한일합방조약을 거쳐서 이루어진 일이라는 주장에서 출발한다. 식민지 사람들에게 가해진 피해이므로 "'배상'을 받을 수 없다는 현실이 우리 앞에 있는 것이다"라고 그녀는 역설한다.*

그녀는 위안부의 모집이 일본군이나 일본 국가가 아닌 '업자'에 의해서 주로 이루어진 것이라고 강조하고, 당시에 이러한 일이 이루어질 수 있었던 것은 일본에 일찍부터 '유곽'이라는 '공창제도'가 있었기 때문이라고 언술한다. 그리고 거기에서 특히 조선 여성이 더 많이 동원된 것은 "그녀들이 조선인이었기 때문이라기보다는 그녀들이 '더 가난한 일본', 즉 제국의 중심을 떠받쳐야하는 '식민지'에 살고 있었기 때문"이라고 주장한다. 즉 그녀는 어떻게든 위안부 문제에서 일본 국가 내지는 군의 '강제연행'이라는 이미지를 지우려 하고, 국가가 군대를 위한 성노동을 당연시한 것은 사실이지만 당시에 그것은 "법적"으로 금지되어 있지 않았고, 그래서 위안부들이 거기서 겪었던 가혹한 행위의 1차 책임은 "업자와 군인 개개인의 문제로 물을 수밖에 없"고, "강제연행에 대한 법적 책임을 일본 국가에 있다고는 말하기 어려운 일"이라고 주장한다.**

---

* 박유하, 『제국의 위안부-식민지지배와 기억의 투쟁』, (뿌리와이파리, 제2판 34곳 삭제판, 2016), 136, 162, 207, 282
** 같은 책, 191.

정영환의 『누구를 위한 '화해'인가』와 일본 진보주의 지식인들의 역사수정주의

재일조선인 3세인 역사학자 정영환 교수의 『누구를 위한 '화해'인가』는 이상과 같은 박유하의 시각에 대한 세찬 반격이다. 부제로서 "『제국의 위안부』의 반역사성"이라는 제목을 달고 있는 이 책은 먼저 한국어판에 부치는 서문에서 박유하의 『제국의 위안부』가 왜 일본에서 그렇게 성공을 거둘 수 있었는지에 대한 의견을 밝힌다. 그것은 박유하의 '화해'론이 심지어는 일본의 우익뿐 아니라 소위 '리버럴'이라고 자칭하는 사람들까지도 점점 더 '우경화'되어가는 현대 일본의 정황과 맞물렸다고 밝힌다. 그러면서 그것은 "피해자나 지원단체가 양보함으로써 '해결'로 이끌자고" 하는 일본 사회가 바라는 이미지와 잘 합치되기 때문이라고 분석한다.* 박유하의 한국어판과 일본어판의 차이와 수정사항 등을 세세히 밝히면서 거기서의 숨겨진 의도도 거론하는 저자는 그녀의 책에 대한 일본 논단과 언론의 예찬은 바로 일본의 "'지적 퇴락'의 종착점"이라고 결론 내린다.

정영환 교수에 따르면 박유하의 '제국의 위안부론'은 얼핏 보기에는 종래의 일본군 책임부정론의 역사수정주의를 비판하는 것처럼 보이지만, 사실은 1990년대 이래로 위안부 문제를 '제국'의 논리로 수정하려는 대표적인 역사수정주의적 저술이라고 한다. 거기에는 "두 개의 역사수정주의"가 들어있다고 하는데, 첫째는 일제의 식민지 지배를 당시 서구열강들이 모두 했던 제국주의의 연장선에서 행한 불법이지 않은 행

---

* 정영환/임경화 옮김/박노자 해제, 『누구를 위한 '화해'인가 – 《제국의 위안부》의 반역사성』, (푸른역사, 201), 5.

위로 보게 하면서 식민지 시대에 면죄부를 주려는 수정이고, 둘째는 전후의 일본사에 대한 면죄부를 주는 것이다. 즉 일본이 전후 세계 냉전체제 덕을 많이 보면서 평화헌법 아래 부를 축적해 올 수 있었던 시간들을 전쟁 책임과 식민지 지배 책임을 잘 수행해 왔던 시간들로 미화하려는 유혹이라는 것이다. 그에 따르면 21세기의 오늘날은 심지어 일본 진보주의 지식인들조차도 이런 유혹에 많이 굴복해 있다.

정영환과 유사한 시각으로 『제국의 위안부』를 비판하는 귀화 러시아인 한국학자 박노자는 이러한 박유하의 시각이란 "사실상 가해자의 책임을 면책시켜주는 박유하식 '은근한 역사수정주의'"*라고 지적하고, 그것이 1990년대 이후 일본의 '보통국가화', 전쟁할 수 있는 나라로 만들려는 일본과 미국의 정치적 의도와 잘 부합된다고 말한다. 특히 그런 박유하의 입장은 극우적인 역사수정주의가 아닌 일본 좌파·자유주의 진영 출신의 '연성'(軟性) 전향에 안성맞춤이어서, "'연성' 전향의 파도 속에서 '민족 문제'를 계속 안고 살아야 하는 재일 조선인 지식인들은 '민족주의자'로 분류되어 이지메의 대상이 되고, '반일 민족주의'를 일차적으로 '한국인의 문제'로 여기려는 박유하의 논리는 '진보'로 대접받는" "박유하 현상"이 생기게 되었다고 일갈한다.

이러한 모든 상황을 살펴볼 때 오늘 동아시아의 현실은 여전히 '민족'과 '이데올로기(계급)', '신식민지주의'와 '군사'라는 냉전과 분단체제의 대표적 속성 속에 놓여있는 것이 다시 한 번 드러났다. 그래서 오늘 그런 것을 넘어서 동아시아의 평화를 말한다는 것이 무슨 의미가 있는지, 특히 지난 4.28 판문점 선언을 통해서 한반도의 남북한이 그 오랜

---

* 박노자, "해제: 역사수정주의, 혹은 현재의 합리화로서의 역사," 정영환, 같은 책, 211, 215.

분단과 냉전을 넘어서 평화와 통일을 지향하는 상황에서 이 물음은 더욱 첨예한 것이 되고 있다.

동아시아에서의 '민족'(국가) 문제와 화해

박노자와 더불어 정영환도 강조하기를, 『제국의 위안부』사태는 전후 일본의 긍정을 바라는 '자유주의적' 지식인들의 "내셔널리즘"이 없이는 일어날 수 없는 현상이었다. 이렇듯 보통으로 소위 '좌파'나 '리버럴'한 사람들은 민족이나 민족주의 등과는 거리가 멀다고 생각하지만 현실은 꼭 그렇지 않다는 것이다. 앞에서 들었던 중국 여성사상가 쑨거도 심지어는 일본인 아즈마 시로(東史郎, 1912~2006) 씨와 더불어서도 유사한 경험을 했다고 밝힌다. 즉 아즈마 시로씨가 자신의 조국 일본의 만행(난징대학살)을 그 피해 당사국인 중국까지 가서 알리는 일을 하지만 일본인으로서 중국인인 자신과는 다른 '민족감정'과 '감정기억'을 가지고 있었을 것인데, 그것을 충분히 실감하고 존중하지 못해서 그의 행위를 치하하는 글을 써서 그에게 상처를 주었다는 것이다.* 이러한 일들을 보더라도 '민족'과 '민족감정'의 문제는 쉽게 옆으로 제쳐놓을 수 없는, 여전히 우리 삶에서 핵심적인 관건이 된다는 사실을 알 수 있다.

쑨거에 따르면 예를 들어 난징대학살 때 기적적으로 생환한 어떤 사람이 "일본인은 나쁘다"라고 술회했다면, 이 짧은 두 마디의 문장 안에는 과거와 현재, 미래의 참으로 많은 사항들이 서로 얽혀 있기 때문에 이것을 단지 가치 없는 '감정언어'일 뿐이라고 폄하해 버리는 것은 옳지 않다. 그런 사람은 "역사 속으로 비집고 들어갈 계기를 놓치고" 마는 것

---

* 쑨거, 같은 책, 241-242.

이고 "그런 자에게는 역사는 두 번 다시 자신의 모습을 보여주지" 않을 것이라고 말한다. 나는 박유하 교수에게도 이 말이 유효하게 적용될 수 있다고 생각한다. 그녀가 위안부 피해자 할머니들의 절규를 단지 가치 없는 감정적 "트라우마"로 치부하거나, 해체해버려야만 하는 "반일 민족주의"의 코스프레 정도로만 본다면 그녀가 진정으로 관심한다고 하는 한일간의 '화해'란 결코 일어날 수 없는 일이라고 본다. 박유하 교수는 1910년의 한일합방이나 1965년 한일조약의 '법적' 효력과 법적 정의를 강조하면서 식민지 시대 위안부들의 감정과 느낌을 잘 상상하지 못하는 것 같다. 그래서 그 피해의 보상 요구가 "적법"한 것이 아니라거나, 일본은 단지 "도의적" 책임만이 있을 뿐이라고 주장한다. 이러한 시각은 '민족'이나 '민족감정', '도의' 등의 주장은 전근대의 미숙으로 돌리면서 서구 근대의 '법'이나 제국의 '헌법' 등은 절대적인 가치로 숭앙하는 한 동아시아 지식인이 서구 근대의 국가주의적 절대주의에 빠져있는 또 하나의 서구 종속이라고 보여 진다. 그녀는 주체성을 강조하는 서구 근대적 페미니즘의 시각에서 '개인'과 '주체'로서의 위안부 피해자의 회복을 말하지만, 그녀 스스로는 다시 그 서구적 논리에 종속되어 있는 식민지 지식인의 가련한 모습을 보여주는 것 같다.*

동아시아 역사에서의 '사실' 문제와 해석의 일

사실 오늘의 현실에서 살펴보아도 '민족감정'이라고 하는 것이 그렇게 부정적인 측면만 있는 것은 아니다. 오히려 그것은 한 개인으로 하여

---

* 이은선, "일본군 '위안부', 분단 70년, 동북아 평화와 한국여성신학," 「한국여성신학」, 제82호(2016년 겨울), 35-36.

금 자신의 사회나 역사에 대하여 스스로 책임을 지는 적극적인 사람으로 이끌기도 한다. 또한 오늘날 국가(민족)를 대신할 어떤 대체물도 아직 떠오르지 않은 상황에서 전 세계의 상황이 군사적·경제적 대국들을 중심으로 힘의 각축장 같은 관계가 이루어지고 있는 현실이라면 박유하와 같은 시각은 특히 한국이나 북한과 같은 이웃나라 침략 전쟁의 잦은 피해자들에서는 쉽게 호소력을 얻지 못한다. 이러한 맥락에서 그녀가 강조하는 대로 위안부가 모두 군에 의해서 '강제연행' 되었다거나 모두가 '소녀'였다고 주장하지 않지만 그러나 결론에서는 박유하와는 다른 입장을 드러내는 또 다른 연구자 윤명숙 박사의 연구는 의미가 있다. 그녀는 정확한 사료 분석과 오랜 동안의 연구를 통해서 조선인 군위안부를 모집하는 방식에서 이른바 "민간 업자"에 의한 "취업 사기" 등의 형태가 차지하는 비율이 높다하더라도 그것이 최종적으로 일본 정부에 책임이 없다는 결론으로 내려져서는 안 된다고 강조한다. 즉 박유하와 유사한 사료들을 가지고서도 결론은 그와 달리 군위안소 제도를 "일본군이 저지른 성폭력의 한 형태"라는 점을 분명히 밝히고, 그래서 일본 국가의 책임을 확실히 하는 것이다.*

윤명숙에 따르면 일본 정부의 국가책임은 강제연행이 있었느냐 없었느냐에 달려 있는 것이 아니다. 또한 취업사기의 형태가 높았다는 결과에만 주목해서 결론을 내리는 일은 그러한 취업사기가 생겨난 요인과 배경 등은 검토하지 않는 것이다. 그러한 방식의 역사해석은 역사적 정황을 "단락(短絡)적으로만" 보면서 거기서 국가의 책임을 축소하려는 명백한 의도를 가진 '자유주의 사관'의 연구라고 한다. 박유하의 『제국의 위안부』는 놀랍게도 일본 우익운동의 하나인 역사 교과서에서의

---
* 윤명숙/최민순 옮김, 『조선인 군위안부와 일본군 위안소제도』, (이학사, 2015), 26.

'위안부 내용삭제'나 '새로운 역사교과서를 만드는 모임'에서의 주장들
-매춘부로서의 위안부, 군의 '관여'는 인정하지만 '경영'은 하지 않았다,
강제연행은 없었다-과 별로 다르지 않아서 그런 그녀의 제안이 여전히
"'친일파'가 욕 중의 욕"으로 여겨지는 한국 사회에서 다수의 열망과 감
정을 고려한 것이었나를 의심하게 만든다. 강자와 과거 가해국의 책임
을 면해주는 식의 '탈민족'과 '아시아 연대'로는 오늘의 아시아 민족감정
과 국가의 문제를 풀 수 없다는 것이다.

과거와의 화해와 동아시아 평화

사실 한중일 삼국의 역사문제와 과거사 문제는 이제 더 이상 어떤 '팩
트'(fact)의 문제로만 풀 수 없는 것들이 많이 있다는 것도 부인할 수 없
다. 역사를 '사실'(fact)의 문제로만 환원해 버리고, 거기에 현재적 당사
자들의 구체적 삶과 미래가 있다는 것을 보지 못한다면 그것은 또 다른
전쟁과 갈등만을 일으키는 계기가 될 뿐이다. 그런데 이러한 지적은 20
세기 나치의 파시즘과 스탈린의 전체주의를 혹독하게 겪은 아렌트가 이
미 했던 질문과 유사하다. 그녀는 '사실적 진리'(factual truth)라는 것이
어떻게 중요하고 그것이 얼마나 견고한지는 잘 알지만, 그것이 또한 얼
마나 쉽게 정치적 이익의 사리사욕에 의해서 한갓 '의견들'(opinions)과
'거짓말들'(lies)로 환원되는지를 알았다. 그래서 우리의 성실한 '성
찰'(thinking)과 진실에 대한 '감수성'(imagination)과 '공감'(common
sense)을 매우 강조한다.* 즉 역사를 이해하고 과거를 마주하는 일은

---

* 한나 아렌트/서유경 옮김, "진리와 정치," 『과거와 미래 사이』, (2005), 321 이하; 이은선
· 이정배, 『묻는다, 이것이 공동체인가』, (동연, 2014).

단순한 '실증성'(factuality)을 따지는 일도 아니고, 이론적 올바름으로 현실적 복잡함을 모두 해결할 수 있다고 믿는 나이브한 지적 추상도 아니라는 것이다. 그것은 우리의 미래(새로운 건강한 동아시아 주체성, 이곳에서의 평화와 화해 등)를 향한 깊은 희구와 고뇌 속에서 생겨나는 치열한 상상력과 창조력과 더불어 다시 한 번 역사의 진실과 마주하려는 용기라는 의미일 것이다. 결국 이상의 여러 각도의 성찰에서 우리가 얻는 진실은 특히 전쟁과 침략과 침략 당함의 역사 앞에서 그 가해자는 상처 받은 자의 트라우마를 결코 무시하거나 내쳐서는 안 된다는 것이다. 그래서 일본이 먼저 '끝났다'라고 말해서는 안 된다는 말이다. 하지만 동시에 피해자는 자신의 그 상처를 보다 더 '일반화(보편화)'하고 '사상화'(思想化)하려는 노력도 그쳐서는 안 된다고 생각한다. 자신의 상처를 사상화하고 성찰한다는 것은 어떤 과거도 절대화하지 않는 것을 말하며, 그것을 '돌이 아니라 빵으로' 바라보는 지적 성숙을 이루는 것을 말한다. 그래서 스스로가 용서의 주체가 되어서 이 분단과 갈등의 동아시아를 넘어 더 나은 미래를 희망할 수 있게 되는 것이다. 이 두 가지의 노력을 함께 할 때 일본군 위안부의 문제의 해결과 동아시아의 평화가 진정으로 희망될 수 있을 것이다.

참고문헌

박유하, 『제국의 위안부-식민지지배와 기억의 투쟁』, 뿌리와이파리, 제2판 34곳 삭제판, 2016.
쑨거, 『사상이 살아가는 법-다문화 공생의 동아시아를 위하여』, 돌베개, 2013.
윤명숙/최민순 옮김, 『조선인 군위안부와 일본군 위안소제도』, 이학사, 2015.

이은선,『세월호와 한국여성신학』, 동연, 2018.
정영환/임경화 옮김/박노자 해제,『누구를 위한 '화해'인가』, 푸른역사, 2016.
진실의 힘 세월호 기록팀,『세월호, 그 날의 기록』, 진실의 힘, 2016.
한나 아렌트/서유경 옮김,『과거와 미래 사이』, 푸른역사, 2005.

III

평화 · 통일을 향하여

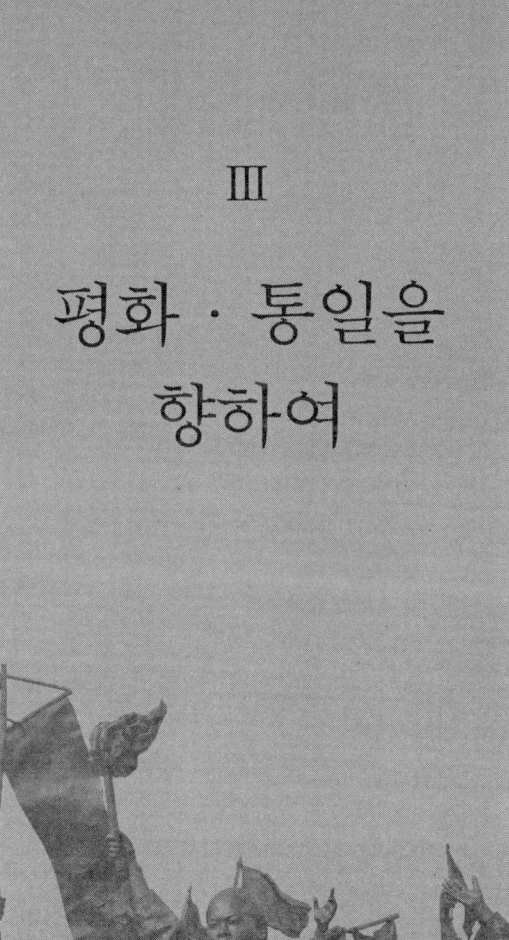

3.1 정신과 한반도 평화
— 자주적인 평화선언의 실천을 위한 소고

최 성 수

(순천중앙교회)

민족대표 33인은 기미독립선언문을 통해 조선이 독립국임과 조선 민족이 자주민족임을 선언하면서 선언의 의의를 다음과 같이 밝혔다.

"이는 하늘의 명령이며, 시대의 대세이며, 온 인류가 더불어 같이 살아갈 권리의 정당한 발동이므로, 하늘 아래 그 무엇도 이것을 막고 누르지 못할 것이라"

이것은 일본제국주의(이하 '일제') 주도로 전개되는 한반도 주변 정세에 비추어 볼 때 공허한 말잔치로 끝날 수 있었다. 그러나 3.1운동을 추동했을 뿐 아니라 그 후의 항일 및 민족운동을 이끄는 강력한 원동력이었다. 대한민국 헌법 전문에도 명시되었듯이, 대한민국은 3.1운동으로 건립된 임시정부의 법통을 계승한다. 이것을 가능하게 한 정신을

3.1 정신이라 할 때, '3.1 정신'이라 함은 일제와 세계무대를 상대로 조선의 자주와 독립을 선언하게 하고, 항일 및 민족운동으로서 3.1운동을 추동한 힘이며 그리고 일제의 무단통치가 보여준 불의하고 반인도주의적이며 반역사적인 행태에 저항하는 정신을 가리킨다. 3.1 정신은 먼저는 기미독립선언문을 통해 표출되었고 이어지는 3.1운동을 추동하였다. 그리고 이것은 앞으로 우리 민족이 항구히 펼쳐나가야 할 전통의 핵심이다. 그뿐 아니라 3.1 정신은 동북아시아와 전 세계의 평화 구축을 위한 내러티브가 될 수도 있다. 따라서 3.1운동은 단지 역사적인 사건으로서가 아니라, "현재적으로 전개시켜야"* 마땅하다. 이와 관련해서 질문은 이렇다. 3.1 정신은 한반도의 평화와 화해를 구축하는 일에서 다시금 추동력으로 작용할 수 있을까?** 필자는 그 형식적인 가능성을 남북 대화와 세 차례 정상 회담의 결과로 나온 선언문(7.4, 6.15, 10.4, 4.27)에서, 특히 2018년 9월 남북정상회담에서 발표한 "평양선언"에서 찾아볼 수 있다고 생각한다.

'선언'으로 표현된 3.1 정신

3.1운동의 거사를 준비하는 과정에서 몇 가지 일로 열띤 토론이 있었다. 그 중 한 가지는 일제의 실체와 권위를 인정하고 그들로부터 독립의 허락을 얻어내자고 주장한 기독교 측 인사들의 주장과 그들에게 독립을 선언하자는 천도교 측 주장이 팽팽히 맞선 것이다. 물론 여기에는

---

* 함석헌, "삼일운동의 현재적 전개", 『함석헌 선집 3』, (한길사, 1996), 101-110, 102.
** 다음을 참고: 김호성, "3.1운동과 한국민족주의", 「한국정치외교사논총」 20, 1998.12, 301-320. 이덕주, "3.1운동이 통일운동에 주는 교훈", 「기독교사상」 36(3), 1992, 7-17. 이만열, "한국 기독교 통일운동의 전개과정", 「신학정론」 14(1), 1996, 9-76.

천도교와의 합작이 교리적으로 수용하기 어렵다는 인식이 함께 작용하였고, 그래서 기독교 인사들은 이승훈의 중재가 있기 전까지 '조선독립허가청원서'를 일본 정부에 제출하기로 합의하고 기독교만의 독자적인 행동을 준비하려고 했다.

실제로 당시 한일강제합방은 단순히 한국과 일제 사이의 문제만은 아니었다. 한반도는 이미 세계열강들의 각축장이었는데, 한일합방이 성사되었을 때에도 세계열강들은 자국의 이익이 침해되지 않는다는 이유로 조선인들에게 유익하다고 평가했다. 게다가 윌슨의 민족자결주의는 패전국의 식민지에만 해당되는 것이었다. 당시 승전국에 해당하는 일본의 식민지 입장에서 민족자결주의에 의거하여 행동하는 건 누가 보더라도 무리였다. 이것을 이미 숙지하고 있었음에도 일제하의 조선에게도 독립이 가능하다고 생각하여 행동한 것은 분명 오판이었다. 이미 1911년 신민회 사건(소위 '105인 사건')에서 볼 수 있듯이 일제는 사건을 조작하고 공포분위기를 조성하여 많은 애국지사들을 탄압하였고, 러일전쟁이 마친 후 많은 지식인들과 지도자들은 몸을 사려 피신하거나 항일운동의 거점을 외국으로 옮긴 상태였다. 그러니 독립을 선언하는 것이 아니라 청원하자는 주장은 일리가 있었다. 그러나 민족대표들은 최종적으로 독립을 '선언'하는 방향을 선택했고 그것을 독립선언문 첫 문장 속에 담았다.("우리 조선은 이에 우리 조선이 독립한 나라임과 조선 사람이 자주적인 민족임을 선언하노라.")

청원과 달리 선언은 일제의 강압적인 한일합방의 효력을 인정하지 않고 실행하는 일이다. 민족대표들은 '선언' 형식을 선택함으로써 3.1운동이 일본보다 더 큰 인류라고 하는 주체를 겨냥하여 행하는 운동임을 밝혔고, 고종 황제의 승인 없이 체결된 조약은 무효임을 선언하였으며, 인간으로서 또 국가와 민족으로서 마땅히 누려야 할 천부의 권리가 일제의 야욕에 의해 방해되었음을 폭로하였다.

한편, 선언은 공식적으로 표명하는 행위를 일컫는다. 책임 있는 주체의식을 기반으로 하는데, 선언의 주체는 개인으로부터 국가 혹은 국제적인 기구에 이르기까지 모두를 총괄한다. 선언 행위에서 관건은 당당한 책임 있는 주체의식을 갖고 자신의 입장을 널리 알리는 것에 있다. 세계로부터 공인된 것이 아니기에 선언은 다툼의 여지가 많은 것은 사실이고, 그간에 있었던 각종 선언들이 어떤 이유에서든 지켜지지 않은 사례를 본다 해도, 선언한다고 해서 그것이 반드시 현실로 이어지는 건 아니다. 그러나 청원과 달리 선언은 주체의식의 발로이며 듣는 자가 누구든 듣고 수긍하고 받아들일 것을 전제한다. 수용 여부와 상관없이 주체적인 입장은 변하지 않으며, 선언하는 순간부터 구체적으로 행동할 근거를 얻지만, 설령 수긍하지 않는다 해도 그렇다. 선언은 선언하는 주체 자신에 의해 무의미해지거나, 혹은 듣는 자들이 선언의 내용을 부정할 수는 있어도, 그것에 관한 논쟁을 허락하지 않는다. 선언은 입장 표명이며, 당당한 요구이며, 하늘과 땅 사이에 있는 자신의 확고한 위치에 대한 의식 있는 주체 행위이다. 이런 점에서 기미독립선언문은 비록 일제의 불의와 만행을 경험하면서 일깨워졌다 말할 수 있다 해도 이미 주체적인 의식을 갖고 작성된 것이며, 한편으로는 조선을 대표해서 조선을 향한 외침이고, 다른 한편으로는 조선의 자주와 독립을 인정하라는 외침으로 일제와 세계를 향한 것이었다.

이런 맥락에서 필자는 청원이 아닌 선언의 형태에서 3.1 정신의 형식적인 진수를 본다. 곧 선언 행위는 3.1 정신이 3.1운동 후 민족정신 및 항일정신으로 거듭나는 중요한 동기를 부여하였다고 보는데, 여기에는 몇 가지 이유가 있다. 첫째, 청원이 아닌 선언을 채택함으로써 민족대표들은 조선의 독립과 자주의 의지는 물론이고 그것이 엄중한 현실임을 세계에 널리 알릴 수 있었다. 둘째, 인류의 보편적인 가치와 의미를 부여하는 대범한 주장을 할 수 있었다. 셋째, 바로 이런 정신과 태도에 힘입어 상하이에 임시정부를 구성할 수 있었으며, 넷째, 비록 평화적인 비폭력 형태가 끝까지 유지되지는 않았다 해도 주체적인 의식을 기반으로 꾸준히 민족운동과 항일투쟁에 임할 수 있었다.

독립선언의 네 가지 근거

독립을 선언하는 데에는 네 가지 근거가 작용했다. 첫째, 역사 인식에 근거한 자주 민족의 정체성이다.("반만년 역사의 권위를 의지하여 이를 선언함이며…")

각종 위기에도 무너지지 않고 민족의 역사를 이어온 사실에서 독립선언은 전통 혹은 역사로 표현되는 자주 민족의 정신에 근거를 두고 이뤄졌다. 비록 한반도 주변 정세에 빠르게 대처할 능력이 부족했고 또 서구와의 교류가 늦어져 문명의 시기가 늦어졌다 해도 그것이 우리 민족이 외세에 의존해서 살아야 할 이유는 못된다고 본 것이다.

둘째, 주체적인 민중의식.("2천만 민중의 충정을 모아 이것을 널리 알리는 터이며…")

한반도에 있는 모든 조선인은 자주적이고 독립된 국가를 바라고 있다는 말이다. 조선의 자주와 독립을 선언하면서 이천만 민중을 언급한 건 매우 획기적인 사실이다. 왜냐하면 당시 민중은 조선의 역사에서 항상 소외된 계층이었기 때문이다. 비록 동학혁명과 의병운동에서 민중에 대한 새로운 인식이 실천되었지만, 거국적인 차원에서 민중의 힘을 발휘한 건 3.1운동이 처음이었다.

    셋째, 세계사적인 통찰.("겨레의 한결 같은 자유 발전을 위하여 이를 주장하는 터이며…")

    독립선언문이 말하는 민족의 과제는 세계사적인 맥락에서 이해되었다. 그러므로 독립선언문은 한반도에서 발생한 역사적인 동맥경화 현상이 세계사의 흐름에 부정적인 영향을 미칠 수 있다고 말할 수 있었다.

    넷째, 양심에 따라 독립을 선언하는 이유는 그것을 하늘의 뜻으로 인지했기 때문이다.("사람 된 양심의 발로로 말미암은 세계 개조의 큰 기운에 순응해 나가기 위하여 이것을 드러내는 터이니…")

    이것은 마치 1948년에 채택된 유엔인권선언문과도 같은 느낌을 준다. 독립선언문은 민족의 독립과 자주를 하늘의 뜻으로 봄으로써, 조선의 독립은 개별국가의 사안만이 아니라 모든 세계가 함께 지향해 나아갈 뜻을 실현하는 일이라 주장할 수 있었다. 또한 각 국가들은 자유와 독립국가로서 각자 맡은 바 최선을 다하게 될 때 인류 모두의 이익에 기여하게 된다고 보았다. 그렇기 때문에 비록 한반도 민족 사안에 불과한 것이라 해도 3.1운동을 하늘의 명령으로 이해한 것이다.

3.1 정신과 남북 관계: 남북 간 화해와 평화를 위한 실천 운동에 대한 기대

    민족의 자주독립을 선언케 한 3.1 정신은 남북 간 화해와 평화를 위해 어떻게 기여할 수 있을까? 첫째, 독립청원론자처럼 외세에 의존하는 모습에서 과감하게 벗어나는 것이 필요하다. 한반도 화해와 평화는 동북아 평화뿐 아니라 세계 평화에도 기여할 것으로 기대되고 있다, 특히 주변 강대국들에 지나치게 의존하거나 청원할 일이 아님을 천명할 필요가 있다. 그것은 먼저 성숙한 민중의식을 바탕으로 과감하게 선언하면서 남한과 북한이 주체적으로 결정할 문제다.

이것은 그간의 남북 정상회담에서 거듭 반복된 부분이다. 7.4 남북 공동성명서(비정상회담)는 자주통일을 조국 통일을 위한 세 원칙 중에서 첫 번째로 채택했으며, 이런 원칙은 2000년 6.15 남북 공동선언, 2005년 10.4 선언 그리고 2018년 남북 정상회담을 통해 얻은 "판문점 선언"에서도 한 결 같이 강조되었고, 2018년 "9월 평양선언"에서 재차 확인되었다. 거듭되는 회담에서 민족적인 자주통일의 원칙을 확인하였으며 이 사실을 남북한 민중들에게 뿐 아니라 전 세계를 상대로 선포하였다. 이것은 3.1운동의 선언 정신과 분명하게 맞닿아 있는 점이다. 관건은 선언을 구체적으로 실현할 수 있는 외교적인 주변 환경을 조성하고 또한 남북한 관계자들의 실천 의지를 굳히는 일이다.

둘째, 한반도의 평화를 위한 노력은 비폭력 평화운동이어야 한다. "4.7 판문점선언"과 "9월 평양선언"이 세계 여론의 관심을 받은 까닭도 남북 모두가 한반도 내에서 종전 선언과 같은 의지를 나타냈고 또한 한반도 내에서 완전한 비핵화 의지를 명시했기 때문이다.

셋째는 상호 신뢰이다. 3.1운동을 통해 표출된 3.1 정신이 오늘 한반도에서 전개되는 각종 부조리한 상황들을 극복할 동력을 길어내는 마중물로 여겨지는 것은 상호신뢰다. 함석헌은 3.1운동이 남북통일 문제에 기여할 수 있는 점을 언급하면서 3.1운동이 일본의 양심과 인류의 양심을 깨웠듯이 북한의 양심을 깨우는 일이 중요함을 역설하며 다음과 같이 주장하였다.*

"분명히 기억해야 할 것은 대적을 도덕적 인간으로 믿고 그들의 양심에 호소하는 것이 가장 힘 있는 일이라는 것이다. 믿음이 없이는 도둑의 사회도 성립이 되지 않고, 정의의 법칙을 지키지 않고는 무기조차 만들 수 없다. 근본 되는 것은 이 우주의 윤리적 질서를 굳게 믿음이다."

또한 함석헌은 3.1운동으로 표출된 3.1 정신이 남북통일문제를 해결할 유일한 길이라고 말한 바 있다.* 네 차례 남북 정상 회담 결과로 나온 선언들 역시, 비록 지금까지 온전히 실천되지 않았다 해도, 3.1 정신을 이어받아 우리가 주변 강대국들과의 관계에서 어떻게 우리끼리 평화를 구현할 것인지를 천명한 것이다. 책임 있는 주체의식을 바탕으로 남북 평화를 위한 선언 및 그에 따른 실천 행위는 독단적으로 행동할 수 없는 현 정세에서 평화통일을 위한 가장 확실한 길이라 생각한다.

참고문헌

함석헌, 『함석헌 선집3』, 한길사, 1996.

---

* 함석헌, "삼일정신," 위의 같은 글, 99-100.
* 함석헌, "삼일정신," 99: "지금 우리가 부닥친 것은 남북통일 문제다. 이것을 해결하는 데는 오직 한 길이 있을 뿐이다. 3.1운동에서 우리 민중의 양심을 동원하여 일본의 양심, 인류의 양심을 때렸고, 그러므로 그 힘을 막을 수 없었듯이, 오늘도 공산당을 이기는 것은 그 양심을 때리는 데 있다."

사이버세계의 폭력과 평화

김 한 나
(성공회대학교, NCCK 신학위원)

　　1905년 일제에 의해 강제적으로 맺어진 '을사조약'은 한국의 외교권을 박탈하여 식민통치의 기반을 마련하기 위한 일제의 폭력이었다. 따라서 '을사조약' 체결 이후로 기독교의 항일 의식은 더욱 고취되었고, 일제의 폭력에 저항하기 위한 독립운동이 활발히 진행되었다. 더 나아가 일본은 1910년 '한일합병조약'을 통해 우리의 국권을 완전히 강탈하고 무단적 식민통치를 본격적으로 자행하였다. 이는 세계 역사상 그 유례를 찾아볼 수 없는 잔혹한 폭력이었다. 일본은 한민족을 억압하기 위해 총독부를 설치하고 헌병경찰제를 시행하여 군부가 직접 민간인을 체포할 뿐만 아니라, 당시 활발히 전개되었던 항일 독립운동을 군 폭력으로 제압하였다. 일본은 '토지조사사업'과 '회사령'을 통해 우리 민족의 땅과 자본을 강제로 약탈하였고, '민족말살정책'을 통해 우리 민족을 차별하고 민족성을 억압하였다. 또한, 종교탄압정책을 통해 일본은 당시 가장 강력한 배일 세력이었던 기독교를 박해하였다. 앞의 글(3.1운동과 기독교)에서 언급했던 '105인 사건'에서 볼 수 있듯이 일본은 폭력적인 방식으로 기독교 인사들을 잔혹하게 탄압했고, 1915년 '포교규칙'을 통해 교회 설립을 제도적으로 방해하고 설교와 모임, 기독교 출판물 등을 직접 감시 검열하였다.

그러나 이러한 기독교 박해에도 불구하고 우리 믿음의 선조들의 독립을 향한 의지는 더욱 불타올랐다. 기독교는 일본의 폭력적인 민족 탄압과 기독교 박해에 저항하여 강한 민족적 종교 세력으로 성장해 나갔고, 당시 절망적인 상황에서 낙심하는 많은 사람에게 소망의 빛이 되었다. 이러한 기독교 세력은 3.1운동의 발발에 중요한 구심점이 되었고, 기독교의 체계적인 조직력은 3.1운동이 거족적으로 발전하는데 중추 역할을 하였다.* 이처럼 일제 강점기 기독교는 민족과 교회를 억압하는 일본의 폭력에 적극적이고 주도적으로 저항하는 세력이었다. 우리 신앙의 선배들은 우리 민족을 말살시키고 분열시키려는 일본의 잔혹한 폭력에 목숨을 걸고 맞섰다. 그들은 하나님께서 우리 민족을 사랑하신다는 사실을 믿었고, 일본에 저항하여 독립을 이루는 것이 하나님의 뜻이라고 확신했다.

21세기를 사는 우리는 또 다른 형태의 심각한 폭력을 경험하고 있다. 그것은 외세로부터 오는 위협이 아니라 오히려 우리 민족 내부에서 발생하는 서로에 대한 폭력이다. 사이버 세계의 발달로 인해 많은 사람이 가상의 공간에 모여 사회적 경험을 할 수 있게 되었고, 이로 인한 다양한 유익과 함께 예상치 못한 새로운 형태의 폭력을 경험하게 되었다. 예전보다 편리하고 빠르게 많은 사람이 접속할 수 있는 이 광활한 사회적 공간은 우리의 삶의 형태를 빠르게 변화시켰다. SNS와 스마트

---

* 이만열, 『한국기독교와 민족의식』, (지식산업사, 1991), 336-338.

폰의 발전으로 점점 더 많은 사람이 사이버 세계를 통해 소통하며 폭넓은 인간관계를 형성해 나간다. 하지만, 이 자유로운 공간에서 나누는 대화 중 일부는 보이지 않는 칼이 되어 새로운 형태의 폭력으로 우리 현실의 삶을 위협하고 있다. 또한, 사이버 세계에서 발생하는 이러한 폭력은 개인과 개인, 단체와 단체 간 다양한 대립과 갈등을 일으키며 결국 민족의 분열을 조장하고 있다. 현재 사이버 폭력의 위협은 우리가 알고 있는 것 이상으로 심각한 것이 사실이다. 약 100년 전, 믿음의 선조들은 우리 민족을 말살하고자 하는 일본의 폭력에 당당히 저항하여 3.1운동을 일으켰다. 그렇다면, 현재 우리 민족의 하나 됨을 뿌리 깊게 위협하는 사이버 폭력에 저항하는 것은 교회와 기독교인의 당연한 의무이다. 다만, 과거 일본의 폭력은 눈에 보이는 것이었다면, 우리가 마주한 이 현재의 폭력은 보이지 않는 실체라는 것이다. 이 현실의 적은 보이지도 않고 만질 수도 없지만 강력한 파괴력을 가지고 있어서 먼저 그 실체를 정확히 아는 것이 무엇보다 중요하다.

현실과 사이버 세계

처음 사이버 세계가 등장했을 때 학자들은 이 새로운 세계에 관한 낙관론과 비관론을 제시했다. 낙관론자들은 사이버 세계 속 자유로운 소통과 평등을 통해 현실의 다양한 불평등을 해소할 수 있다고 여겼고, 비관론자들은 인터넷이 비인간적인 망상의 매체이며 사람들의 현실도피를 유도한다고 주장했다. 반면, 두 극단에 빠지기보다는 인터넷의 장단점을 바르게 파악하여 그와 관련된 다양한 문제와 영향력을 살펴야 한다는 주장이 제기되었다. 낙관론과 비관론 모두 사이버 세계를 현실과 동떨어진 공간으로 여긴다는 점에서 공통점을 가지고 있다. 낙관론은 사이버 세계를 이상향으로 삼고 현실의 문제들을 해결할 수 있는 공간으로 여겼고, 비관론은 사이버 세계가 현실의 모조품이며 현실을 외면하게 만드는 공간이라고 생각했다. 하지만 현실과 사이버 세계의 연관성이 깊어지고 그 둘 사이의 경계가 점점 허물어지고 있는 요즘, 이러한 극단적 주장보다는 그 본질과 영향력에 집중하는 것이 현명해 보인다. 현재, 사회적 공간으로서 사이버 세계의 역할은 우리가 기대하고 생각했던 것 이상으로 크고 광범위하다. 현실의 중요한 사적, 공적 소통이 SNS를 통해 이루어지고 있으며, 많은 현실의 활동이 가상 활동으로 대체되고 있다. 사람들은 이를 통해 단순히 정보를 공유하는 것을 넘어 다양한 사회적, 정치적, 문화적, 경제적 영향을 받고 있다. 이제 우리는 사이버 세계가 현실과 아주 밀접한 연관이 있으며, 다른 차원의 사회적 공간으로서 현실의 연장선에 있다는 점을 고려해야 한다. 이러한 인식은 사이버 세계의 본질뿐만 아니라 그 안에서 발생하는 다양한 문제와 영향력에 대한 올바른 조명을 가능하게 한다.

사이버 세계에서 우리는 다양한 정체성 형성을 통해 다른 사람들과 소통하며 관계를 맺는다. 여러 가지 아이디, 닉네임, 캐릭터 등을 통해 자신을 드러내며 새로운 사이버 정체성을 형성해 나간다. SNS에 남긴 글, 이미지, 동영상 등은 개인의 생각과 성향을 반영하며 이를 통해 다른 사람들과 자연스럽게 소통할 수 있다. 반면 다양한 사이버 세계의 경험은 개인 정체성 형성에 영향을 줄 수도 있다. 인간의 정체성은 끊임없이 형성되어 가는 과정에 있고, 삶의 다양한 경험은 개인의 정체성을 형성하는 데 큰 영향을 준다. 요즘, 사이버 세계는 인간의 정체성 형성에 정말 중요한 요소인 사회적 경험을 얻는 아주 중요한 공간이 되었다.

인터넷 채팅뿐 아니라 각종 댓글, '좋아요', '리트윗', '하트' 등 자신이 올린 글이나 영상에 대한 상대의 반응 또한 사회적 경험의 중요한 요소가 되었다. 과거 현실 공간을 통해 맺어왔던 사회적 관계는 가상공간으로 이어지고, 기존 면대면 소통 방식도 많은 부분 SNS를 통한 소통 방식으로 대체되어가고 있다. 또한, 사이버 세계의 물리적 시간적 제약 완화로 인해 현실보다 자유로운 소통과 인간관계의 확장이 가능해졌고, 관련 기술의 발달과 편리성으로 인해 전 세계 남녀노소 더 많은 사람이 사이버 세계에 참여하고 있다. 즉, 사이버 세계를 통한 사회적 경험이 더욱 다양해지고 보편화 되고 있다는 것이다. 이러한 상황에서 사이버 세계를 통해 겪는 사회적 경험의 중요성과 그 영향력에 대해 생각해보는 것은 아주 중요하다. 왜냐하면, 사회적 경험이 인간 정체성 형성에 큰 영향을 미치는 요소라면, 사이버 세계를 통한 사회적 경험도 정체성 형성에 큰 영향을 미칠 수 있기 때문이다. 이미 많은 사람이 사이버 세계를 통해 만나는 사람들과의 소통을 통해 위로와 격려, 공감과 지지 등과 같은 긍정적 영향을 받고 있으며, 다양한 온라인 커뮤니티를 형성하여 사이버 세계에서뿐만 아니라 오프라인에서까지 연대감과 친밀감을 쌓아가고 있다. 하지만, 종종 발생하는 악성 댓글로 인한 자살 사건과 마녀사냥, SNS 왕따 등과 같은 사회적 문제는 사이버 세계를 통한 사회적 경험의 어두운 면을 여실히 드러내며, 현실과 사이버 세계가 서로 고립되어 있지 않음을 보여준다.

사이버 세계와 폭력

사람들이 사이버 세계에 접속하게 되면서 그 안에서는 예상치 못한 문제들이 발생하기 시작했다. 우리는 자주 기술의 발전으로 인해 얻게 되는 편리성에만 집중하여 희망에 차는 경향이 강하지만, 실제로 기술의 발전은 우리가 생각지도 못한 부정적인 사회적 문제를 낳는 경우가 아주 많다. 초기 사이버 세계가 등장했을 때 예상치 못했던 갖가지 문제들은 사이버 세계의 발전과 확장으로 전 세계 곳곳에서 드러나기 시작했고, 개인과 사회를 병들게 하는 심각한 피해를 낳기 시작했다. 그 중 대표적인 것이 바로 사이버 폭력이다. 한국인터넷진흥원 책임연구원인 정한라는 사이버 폭력을 다음과 같이 정리한다. "사이버폭력이란 컴퓨터 등 정보통신기기를 활용하여 사이버공간에서 타인에게 주로 글, 이미지, 음성 등으로 적대적인 표현 및 태도를 고의 반복적으로 행하여 정신적, 물질적으로 피해를 입히는 범죄행위이다."* 이러한 사이버 폭력은 그 공간과 형태만 다를 뿐, 현실에 이미 존재하고 있는 전통적인 범죄의 성격을 지니고 있다. 다만, 폭력이 물리적인 형태가 아니라 글이나 이미지를 통해 타인에게 가해지며, 폭력의 대상도 직접 드러나지 않기 때문에 심각한 범죄로 인식되기 어렵다. 특히, 나이가 어린 초등학생의 경우 이러한 폭력 행위를 놀이로써 인식하여 호기심 때문에 저지르는 경우가 많다. 하지만, 실제로 사이버 폭력을 당한 많은 피해자가 극단적으로 자살을 선택하거나 심한 정서적 불안과 고통에 시달리고 있다.**

여성가족부에서 주관하는 '청소년 사이버 상담센터'는 사이버 폭력을 '사이버 언어폭력', '사이버 명예훼손', '사이버 스토킹', '사이버 성폭

---

* 정한라, "국내외 사이버폭력 사례 및 각국의 대응방안," *Internet & Security Focus*, 2013년 10월호, 31.
** 앞의 글, 34-40.

력', '신상정보 유출', '사이버 따돌림' 이렇게 총 여섯 가지로 분류한다. 사이버 언어폭력은 사이버공간에서 채팅이나 댓글 등을 통해 상대를 비방하거나 모욕하는 것이고, 사이버 명예훼손은 글이나 사진 등을 통해 상대방의 명예를 훼손하거나 인격을 침해하는 행위를 말한다. 사이버 스토킹은 상대가 원하지 않는 글이나 사진, 영상 등을 반복적으로 전송하여 불안과 공포를 느끼게 하는 것이며, 글과 사진 등을 통해 상대에게 성적 수치심을 유발하는 것은 사이버 성폭력으로 분류된다. 신상정보 유출은 개인의 사적인 정보를 인터넷 상에 유출하는 것을 뜻하고, 채팅이나 SNS 등을 통해 한 개인을 따돌리는 행위를 사이버 따돌림으로 분류한다.* 이처럼, 현실에서 인간과 인간 사이에 발생하는 비방과 모욕, 명예훼손과 인격 침해, 협박과 스토킹, 성희롱과 왕따 등의 문제가 고스란히 사이버공간에서도 발생하고 있다. 인간의 부패한 죄성은 장소를 불문하고 사람이 모이는 어느 곳에서든지 그 영향력을 발휘한다. 타인에 대한 미움과 시기는 주로 글이나 이미지를 통해 사이버공간에 표출되고, 이는 현실 세계보다 빠른 정보 전달력과 쉬운 접근성으로 인해 더 빠르게 더 많은 사람에게 전파된다. 만약, 고의로 상대에 대한 허위 정보나 개인 신상정보를 인터넷상에 유포할 경우 그 파급력은 막대하며, 한번 유출된 정보를 삭제하기가 어려워 영구히 남을 가능성이 크기 때문에 피해자는 평생을 고통 속에 살아야 한다. 사이버 폭력의 또 다른 근본적인 원인은 사이버 세계의 본질에 대한 사람들의 잘못된 인식에서 찾을 수 있다. 사이버공간을 현실의 연장선에 있는 또 다른 사회적 공간으로 여기기보다는 현실과 동떨어진 일탈의 공간으로 여기는 것에 문제가 있다. 이러한 인식은 사이버 세계가 현실 세계가 아니므

---

* https://www.cyber1388.kr:447/new_/school/school_10_4.asp (2018.8.14).

로 이곳에서만큼은 내 마음대로 함부로 행동해도 괜찮다는 안일한 사고로 이어져 사이버 폭력의 원인이 될 수 있다. 하지만, 사이버 세계가 또 다른 차원의 현실이며 현실 세계와 상호 깊은 영향을 주고받고 있다는 것을 인식한다면, 사이버폭력뿐만 아니라 다양한 사이버 범죄 또한 줄일 수 있을 것이다.

교회와 사이버 세계

사이버 세계에서 일어나는 다양한 사건들은 현실에 분명히 영향을 주고 있다. 사이버 세계를 통한 다양한 경험들도 인간의 실존에 영향을 준다. 사이버 폭력은 그 정의에서 볼 수 있듯이 우리에게 정신적, 물리적 피해를 준다. 앞으로 사이버 세계가 질적-양적으로 성장할수록 그 영향력도 함께 증가할 것이고, 더 많은 사람의 더 깊은 참여가 이루어질 것이다. 이러한 상황 속에서 우리는 사이버 세계를 향한 교회의 역할은 무엇인가에 대해 깊이 성찰해 보아야 한다. 또한, 기독교는 현실을 강하게 위협하는 사이버 폭력 문제에 관심을 가지고, 그 문제 해결을 위해 다른 어떤 기관보다 더욱 힘써야 한다. 일제 강점기, 3.1운동을 통해 일본의 폭력에 적극적으로 저항했던 신앙의 선배들을 본받아, 바로 지금 기독교인들이 사이버 폭력의 근절을 위해 주도적으로 나서야 할 때이다. 민족 안에서 분열과 상처를 일으키는 사이버 폭력의 심각성을 인식하고, 사이버 세계에서의 분열이 곧 현실의 분열을 초래한다는 사실을 깨달아야 한다. 현재 우리는 온라인에서 시작된 다양한 분쟁과 싸움이 오프라인 다툼으로 이어지고 있는 현상을 자주 목격할 수 있다. 또한, 반대로 현실에서 일어난 갈등이 온라인으로 확장되어 더욱 심각한 폭력과 분열을 조장하는 예도 비일비재하다. 과거, 외세가 우리를 향해 겨누었던 폭력의 총구는 이제 우리 민족 안에서 서로를 향하고 있다.

 3.1운동에 대해 공부하면서 깨닫게 되었던 우리 민족을 향한 하나님의 사랑과 그분의 뜻에 따라 민족을 위해 헌신한 수많은 기독교 신앙의 선배들을 생각해본다. 하나님이 원하시는 것은 우리 민족의 분열이 아니라, 우리가 하나가 되는 것이다. 따라서 남북통일은 우리 민족과 교회의 중요한 사명이다. 그뿐만 아니라, 현재 사이버 폭력을 통해 심화하고 있는 한국사회의 분열과 갈등을 막고, 온라인-오프라인을 통한 민족의 일치를 위해 힘쓰는 것이 당면한 우리의 사명이다. 사이버 폭력에 저항하고 분열된 민족을 하나로 이끌 수 있는 길은 단 하나다. 교회가 사이버 세계로 직접 나아가 그리스도의 사랑과 평화를 실천하는 것이다. 비방과 욕설이 가득한 곳에 하나님의 사랑을 전하고 상처받는 사람에게 위로를 절망하는 사람에게 소망의 빛을 비추는 것이다. 분열된 곳에는 화해와 일치를 서로 미워하는 곳에는 사랑과 화평을 전할 때, 온라인에서부터 시작된 일치의 물결은 오프라인으로 흘러 민족의 하나 됨을 향해 나아갈 것이다. 또한, 이러한 일들을 행하기 위해서는 한국 교회가 연합해야 한다. 우리가 서로를 미워하는 상태에서 하나님의 사랑을 전하기란 쉽지 않다. 우리는 그리스도 안에서 한 몸이며 하나 된 교회이다. 과거 일본의 폭력에 저항해서 한국 교회가 연합하여 민족 독립운동을 전개했던 것처럼, 민족 분열을 조장하는 사이버 폭력에 저항하기 위해서는 한국 교회가 하나가 되어야 한다. 이것은 우리를 하나의 민족으로 부르신 하나님의 뜻, 곧 민족 일치를 위한 우리의 사명이자 곧 온 교회 일치를 위한 사명이다.

참고문헌

이만열, 『한국기독교와 민족의식』, 서울, 지식산업사, 1991.
정한라, "국내외 사이버폭력 사례 및 각국의 대응방안." *Internet & Security Focus*, 2013년 10월호 https://www.cyber1388.kr:447/new_/school/school_10_4.asp (2018. 8. 14).

탈민족주의

홍정호
(신반포감리교회, NCCK 신학위원)

    2018년은 3.1운동 백주년을 목전에 둔 해이다. 이 글은 3.1운동 백주년을 맞아 3.1운동의 정신을 기억함으로써 우리시대 문제해결을 위한 신학적 이정표를 제시하자는 NCCK 신학위원회의 공동 노력의 일환이다. 기억은 정치적이다. 알라이다 아스만(Aleida Assmann)은, 과거를 기억한다는 것은 냉담한 전문 지식의 나열이 아닌 정체성 확보의 문제이자 현실의 해석이며, 가치의 정당화를 위한 투쟁이라고 말한다.* 그렇기에 기억의 문제는 '어떻게' 기억할 것이며, '얼마나' 기억할 것인가의 문제와 연관된 정치적 동기화의 주제이며, 민족적 정체성 형성이라는 주제로까지 이어질 수 있다는 것이 아스만의 견해다. 3.1운동 백주년을 '기억'하는 행위도, 이런 의미에서 정치적이다. 3.1운동은 우리의 '기억'을 통해 백년의 시공간을 넘어 오늘의 '운동'으로 계승된다.

---

* 알라이다 아스만/변학수·채연숙 옮김, 『기억의 공간-문화적 기억의 형식과 변천』, (그린비, 2011), 110.

3.1독립선언서와 원초론적 민족 이해

한국기독교3.1운동100주년위원회 상임의장 윤경로 교수는 「3.1독립선언서」로부터 3.1운동의 정신을 다음의 다섯 가지로 읽어냈다.*
첫째, 자주독립정신이다. 3.1운동은 대내외적 식민상태로부터 벗어나 한민족의 자주성과 독립성을 회복하는 것을 제일의 목적으로 삼은 운동이었다. 둘째, 자유민주정신이다. 3.1운동은 자유롭고 민주적인 이념을 제일의 정신으로 내세워 백성이 주인인 민주사회를 지향했다. 셋째, 인류공영의 평화정신이다. 3.1운동은 조선의 독립을 우리민족의 자주성 확립을 위한 문제일 뿐만 아니라 동아시아의 평화를 실현하기 위한 과제로 여김으로써 인류공영의 평화정신 확립에 이바지했다. 넷째, 민족이 나아나가야 할 꿈과 비전의 제시이다. 3.1운동은 현시대의 암울한 역사적 상황을 넘어 민족이 나아가야 할 바에 대한 희망찬 꿈과 비전이 제시된 이정표였다. 다섯째, 혁명정신이다. 3.1운동은 대한민국임시정부 탄생에 단초를 제공함으로써 황제가 통치하던 '제국'(帝國)에서 백성이 주인이 되는 주권재민(主權在民)의 '민국'(民國)으로의 혁명적 전환을 이뤄내는 역사적 계기를 마련했다. 윤경로 교수가 밝힌 「3.1독립선언서」의 다섯 가지 정신에 드러나는바 3.1운동의 정신은 격동의 근현대사를 지나는 동안 한국의 근대화의 큰 방향을 제시한 이정표가 되어왔다.

3.1운동 이후 오늘에 이르는 동안 민족의 의미는 변화를 겪었다. 민족의 사전적 의미는 "같은 지역에서 오랫동안 공동생활을 함으로써 언어나 풍습 따위 문화 내용을 함께하는 인간 집단"으로 정의되고 있지

---

* 자세한 내용은 이 책에 실린 윤경로의 글을 참고하라.

만, 실상 민족이 의미하는 바와 그 경계는 모호하다. 김장생은, 민족의 발흥과 존재양식, 구성원과 민족의 상관관계에 대한 이해의 차이에 근거해 민족에 대한 이해가 객관적 원초론(Primordialism)과 주관적 도구론(Instrumentalism)의 두 갈래를 형성해 왔음을 지적한다.* 이러한 인식의 차이는 민족을 객관적으로 주어진 실증적 바탕 위에서 이해하는가, 아니면 구성원들의 자기 인식적 동일성에 근거한 역사적 구성물로 이해하는가에 따라 생겨난다. 3.1운동 당시 민족에 대한 이해가 원초론에 가까운 것이었는지, 도구론에 가까운 것이었는지를 묻는 것은 소고의 관심을 벗어난 물음이다. 그러나 민족이 정체성에 관한 역사적 발견에 지나지 않는다는 사실을 '발견'한 이들이 후대의 속한 이들이라는 점을 감안할 때 3.1운동 당시의 민족 이해는 도구론보다는 원초론에 가깝지 않았을까 하는 추측은 가능하다. 문제는 원초론적 이해에 근거한 민족에 대한 강조가 우리 시대에 설득력이 떨어질뿐더러, 원초론적 민족개념으로 포괄할 수 없는 우리시대 다수의 구성원들을 배제하는 배타적 이데올로기로 작용할 우려가 있다는 것이다. 그러므로 3.1운동의 민족개념은, 원초론적 민족 이해에 기초한 배타적 민족개념을 넘어서, 위에서 언급된 다섯 가지 '의미'에 따라 재구성될 필요가 있다.

3.1독립정신의 계승 담론으로서의 민족 이해

오늘날 민족에 대한 이해는 재구성될 필요가 있다. 우리는 인종적·혈연적 동질성에 근거한 민족의 단일성을 하나의 신화로 받아들이는

---

* 김장생, "민족주의와 토착화 신학," 변선환아키브·동서신학연구소 편, 『제3세대 토착화 신학』, (모시는사람들, 2010), 16.

해석의 체계 속에 살고 있으며, 문화와 역사와 종교를 포괄하는 생활양식 전반에 있어 차이가 강조되는 세계를 살아가고 있다. 한국사회는 급속한 서구적 근대화의 경험으로 인해 근대적 경험의 축적과 반성이 동시적이고 혼종적으로 진행되는 역동적 사회다. 민족 개념 역시 이러한 변화의 동시적이고 혼종적인 과정 속에 들어있다고 말할 수 있다. 한편에서는 분단현실의 극복이라는 과제를 위해 민족 개념의 전략적 유효성을 여전히 주장하고 있는 반면, 다른 한편에서는 민족 개념이 지닌 배타적 정체성 구성 방식에 문제를 제기하며 그 개념적 실효성에 의문을 제기하고 있다. 필자는 민족에 관한 논의는 개념적 정의를 둘러싼 찬반의 논의라기보다는 '담론의 효과'에 주목해야 한다고 본다. 민족이란 무엇인가에 관한 개념적 탐색은 결국 정의를 내리는 데 따른 개념적 동일성으로의 환원을 배제할 수 없고, 민족을 '어떻게' 정의내리든지 간에 그것은 민족이라는 동일성의 범주 안으로 환원될 수 없는 타자성을 배제한 결과로서만 '이해'될 수 있을 뿐이다. 그러므로 민족에 관한 담론은 개념을 둘러싼 논의라기보다는 그 효과에 주목할 때 민족 '담론'이 지향하는 바를 동시대적으로 재해석할 수 있는 담론의 공간이 열리리라 생각한다.

민족의 개념이 아닌 담론적 효과를 중심으로 한 재해석은 「3.1.독립선언서」의 정신인 자주독립, 자유민주, 인류공영의 평화정신의 맥락에서 오늘의 한반도문제를 성찰하려는 시도와 맞물린다. 3.1운동이 제국(帝國)을 민국(民國)으로, 왕권(王權)을 국권(國權)으로 그리고 왕토(王土)를 국토(國土)로 바꾼 역사적 계기를 제공한 사건이었다면, 3.1운동의 정신은 공화국(共和國)의 자주독립과 자유민주 그리고 인류공영의 평화정신의 실현을 위한 동시대적 노력을 통해 계승되어야 한다.

3.1운동을 백년 전에 세워진 우리역사의 이정표라고 한다면 그것은 3.1운동이라는 역사적 사건 자체를 찬미하거나 절대시하는 데 머물지 말아야 한다. 이정표의 역할은 그 앞에 멈춰 서 이정표에 찬사를 보내는 데 있지 않기 때문이다. 이정표는 그것이 지시하는 방향으로 움직일 때에만 의미 있는 기표이다. 3.1운동이라는 역사적 이정표는, 그것이 자주독립과 자유민주 그리고 인류공영의 평화정신의 실현이라는 목표를 향해 우리를 계속해서 나아가도록 할 때에만 의미를 갖는다. 그러므로 탈(脫)민족주의 시대에 3.1운동에 담긴 민족정신에 담긴 의미의 방향성을 다음의 몇 가지로 해석해 볼 수 있을 것이다.

첫째, 자주독립의 관계적 실현이다. 3.1운동을 통해 제국이 민국이 되는 혁명적 변화를 겪었음에도 불구하고, 주권이 국민에게 있는 공화국(共和國)의 이상을 실현하기 위한 과정은 오늘날에도 지속되어야 한다. 그것은 자주독립의 이상을 출발점으로 삼는 새로운 윤리적 관계성의 모색을 통해 실현된다. 자주독립(自主獨立)은 개인이나 공동체의 주체성 형성에 있어 필수적인 요소이다. 자기가 주인이 되어 홀로 서지 못하면 노예의 상태를 면하지 못하기 때문이다. 그러나 김상봉은, "서양적 주체성의 길이 나르시시즘의 길인바, 그 길은 진정한 타자와의 만남 없는 자기애 곧 아집(我執)의 길이며, 끝에 가서는 죽음과 자기상실에 이르는 길"*이라고 말한다. 제국의 강점 하 자주독립이 요원한 상황 속에서 자주독립의 요청은 주체성 확립을 통해 해방을 의미하는 데 초점이 있었던 반면, 오늘날 남한사회가 이룬 경제적 번영의 조건 속에서 자주독립의 목소리는 자칫 여전히 열악한 상황 속에 있는 라틴아메리카와 아프리카 그리고 아시아 저개발국가들에 있어서는 배타적 이기주

---

* 김상봉, 『서로주체성의 이념 - 철학의 혁실을 위한 서론』, (길, 2008), 57.

의로 비춰질 우려가 있다는 사실을 경계할 필요가 있다. 그러므로 자주독립의 정신은, 자유민주의 정신과와 관계 속에서만 지속될 수 있다.

둘째, 자유민주 정신의 해방적 실현이다. 한국은 개인과 공동체의 자유 증진을 위해 싸워 온 이들의 눈물과 피땀으로 오늘의 자유를 누리게 되었다. 그러나 오늘의 문제는 자유의 억압이 아닌 자유의 소외다. 신자유주의 경제 체제는 자유를 억압하지 않고 소외시킴으로써 자본주의적 욕망을 지속시키고 증대시키는 통치의 기술의 발전과 더불어 전개되고 있다. 한병철은 신자유주의가 "자유 자체를 착취하는 매우 효율적이고 영리한 시스템"이라는 사실을 지적한 바 있다. 신자유주의 시대 자유의 착취는 타인의 억압을 통해 이루어진다기보다는 자기에 대한 착취를 지속함으로써 유지되고 확산된다. 한병철은 우리시대 사람들을 일컬어 "모두가 자기 자신의 기업에 고용되어 스스로를 착취하는 노동자"*라고 꼬집으며, 모두가 주인인 동시에 노예상태에 있다고 지적한다. 이런 시대에 자유민주를 지향한 3.1 정신은 신자유주의적 자유의 소외의 굴레로부터 개인과 공동체의 해방을 지향하는 제도와 이념의 모색으로 발전되어야 한다.

셋째, 인류공영의 평화정신의 지속적 모색이다. 3.1운동은 조선의 독립을 통해 동아시아의 평화에 이르는 첫걸음이었다. 제국의 침략에 맞선 평화적 저항운동으로서의 3.1 정신은 힘으로 무장한 이들의 승리가 아닌 평화의 승리에 관한 역사적 증언의 성격을 지닌다. 오늘날 국가와 민족 간 경계는 흐릿해지고 있는 반면, 부의 불평등한 분배에 따른 양극화는 전세계적인 차원의 일상이 되었다. 빈곤과 폭력과 억압적 상황 속에서 고향으로부터 밀려나 '난민'으로 불리는 이들의 행렬이 끝없

---

* 한병철/김태환 옮김, 『심리정치』, (문학과지성사, 2015), 12.

이 이어지고 있으며, 난민의 출현은 타자에 대한 배타성을 강화하는 부정적 계기로 심화되고 있다. 3.1운동의 인류공영 평화의 정신이 함께 평화롭게 사는 세상을 지향한 것처럼, 탈민족시대의 3.1 정신은 경계 밖으로 내몰린 이들과의 공영(共榮), 즉 함께 살고 함께 번영하는 길에 대한 모색을 지속함으로써 우리 시대의 정신으로 계승될 수 있을 것이다.

나가는 말

3.1운동 백주년을 기억하는 행위 속에는 3.1운동을 통해 세워진 역사적 이정표를 우리시대가 계승하겠다는 의지가 담겨 있다. 지역과 국가와 인종의 벽을 넘어 인류가 하나임을 지향하는 시대에 3.1운동에 담긴 역사성을 민족주의 이념이나 민족 개념에 담긴 확실성에서 찾으려는 시도는 큰 의미가 없을 것으로 보인다. 탈민족적 시대 3.1운동의 정신은 자주독립의 관계적 실현, 자유민주의 해방적 실현, 인류공영 평화정신의 지속적 모색이라는 목표를 향한 역사의 이정표가 되어야 한다.

참고문헌

김상봉, 『서로주체성의 이념-철학의 혁실은 위한 서론』, 길, 2008.
변선환아키브·동서신학연구소 편, 『제3세대 토착화 신학』, 모시는사람들, 2010.
아스만, 알라이다/변학수·채연숙 옮김, 『기억의 공간-문화적 기억의 형식과 변천』, 그린비, 2011.
한병철/김태환 옮김, 『심리정치』, 문학과지성사, 2015.

한국교회와 통일을 향한 신학

조진호
(구세군사관대학원대학교, NCCK 신학위원)

100년 전, 우리 민족사에 잊을 수 없는 3.1운동은 자유, 평등, 평화라는 인류 보편적 가치를 천명한 자랑스러운 우리의 역사이다. 무자비한 폭력으로 제압하는 일본 경찰 앞에 무기를 들지 않고 맨몸으로 맞섰던 비폭력 저항은 한 국민들의 정신적 힘과 의지가 얼마나 강한 것인지를 세계에 보여주었던 범민족적인 비폭력 평화운동이었다. 세계사적으로도 민족운동의 효시가 되는 3.1운동은 한겨레라는 민족적 동질성을 재확인시켰고, 국권회복의 의지를 대내외 천명하였으며, 그 정신은 대한민국 임시정부의 헌장을 거쳐 대한민국 헌법으로 계승되어 지금까지 건국이념으로 자리매김하고 있다. 3.1운동 정신을 이어가는 오늘 우리 민족은 진정한 자주독립인 통일국가 건설과 민주화 완성이라는 절박한 과제를 안고 있다. 무엇보다 역사적으로 1000년을 넘게 통일국가를 유지했던 한반도는 1945년 8월 해방 전, 1943년 11월 27일 미·중·일 3국의 카이로 선언과 1945년 2월 8일 미·영·소 3국의 얄타 비밀회담

그리고 1945년 7월 26일 포츠담 선언을 거쳐 한반도의 분할이 국제적으로 확정되었다. 그래서 1차는 1945년 8월 15일 '국토분단', 2차 1948년 8월 15일 남한과 9월 9일 북한의 정부수립으로 인한 '정치적 분단' 3차 1953년 7월 27일 한국전쟁 정전과 함께 '민족분단'이 고착되어 지금까지 이르고 있다.

과거 민족해방기를 뒤돌아 볼 때에 한국교회는 하나님 앞에서 모든 그리스도인은 하나요, 한 민족임에도 불구하고 열강의 이데올로기에 포로가 되어 분단이데올로기에 신앙을 결탁시키는 어리석음을 자행하였다. 이후 하나의 민족은 찢어져 둘로 나뉘며 나라의 주권을 잃고 조국 분단의 상처와 아픔을 간직한 채 지구촌 유일의 분단국가로 남게 되었다. 그러나 분단 70여년이 지나고 있는 지금의 한반도는 분단 이데올로기를 극복하고 민족분단의 역사를 민족통일의 역사에로 전환시켜 줄 수 있는 절호의 기회를 맞이하고 있다. 지난 4.27 남북정상회담에 이은 6.12 북미 정상회담을 통해 한반도의 전쟁을 종식시키는 '종전선언'을 넘어 남북이 하나를 향해 가는 강한 훈풍이 불고 있다. 이러한 상황에서 한국교회는 분단을 지향하는 신학을 정리하고 민족분단을 넘어 통일을 향해 갈 수 있는 신앙과 신학으로 재무장해야 한다. 아직도 수많은 장애와 장벽이 가로 막혀 있다. 그래도 예수 그리스도의 인도를 따라 십자가를 지고 해방과 구원의 하나님 나라 건설에 참여하는 것이 한국교회가 나아갈 길일 것이다. 이러한 역사적 정황 속에서 한반도의 분단신학을 극복할 수 있는 통일신학은 무엇인지를 알아보고 한국교회가 통일을 향한 신학을 어떻게 실천하며 한반도 평화통일에 참여해야 할 것인가를 생각해 보고자 한다.

한국교회와 분단신학

　20세기 세계의 역사는 민주주의와 공산주의 이데올로기가 지배하는 냉전시대의 축에서 전망할 수 있다. 이 이데올로기는 세계의 지배 강대국들이 만들어 낸 것으로 자신들의 기득권을 유지해 나가기 위해서 현실을 왜곡시키고 허위의식을 만들어 퍼뜨림으로써 피지배층의 사람들이 순종하게 만드는 것이다. 주어진 세계의 식민지체제 혹은 제국주의 체제를 그대로 유지시켜 나가고자 하는 목적으로 만들어 낸 세계관이라고 할 수 있다. 당시 한반도는 이러한 냉전 이데올로기 중심에 있던 열강들의 헤게모니 쟁탈전에 의해서 초토화되고 분단의 쓰라림을 받아들일 수밖에 없는 운명이었다. 1945년 일본제국으로부터 해방된 한반도는 미국과 소련에 의해 분단되고 민족의 주권이 양분하게 되었다. 미국과 소련은 자신들의 이데올로기를 남과 북에 주입시킴으로서 한반도는 군사적으로 분단된 것이 아니라 이데올로기적으로 분단된 것이다. 운명공동체로서 하나일 수밖에 없었던 남과 북은 열강 제국의 지배 이데올로기에 의해 강력히 세뇌를 당하여 증오와 반목의 상처를 키워왔다. 열강의 지배 이데올로기를 고수하기 위해서 한반도의 통일을 추구하기 보다는 분단도 불사하는 분단이데올로기를 수용하게 되었고, 교회는 통일을 향한 신앙과 신학보다는 분단을 영구화 해나가는 신앙과 분단신학에 기여하게 만들었다.* 그러나 분단의 역사를 지나 새로운 전환기를 맞이한 한국교회는 민족분단의 갈등과 대립의 정서를 키워 온 분단신학을 극복하고 통일을 지향하는 신학을 보다 적극적으로 실천해야 할 때이다. 이에 성서와 한반도에서 일하시는 하나님의 역사

---

* 노정선, 『통일신학을 향하여』, (도서출판 한울, 1988), 35.

가운데 그 출로를 새롭게 모색해야 한다.

　먼저 성서에서 찾아 볼 때에 창세기에 아담과 하나님의 관계에서 그 전거를 찾아 볼 수 있다. 아담의 죄로 인해 하나님과 인간의 관계가 깨지고 '단절' 되었다. 여기서 단절은 분명히 죄의 결과이다. 하나님과 인간의 단절은 인간과 인간의 단절을 낳게 되었고 그 단절은 이념과 집단의 단절을 초래하였으며, 단절의 비극은 수많은 분단의 상황을 만들어 냈다. 이러한 분단은 죄의 결과로 초래된 현실이라는 것을 구약성경 에스겔 37장 15~26절에서 이스라엘과 유다의 분단과 통일의 약속에서 찾아볼 수 있다. "인자야 너는 막대기 하나를 취하여 그 위에 유다와 그 짝 이스라엘 자손이라 쓰고 또 다른 막대기 하나를 취하여 그 위에 에브라임의 막대기 곧 요셉과 그 짝 이스라엘의 온 족속이라 쓰고 그 막대기들을 서로 연합하여 하나가 되게 하라. 네 손에서 둘이 하나가 되게 하리라"(겔 37:16~17) 우상숭배와 죄로 부러진 막대기가 하나님의 손에서 하나가 될 것이라고 하였다. 여기서 보여 주시는 하나님의 분명한 의지는 분단은 죄의 결과이며 이를 극복시켜서 통일된 이스라엘을 이루시겠다고 하는데 있다. 따라서 성서를 통해 볼 때에 한반도 민족공동체가 분단되어 70여년이 지나가고 있는 상황은 '죄 된 상태의 연속'이라고 볼 수 있다. 이러한 죄의 상태로부터 벗어나는 노력은 민족 통일을 향해 가는 발걸음이 될 것이며 하나님의 뜻을 이 땅에 실현하는 역사가 될 것이다.

　다른 한편, 서구신학의 입장에서 보면, 콘스탄틴 대제 시대 이후에 기독교신학이 로마제국의 틀 속에서 체제지지형의 신학으로 기능한 경우가 허다했다. 물론 그 가운데는 토마스 뮌쩌(Thomas Müntzer)의 신학처럼 착취와 억압의 체제에 항거하고 순교했던 신학도 있다. 그러나 그들의 신학은 철저히 소외 당해왔고 왜곡되어졌을 뿐 아니라 매장 당했으며, 제국의 이익 앞에서 거세 당해왔다. 열강의 제국체제 확장이라는 역사의 연장선에서 한반도를 살펴보면, 1593년 도요토미 히데요시와 중국의 위학회가 조선 8도를 둘로 쪼개서 중국과 일본의 세력균형을 이루려 시도하였고, 1894년 영국의 킴벌리 외상이 한반도를 분단시켜서 일본과 청나라의 전쟁을 막는 수단으로 삼으려 했었다. 그리고 1945년에 투르먼 대통령 하에서 맥아더 장군의 일반명령 1호로 한반도는 38선 이남과 이북으로 분단되었다. 이는 미국의 이데올로기가 미국과 소련의 헤게모니의 이해관계를 정리하는 수단으로 한반도를 분단시킨 것이다.* 따라서 제국의 신학자들은 분단을 당연한 귀결로 받아들이는 신학을 전개하고 한반도의 분단과 6.25 전쟁이 발발한 것은 열강 제국들의 대결의 결과로서 불가피하게 수용해야 할 것으로 주장해 왔다. 분단에 의해서 피해자가 된 한민족의 입장에서 보기 보다는 제국들의 이해관계의 시각에서 한반도의 분단을 신학적 윤리로 정리하였고, 제국옹호의 시각에서 한반도의 분단을 수용해 버리는 분단지향형 신학을 주장하게 된 것이다. 이를 분단신학이라고 할 수 있다. 따라서 한반도의 주권상실, 분단주권 과정에는 열강제국들의 책임이 있으며, 이를 그대로 수용하여 분단이데올로기를 마치 하나님의 뜻인 양 확장시켜 나가는데 참여했던 일부 신학자들과 한국교회도 그 죄책을 고백해야 한다.

---

* 앞의 책, 35-36.

한국교회와 통일신학

한반도에서 분단구조를 직간접으로 정당화하는 신학적 입장을 '분단신학'이라고 한다면 이를 극복하는 신학을 '통일신학'이라고 할 수 있다. 하나님은 이집트제국의 우상숭배로부터 이스라엘 민족해방을, 바벨론제국의 우상숭배로부터 유대민족의 해방을, 로마제국의 우상숭배로부터 이스라엘 민족해방과 민족통일을 주신 분이시다. 하나님은 지금도 한반도 역사 속에 살아계시며 역사하시되, 분단을 극복하고 민족의 주체적, 자주적, 독립적인 통일지향의 신학을 일깨워주고 계신다. 따라서 통일을 향한 신학은 하나 되게 하시는 주 예수 그리스도 안에서 분단은 죄임(Separation is a theological sin)을 인식하고 죄를 회개하고 하나님이 주신 참된 해방과 자유를 향해 구원을 선포하는 선교신학이며, 출애굽의 역사신학이고 민족구원의 신학이다. 이러한 통일신학의 중심내용은 '이스라엘의 회복'에 있고, 하나님의 회복을 기다리는 이스라엘 백성들의 열망은 한반도 통일신학에 매우 중요한 역사적 모티브를 제공한다. 이러한 동기에서 남북한의 분단을 넘어서는 한반도의 통일을 신학적으로 접근하는 '통일신학'의 근거는 하나됨의 본질이며 출발이 되시는 삼위일체 관계에서 찾아볼 수 있다. 이 세분은 서로 끊임없이 교제하신다. 그리고 자신의 형상을 따라 창조된 우리 인간과도 교제하고 교통하심을 기뻐하신다. 인간이 죄로 인한 단절을 극복하고 하나님 안에서 서로 교제하고 하나 되어야 하는 이유가 바로 여기에 있는 것이다. 이러한 삼위일체 형상이 인간의 공동체 속에 실현되는 것이 하나님의 뜻이며 이러한 삼위일체론의 신학적 토대는 '통일신학'의 이론적 근거가 된다.

그렇다면 삼위일체에 근거한 통일신학의 실천모델을 어디에서 찾아야 할 것인가? 그것은 열강의 분단신학으로부터 벗어나고 해방된 주권을 회복시켜 줄 수 있는 통일을 향한 신학으로 '희년의 명령'에서 발견하게 된다. 레위기 25장에 희년은 빚진 자는 탕감해 주고, 노예는 해방시키며, 땅을 잃어버리거나 빼앗긴 자는 자기의 본래의 땅으로 돌아가라고 하는 하나님의 명령이 실현되는 해이다. 이 희년의 명령은 포로되고 눌린 자에게 자유를 선포하시는 누가복음 4장 18~19절에 예수님의 선교적 선언으로 이어진다. 이는 세계의 기득권을 유지해 나가려는 강대국의 지배 이데올로기를 해체시키고 벗어나는 것이 하나님의 질서이며, 열강들에 의해 눌림을 당해 온 한 민족이 하나가 될 수 있는 통일신학의 성서적 메시지이다.

이러한 통일신학의 실천은 삼위일체 하나님의 소통의 방식이며, 계명의 완성으로 계시된 '사랑'으로 가능해진다. 하나님의 사랑은 예수 그리스도를 통해 실천되었고 십자가의 고통과 희생을 통해 하나님과 인간의 분단을 극복하는 새로운 길을 열어 놓으셨다. 그래서 기독교적 윤리는 형이상학이나 관념론에 근거한 것이 아니라 실제 역사 속에서 인간의 죄를 위하여 자신을 십자가에 드리신 예수 그리스도를 통하여 확인하고 배우게 된다.* 따라서 통일신학은 예수 그리스도의 십자가를 통해 보여주신 하나님의 사랑을 통하여 실현될 수 있다는 확신이 한국교회가 공유해야 할 통일신학의 정신이다. 그러나 현실적으로 십자가의 사건을 통한 희생적 사랑이 남북통일이라는 정치적 상황 속에서 도덕적 규범으로 자리 잡기는 어렵다. 하지만 그럼에도 불구하고 예수 그리스도의 구원 사건은 우리에게 '불가능의 가능성'(Impossible Possible)을 제시한다. 그

---

* 유경동, 『남북한 통일과 기독교의 평화』, (나눔사, 2012), 316.

런 까닭에 남북통일은 결코 환상이 아니다. 십자가의 사랑으로 서로 포용하고 용서와 화해의 노력으로 미래를 향하여 함께 나간다면 불가능의 윤리는 결국 예수의 체험을 통해 가능할 수 있다는 지평을 열어준다. 과거 근대사에서 한국교회는 역사의 고비마다 그 선교적 과제를 발굴하고 그 일을 위해 기꺼이 희생의 짐을 나누었다. 해방이후 한국전쟁을 거치면서 반공이데올로기와 안보의식을 앞세워 정권 및 체제유지에 이용한 군사독재는 북한에 대한 적대감과 불신을 심화시켰다. 그러나 그 가운데서도 한국교회는 민족의 공동체성을 회복하는 길은 예수 그리스도께서 보여 주신 사랑에 있음을 확신하고 꾸준히 북한동포를 돕기 위한 사랑을 실천해 왔다.

1990년대 자연재해로 인한 북한의 극심한 식량난과 북한 주민의 고통을 보면서 보수와 진보를 떠나 인도적인 도움에 적극 나서게 되었다. 1990년 5월에 '사랑의 쌀 나누기 운동'을 통해 북한에 쌀 1만 가마를 보낸 것을 시작으로 북한동포 돕기 운동이 본격적으로 전개되었다. 이와 같은 움직임은 1993년 4월에 발족한 '평화와 통일을 위한 남북나눔 운동'으로 결실되었다. 특히 주목할 사업은 1990년 7월부터 일본에서 남북 기독교인들의 모임이 정례적으로 이루어진 것이다. 이 회합을 통해 비로소 남북한 교회의 교류가 제삼국을 통한 간접적인 교류에서 벗어나서 직접적으로 북한 교회 내에서 연합예배, 교회재건 사업 등 순수 선교목적의 방북도 증가하여 점차 인도주의 지원사업과 병행하여 진행되었다. 대체로 한국교회 지원은 NCCK 혹은 한기총과 한민족복지재단, 유진벨재단, 남북나눔운동, 월드비전, 한국이웃사랑회, 국제기아대책기구 등 기독교적 전통과 배경을 가진 단체들로부터 다양하게 이루어졌다. 1997년 2월에는 '한국기독교 북한동포 후원연합회'를 출범시켜 기독교를 대표하여 북한동포 돕기운동을 전개하였다. 그 이후에도 한반도 정세변화와 관계없이 북한동포를 돕고자 하는 한국교회와 기독교 단체들의 지원사업과 관심은 지속되어 왔다. 이는 매우 짧은 기간이었지만 한국 교회가 분단을 극복하고 민족 통일과 공동체성 회복을 위한 노력에 매우 헌신적이고 적극적이었음을 보여 주는 것이다.*

앞으로도 한국교회는 인도적 차원의 비정치적이고 비정부적 노력을 중단해서는 안 된다. 그것은 수많은 오해와 편견 그리고 불신 가운데서도 하나님과 인간의 단절을 예수 그리스도의 십자가의 사랑으로 회복시키셨던 하나님의 뜻을 따르는 것이기 때문이다. 이에 한국교회는 전쟁의 상처와 군사적 대립 속에서도 한반도의 긴장의 고리를 끊어 내고 통일로 가는 길은 무력이나 정치적 계산이 아닌 사랑과 화해 그리고 평화가 궁극적인 해결방법임을 지속적인 실천으로 보여 주어야 한다. 이 일은 북한이 군사적 행동으로 남한을 자극하는 위협적인 모습을 보일지라도 미움과 적개심으로 쌓인 분단의 벽을 허무는 것이며, 3.1운동의 비폭력 정신을 따르는 것이고, 포로된 자를 자유케 하시고 상하고 고통하는 자를 구원하시는 예수 그리스도의 십자가의 사랑과 복음의 정신을 실천하는 길이다.

참고문헌

노정선, 『통일신학을 향하여』, 도서출판 한울, 1988.
유경동, 『남북한 통일과 기독교의 평화』, 나눔사, 2012.
남태욱, 『한반도 통일과 기독교 현실주의』, 나눔사, 2012.

---

* 남태욱, 『한반도 통일과 기독교현실주의』, (나눔사, 2012), 36-38.

한반도 비핵지대 선언

김 광 현

(감리교신학대학교)

"내가 당신을 사랑한다 할 때 무엇을 사랑하는 것입니까?" 오래 전 아우구스티누스(Sanctus Aurelius Augustinus Hipponensis)는 이렇게 질문한다. 눈에 보이는 찬란한 빛, 아름다운 소리, 꽃의 향기, 만나와 꿀, 사랑의 포옹을 사랑하는 것은 하나님을 사랑하는 것일 수 없다고 하고는, 그럼에도 불구하고 어떤 종류의 빛, 소리, 향기, 음식, 포옹을 사랑하는 것은 하나님을 사랑하는 것이라고 말한다. 하나님이 내 안의 빛, 소리, 향기, 음식, 포옹이기 때문이다. "당신은 내 안에서 영혼에게 어떤 공간에 의해 제한받지 않는 빛을 비추시고, 시간이 나에게서 빼앗아 가지 못하는 소리를 발하시며, 바람이 불어 흩어 버리지 못하는 향기를 풍기시고, 먹어도 없어지지 않는 음식을 공급하시며, 충족해도 떨어지지 않는 포옹을 해주십니다. 내가 나의 하나님을 사랑한다 할 때 이것들을 사랑하는 것입니다."*

존 D. 카푸토(John D. Caputo)는 아우구스티누스의 이 아름다운 질문을 오늘날 적절하면서도 우아하게 각색한 적이 있는데, 그렇게 함으로써 오늘을 살아가는 그리스도인들에게 하나님을 사랑하는 일이 무엇인지 다시 한 번 고민하도록 다그친다. 카푸토는 그 '무엇'이 '불가능한 것'이라고 말한다. 내가 하나님을 사랑한다 말할 때, 내가 사랑하는 것은 불가능한 것이다. 카푸토는 불가능한 것을 매우 놀라운 것, 믿을 수 없는 것 그래서 가장 믿음이 필요한 것, '하나님 우리를 도우소서'라고 말할 수밖에 없는 것이라고 설명한다. 그 불가능한 것을 사랑하는 일이야말로 하나님을 사랑하는 일이라는 것이다. 아우구스티누스는 내 마음속에 있는 것으로 하나님에 대한 사랑을 보여주었다면, 카푸토는 불가능한 것으로 하나님에 대한 사랑을 표현했다고 볼 수 있다. 그리고 이 둘의 교차점에 '평화'가 있다. 어떤 제한도 없이 평화의 빛을 내 안에 비추시고, 시간이 흘러도 지워지지 않는 평화의 소리를 들려주시며, 없어지지 않는 평화를 공급하시고, 떨어지지 않는 평화를 주시는 그리스도의 평화, 불가능한 평화가 있다.

평화, 불가능한 것에 대한 사랑

평화는 평화를 선언하는 자들에 의해서만 그 자태를 드러낸다. 1919년 3월 1일 낭독된 독립선언서에는 조선의 독립이 동양 평화와 세계 평화의 필요한 단계라고 명시하고 있다. 독립선언에 참여한 이들은 단지 조선의 독립에만 관심 있었던 것이 아니라 세계 평화라는 불가능한 목표를 조준하고 있었던 것이다. 평화란 무엇인가. 이것은 인류의

---

* 어거스틴/선한용 옮김, 『성어거스틴의 고백록』, (대한기독교서회, 2003), 319.

오랜 물음이었다. 그 물음에 답하려고 치열하게 애쓴 이들도 있었지만, 반대로 궤변으로 평화를 제한한 이들도 있었다. 어떤 이들은 인간이 자연의 한 부분이기 때문에 자연스러운 것이 곧 평화라고 생각했다. 자연의 먹이사슬처럼 인간들 사이의 약육강식은 자연스러운 것이라 생각했다. 또 어떤 이들은 강력한 힘에 의해 지배 받는 것이 평화라고 생각했다. 강력한 국가 시스템에 의해 지배 받는 삶이나 팍스 로마나(Pax Romana), 팍스 아메리카나(Pax Americana) 표현되는 평화의 방식이었다. 또 다른 이들은 개인들 사이에는 혹 평화가 있을지 모르지만 국가 단위의 큰 사회에서 평화를 말하는 것은 비현실적이라고 생각했다. 무엇보다 평화가 무엇인지 알 수 없고, 평화에 대한 정의가 사람마다 다르기 때문에 공통의 평화란 없다고 생각했다.

평화가 무엇인지 정의하는 일은 아득한 일일 수 있다. 어떻게 말해야 평화를 잘 말할 수 있는지는 영원히 시간 속에서 답을 찾지 못할 수 있다. 그것은 내 마음속에 있는 빛, 소리, 향기, 음식, 포옹이 무엇인지 말하는 것처럼 망연(茫然)할 수 있다. 불가능한 것을 말하는 것일 수 있다. 그렇지만 평화를 포기할 수 없다. 3.1 독립선언이 100년이 지난 우리에게 말하는 바가 그것이다. 평화를 포기할 수 없다는 것. 3.1 독립선언을 통해 우리가 배울 것은 독립선언서에 나타난 평화의 사상이나 평화에 대한 정의가 아니다. 우리가 배울 것은 그 선언을 한 사람들의 용기, 투지, 끈기, 평화를 포기하지 않는 믿음이다. 불가능한 평화를 사랑한 이들의 주체-됨이 우리에게 필요한 것이다. 그렇게 3.1 독립선언서를 바라볼 때, 그것은 우리 시대와 결코 멀리 떨어진 이야기가 아니게 된다. 평화는 평화를 선언하는 자들에 의해서만 그 자태를 드러내기 때문이다.

세계 평화를 포기하지 않는다는 의미는 세계에 있는 모든 전쟁 무기가 사라지는 것을 포기하지 않는 것과 같다. 인류가 생겨난 이래 전쟁이 없던 시절이 없었지만 전쟁이 없는 시절을 포기하지 않는 것, 전쟁 무기가 쓸모없어지는 날을 꿈꾸는 것, 전쟁 무기를 다른 유익한 물건들로 바꾸는 일을 기대하는 것이다. 이사야 말씀처럼 "그들이 칼을 쳐서 보습을 만들고 창을 쳐서 낫을 만들 것이며, 나라와 나라가 칼을 들고 서로를 치지 않을 것이며, 다시는 군사훈련도 하지 않"*는 것이다. 그중에서도 인류를 순식간에 공포의 소용돌이에 휩싸이게 만들 수 있는 핵이 없어지기를 바라는 것이다. 지구상에 있는 1만5천 개 이상 존재하는 핵탄두가 사라지길 바라는 것이다. 평화를 포기하지 않는다는 것은 '핵 없는 세계'(a world without nuclear weapons)를 만드는 것을 포기하지 않는 것이다. 핵 없는 세계를 선언하는 것이다.

비핵무기 지대라는 평화

많이 알려져 있지 않지만 자기가 살고 있는 곳을 핵 없는 곳으로 선언한 이들이 있다. 한두 사람의 선언이 아니라 여러 개의 국가가 모여 자신들이 살고 있는 곳을 비핵무기지대(Nuclear-Weapon-Free Zone)로 선언했다. 불가능한 일이라고 생각했던 것을 이뤄낸 이들이다. 첫 번째 비핵무기지대를 만든 곳은 중남미 비핵무기지대다. 공식 명칭은 '라틴아메리카 및 카리브해 지역 핵무기 금지에 관한 조약'이다. 물론 이보다 앞서 남극, 우주, 해저가 비핵무기지대로 성립되었지만, 사람이 살고 있는 지역이 비핵무기지대로 성립된 곳은 중남미가 처음이다. 멕시코,

---

* 이사야 2장 4절.

브라질, 아리헨티나를 비롯한 중남미 모든 지역이 비핵무기지대로 설정되었다. 브라질과 아르헨티나가 갈등 관계를 극복한 조약으로 더 의미가 있다.

비핵무기지대는 세 가지 요건을 갖추어야만 한다. 첫 번째는 비핵무기지대라는 명칭이 전제하듯 설정된 지역에 핵무기가 부재해야 한다. 이것은 단계적 접근(Step-by-step Approach)과 구분되는 포괄적 접근(Incremental Comprehensive Approach)인데, 포괄적 접근이란 핵무기를 부분적으로 제한하는 것이 아니라 안보 정책 전반에서 핵무기를 없애는 포괄적인 계획 전반을 의미한다. 두 번째는 '소극적 안전보장'(Negative Security Assurrance)이다. 소극적이란 말이 부정적으로 들릴 수 있는데, 이 말은 핵보유국이 핵으로 공격하거나 위협하지 않을 것을 보장한다는 의미이다. 반대로 적극적 안전보장은 핵으로 공격하거나 위협함으로써 안전을 보장한다는 의미인데, 일본과 한국이 미국의 핵우산 아래 있는 것이 적극적 안전보장이다. 그러나 적극적 안전보장이 더 핵의 위협에 노출되는 것은 자명하다. 소극적 안전보장은 비핵무기지대에 핵보유국들이 핵으로 무력행사를 하지 않을 것을 서명하고 비준하게 되어 있다. 세 번째는 '조약 준수 기구'의 설치이다. 비밀리에 핵무기를 개발할 수 있을 가능성을 차단하기 위해 국제원자력기구(IAEA)나 국제사법재판소(ICJ) 등과 관계를 맺는 기구를 설치해 비핵무기지대의 투명성을 확보한다. 이렇듯 비핵무기지대 선언은 불가능해 보였던 이상일 뿐 아니라 실제적인 안보와 평화의 길이 된다.

중남미 비핵무기지대가 첫 번째 비핵무기지대라는 것은 그 이후에도 비핵무기지대로 설정된 곳이 있다는 뜻이다. 현존하는 비핵무기지대는 생각보다 넓고 많다. 남태평양 비핵무기지대는 호주, 뉴질랜드를 포함한 13개 국가 및 지역이 포함되어 있다. 단지 핵무기를 금지하는 것에 그치지 않고 방사성 폐기물이나 방사성 물질의 해양 투기도 금지하고, 평화적 핵폭발도 허용하지 않는다는 점에서 공식적으로 '남태평양 비핵지대 조약'이라고 명명하였다. 인도네시아, 싱가포르, 말레이시아, 태국, 필리핀 등 아세안(ASEAN) 회원국 10개국 모두가 서명한 방콕조약은 '동남아시아 비핵무기지대'를 만들었다. 이 조약은 유엔총회 결의를 제안해 만장일치로 채택되기도 했다. 서명에서 발효까지 13년이나 걸린 아프리카 비핵무기지대, 중앙아시아 5개국이 서명한 중앙아시아 비핵무기지대도 있다.

주목해야 할 비핵무기지대는 몽골이다. 몽골은 단일 국가로 다른 비핵무기지대와 동일한 지위를 얻은 특이한 사례이다. 몽골 대통령 폰살마깅 오치르바트(Punsalmaa Ochirbat)는 1992년 10월 6일 비핵선언국가를 선포한다. 이 선언에 5대 핵보유국을 비롯한 다수의 국가들이 지지했고, 1998년 12월 4일 유엔총회에서 '몽골의 국제적 안보와 비핵무기 지위'가 채택된다. 이 선언은 러시아, 중국, 일본에 미국까지 주변국들의 간섭에서 벗어나는 동시에 평화적 독립국을 완성하는 성과를 거두었다. 이 과정을 누구보다 치열하게 고군분투했던 몽골 유엔 대사인 자르갈사이한 엥흐사이한의 발언은 주목할 만하다. "결론을 짓자면 몽골의 비핵무기 지위는 강대국의 핵 정책과 핵 확산을 거부하겠다는 의사 표시이자 러시아와 중국뿐만 아니라 모든 핵보유국의 핵 군비 경쟁에 대한 중립과 불간섭을 표명하는 것이다."*

이와 같이 비핵무기지대의 존재는 핵 없는 세계가 불가능한 것이 아니라 비핵과 평화를 선언하는 이들에 의해 만들어지는 것임을 알 수

---

* 우메바야시 히로미치/김마리아 옮김, 『비핵무기지대』, (서해문집, 2014), 132.

있다. 이들의 선언은 단순한 선언에 그치지 않고 실제적인 안정을 보장한다는 측면에서 깊은 의의가 있다. 게다가 이러한 실제적인 안정은 핵보유나 핵우산을 통해 안보와 평화를 얻으려는 노력을 무색하게 한다. 핵 문제가 사회적 이슈로 끊임없이 언급되는 사회와 핵을 원천적으로 금지하고, 핵무기가 그 지역을 지나가지도 못 하게 만드는 사회의 평화는 엄연히 차이가 있다. 몽골의 성과는 동아시아 비핵지대를 구상하는 데까지 이르지 못하더라도 남북한 비핵무지대 선언의 가능성을 열어준다는 점에서 더더욱 '한반도 비핵무기지대'를 선언하도록 촉구한다. 비핵무기지대를 넘어 비핵지대도 결코 먼 이야기가 아니다.

비핵지대로 부름 받은 예수의 제자들

그러나 한반도 비핵지대로 가는 길에는 장애가 많다. 최근 고무적인 흐름을 보이고는 있지만 여전히 낙관하기만 할 수 없는 북한의 비핵화 문제도 있고, 한반도 주변의 강대국, 중국, 소련, 일본, 미국의 이해관계도 어려운 걸림돌 중 하나이다. 일본은 핵보유국이 아니지만 미국에 대한 핵 의존도가 높은 나라인 점도 간과할 수 없다. 우리나라 역시 미국에 대한 안보 의존도가 높다. 첩첩이 겹쳐 있는 산처럼 험한 길이 예고되어 있다. 앞서 살펴본 비핵무기지대들의 선언의 과정이 절대 쉬운 것은 아니었지만, 동아시아 정세와 한반도 주변 분위기를 비교해볼 때도 복잡한 국제 관계의 순간순간이 치열한 정치적 셈하기의 과정이 될 것이다. 합리적이면서 실리적인 이득이 고려되지 않을 수 없다. 그러나 합리적이고 실리적인 셈하기가 평화의 도래를 지체시킬 수 있다. 셈하기를 떠나 갈등과 불신은 평화의 적이 된다.

평화의 신학자 디트리히 본회퍼(Dietrich Bonhoeffer)는 그리스도에 대한 단순한 순종(Der einfältige Gehorsam)을 강조하면서 산상설교를 있는 그대로 따를 것을 그리스도인들에게 요청한다. 단순한 순종은 그리스도의 말씀에 순종 이외의 다른 것이 매개되지 않는 것이다. 광신주의적 순종을 방지하는 것을 핑계 삼아 순종보다 이성을 강조하거나, 양심, 경건, 심지어 성서의 원리로도 그리스도의 계명에 대한 순종보다 우선할 수 없다. 그리스도의 계명을 단순히 따르는 것보다 다른 것을 우위에 두는 일은 예수의 말씀에 대한 왜곡이다. 단순한 순종이 제거된 계명 이해, 산상설교에 대한 이해는 비복음적인 그저 성서 이해에 불과할 뿐이다. 즉, 단순한 순종만이 그리스도를 믿는 행위이자, 따르는 행위가 된다. 그리스도의 부름에 응답하는 것은 단순한 순종에 의해서만 성립한다. 순종이 곧 믿음이다. "성서 안에서 우리에게 선포된 예수 그리스도는 그의 전체 말씀을 통해 오직 순종하는 자에게만 믿음을 선사하시고 오직 믿는 자에게만 순종을 선사하시는 분이시다."*

본회퍼는 산상설교를 주석하면서 예수의 제자들은 평화를 위해 부름 받은 존재들임을 힘주어 말한다. "평화를 이루는 사람은 복이 있다. 하나님이 그들을 자기의 자녀라고 부르실 것이다"** 이 구절은 예수의 제자들이 예수를 통해 평화를 발견했음을 의미한다. 그리스도는 '평화의 사건'이다. 예수는 제자들의 평화이자 모든 그리스도인들의 평화이다. 그러므로 이제 예수의 제자들은 평화를 소유할 뿐만 아니라 평화를 창조해야 한다. 평화를 이루는 사람이어야 한다. 그들은 선으로 악을 이기는 사람이다. 전쟁의 한복판에서 평화를 창조하는 자들이 그리스

---

* 디트리히 본회퍼, 『나를 따르라』, (대한기독교서회, 2010), 88.
** 마태복음 5장 9절.

도의 제자들인 것이다. 본회퍼는 이렇게 말한다. "악한 자들을 평화롭게 대하고 그들에게 고난을 당할 각오를 하는 자들보다 더 큰 평화를 창조하는 자들은 없다."* 왜냐하면 그들은 불가능한 것을 사랑하는 사람들이기 때문이다. 따라서 그들은 기꺼이 십자가를 진다. 그리스도가 십자가를 짐으로써 평화가 만들어졌기 때문이다. 그리스도의 평화 활동에 동참하게 된다. 그리스도와 같이 된다. 그래서 하나님은 그들을 하나님의 아들, 하나님의 자녀라고 부르시게 되는 것이다. 비핵무기지대를 선언하는 일이 이 땅을 살고 있는 그리스도인들의 선언이 되어야 하는 이유가 여기에 있다. 그것이 3.1 독립선언에 참여한 1919년의 그리스도인들의 믿음을 잇는 우리의 믿음이기 때문이다.

참고문헌

어거스틴/선한용 옮김, 『성 어거스틴의 고백록』, 대한기독교서회, 1990.
히로미치, 우메바야시/김마리아 옮김, 『비핵무기지대』, 서해문집, 2014.
본회퍼, 디트리히/손규태·이신건 옮김, 『나를 따르라』, 대한기독교서회, 2010.

---

* 디트리히 본회퍼, 『나를 따르라』, 126.

평화와 경제 협력

홍 정 호
(신반포감리교회, NCCK 신학위원)

2018년은 남북분단 역사에 종지부를 찍은 해로 기억될 것이다. 2018년 4월 27일 판문점 남측 '평화의 집'에서 제3차 남북정상회담이 열렸고, 5월 26일 북측 '통일각'에서 실무적 성격의 제4차 남북정상회담이 열렸다. 남북 정상의 만남은 6월 12일 싱가포르 북미회담의 성공적 개최를 통해 북한과 미국의 오랜 적대관계를 청산하는 새로운 관계로 접어드는 시발점이 되었고, 이윽고 9월 18일부터 20일까지 평양에서 열린 제5차 남북정상회담을 통해 한반도 평화와 번영에 관한 남북정상간 합의가 새로운 실천적 단계에 접어드는 계기가 마련되었다. 또한 금년이 될지 내년이 될지 미지수이지만, 제2차 북미화담이 예정된 상황에서, 2차 북미정상회담까지 연내에 진행된다면, 3차례의 남북정상회담과 2차례의 북미정상회담이라는, 분단사에 유례없는 발자취를 올 한 해 동안 남기게 되었다.

한반도를 둘러싸고 남북미간 현재 일어나고 있는 일련의 일들은,

남과 북, 북과 미의 관계가 대립과 분열, 적대로 치닫던 지난 시간과는 질적으로 다른 평화적 국면으로 전환될 것이라는 기대감을 갖게 만든다. 특히 제2차 북미정상회담을 통해 북한에 대한 경제 제재가 일부라도 풀려 북한과의 경제 협력의 길이 열린다면, 경제 협력을 통한 남북한 군사적 긴장이 완화되는 것은 물론 중단되었던 경제교류와 사회문화적 교류가 재개되면서, 70년이 넘도록 지속되어 온 대립의 역사에 마침내 종지부를 찍을 날이 올 것이라는 기대를 다수의 국민이 갖고 있다. 작년만 하더라도 북한의 추가 핵실험에 대한 불안한 예측과 더불어 미국의 이른바 '최대압박' 작전이 전개되며 각종 대량살상무기들이 한반도에 총집결하는 전쟁 위기상황이 연출되었는데, 전쟁위기설이 불거진 지 반년도 채 지나지 않아 남북정상이 만나 대화를 나누고, 북미정상까지 마주앉아 종전선언과 경제 협력 등의 사안을 두고 협상을 벌인다고 하니 변화의 속도에 놀라움을 금할 수 없다.

내년은 3.1운동이 백주년을 맞이하는 해이다. 3.1운동에 담긴 자주독립, 자유민주, 인류공영의 평화정신이 남북의 화해와 통일을 통해 우리시대의 이정표로 다시금 자리매김하는 해가 되기를 기대한다. 이 글은 이러한 3.1 정신의 동시대적 계승의 과제로서 '경제 협력'을 택하여, 분단시대를 지나 남북한 공동의 평화와 번영을 위한 시대에 신학과 선교의 역할의 방향을 모색하는 것을 목적으로 한다.

동반자로서의 북한 주민

정치·경제적으로 급변하는 상황에 대한 인식과 더불어 신학적 차원에서 주목해야 할 변화는 북한에 대한 타자화의 맥락이 화해와 평화의 국면을 맞아 새로운 전환점을 맞이하고 있다는 사실이다. 분단 상황이 70년이 넘도록 지속되는 가운데, 남북의 대치상황을 둘러싼 한반도와 주변국의 군사적 긴장은 날로 고조되어 왔다. 북한의 3대에 걸친 정권 승계와 6차에 걸친 핵실험은 남북한 교류협력사업 중단에 정치적 정당성을 제공했을 뿐만 아니라, 한반도를 둘러싼 주변국들의 군사적 패권경쟁을 가속화시키는 '합리적' 계기를 제공함으로써 한반도와 그 주변에서의 전쟁발발 위기를 높이는 부정적 요인으로 작용해왔다.

한편 핵 개발에 집착해 온 북한 정권에 대한 유엔(UN)의 고강도 대북제재 결의와 북한 인권문제에 대한 국제사회의 정치적 주제화는 북핵문제를 근본적 차원에서 해결하지 못했을 뿐만 아니라, 북한에 대한 타자화의 맥락을 가속시킴으로써 북한에 대한 총체적 폭력의 '정당성'을 국제사회에 각인시키는 방식의 문화적 폭력(cultural violence, J. Galtung)의 체계를 구축해왔다. 북한을 둘러싼 이른바 국제사회의 타자화가 가속화되면 될수록 북한 정권은 독재체제의 지속성과 정당성 확보를 위한 명분 쌓기에 주력함으로써, 북한 사회를 내적으로 결속하고 외적으로 고립시키는 악순환을 반복해 왔다. 이런 악순환이 지속되는 가운데 남과 북은 정치·경제·사회적으로뿐만 아니라 문화적으로 매우 다른 길을 걸어왔다. '민족'과 '통일'이라는 개념을 대하는 동시대적 태도에도 많은 변화가 있었다. 지구촌을 하나의 시장으로 단일화하는 신자유주의 경제체제 하에서 과거 전통적 '민족'의 개념은 급속히 와해되었고, '통일'은 차이를 동일성으로 환원하려는 전체주의적이고 본질주의적인 인식의 폭력으로 받아들이는 문화가 확산되었다. 서울대통일평화연구원의 조사에 따르면, 남북한 통일을 원하는 이들의 숫자는 매년 감소하는 추세다. 분단은 어느덧 자연화된(naturalized) 삶의 조건이 된 것으로 보인다.

유엔제재와 분단의식의 동시적 극복

그러나 지금 일어나고 있는 변화는, 비록 북미회담의 결과와 이후 상황에 따라 급변할 가능성이 상존하고 있음에도 불구하고, 우리시대의 남북화해와 통일의 과제에 대한 다른 차원의 접근을 요청한다. 그것은 분단을 자연스러운 삶의 조건으로 받아들이며 살아 온 이들의 문제의식과 구별된다. 분단을 삶의 조건으로 받아들인 시대의 문제의식이란 잠정적으로 세 개의 흐름으로 정리를 해 볼 수 있다.

첫째, 냉전 대립구도를 삶의 조건으로 받아들이는 흐름이다. 냉전 분단의식을 지속적으로 재생산해냄으로써 분단체제가 만들어 놓은 이데올로기적 대립구도에 편승하는 삶의 방식을 취하는 것이다. 둘째, 분단체제의 비정상성과 북한에 대한 타자화 맥락에 문제를 제기함으로써 냉전 대립구도의 극복을 삶의 과제로 삼는 흐름이다. 대체로 진보적 입장에서 북한 문제를 다루는 이들의 입장이 여기에 속한다고 볼 수 있다. 셋째, 통일을 정치가 아닌 경제적 관점에서 보려는 흐름이다. 세 번째 흐름은 민족과 통일과 같은 거대담론이 붕괴하고 신자유주의적 경제질서가 삶을 미시적 차원에서 파괴하는 시대를 살고 있는 우리시대에 더 설득력 있는 입장이라고 볼 수 있다. 남북한 화해와 통일과 같은 주제는 생존의 문제를 두고 씨름해야 하는 이들의 주된 관심사가 아니다. 그들에게 북한 문제는 정치군사적 의미에서보다는 주로 경제적 영역에 속한 문제로 인식되는 경향이 있다. 정치사회적으로는 무관심지만 경제적으로 앞선 세대들보다 민감하게 통일문제에 반응하는 세대의 출현은 주목할 만한 현상이다.

　북한과의 경제 협력은 남한 내부의 경제상황이 악화됨에 따라 어려움에 직면해 있다. 한반도의 분단상황을 극복하고 평화와 번영을 위한 노력에 매진해야 한다는 시대적 요청에 직면해 있는 때임에도 불구하고, 평화번영을 위한 남북의 노력은 대내외적 장벽에 가로막혀 발걸음이 더딘 상황에 있다. 특히 최근 들어 악화되고 있는 각종 경제지표들과 부동산, 주식시장의 침체는, 글로벌 경제의 위기국면과 맞물린 악재임에도 불구하고, 정치적 위협의 계기로 작용하고 있는 현실이다. 특히 북한과의 경제 협력을 가로막는 유엔의 대북제제 결의가 여전히 그 효과를 발휘하는 현실 속에서 남북한 평화에 대한 합의가 경제 협력으로 이어질 수 없는 한계를 극복해야 하는 과제 또한 남아 있다. 이런 상황에서 남북의 경제 협력은 유엔의 제재장벽을 넘어서는 동시에, 분단의식을 정치적 권력 유지의 수단으로 삼아 온 남한사회의 분단의식을 극복해 나가야 한다는 동시적 과제에 직면해 있다. 이러한 상황을 돌파해 나가기 위해서는 화해에 대한 당위적 주장을 반복하는 대신 시장(market)에 더 많은 기회를 제공할 수 있는 건전한 방식을 모색함으로써 남북의 평화적 통일이 외국 자본에 있어서도 '손해 보지 않는 거래'가 된다는 인식을 제공하여 평화 번영을 위한 노력을 방해하지 않도록 하는 지혜가 요청된다고 하겠다.

정상국가와의 경제 협력

　분단 체제에 대한 긍정과 부정, 체제에 대한 우상화와 악마화는 동전의 양면이다. 그것은 어쩌면 북한을 자국의 이해관계에 따른 선택을 하는 정상국가(normal state)로 보지 못하도록 우리의 눈과 귀를 막았던 적들의 연대였는지도 모른다. 북한체제에 대한 타자화와 혐오가 갖는 문제에 대해서는 굳이 반복적 언급이 필요하지 않다. 그러나 북한사회에 대한 낭만적 서사화 역시 북한을 정상국가로 보지 못하도록 만들 우려가 있다는 점에서 타자화의 다른 맥락이라고 할 수 있을 것이다. 지금 북미 간 일어나고 있는 변화의 아이러니는 강대강(强對强)의 대립을 고수한 트럼프 행정부의 이른바 '최대압박' 전략 하에서 북한이 북미회담의 의사를 밝히고, 지금까지와는 다른 유화적 태도를 취하며 대화에 임하고 있다는 사실에 있다. 북한주민과 국제사회를 향한 정치적 명분도 북한 정권에게는 중요한 일이지만, 그것이 지금 북한사회에서 출현하고 있는 시장(장마당)경제로의 전환 요청을 수용하여 북한 체제의 안정을 보장하는 것보다 시급한 과제일 수는 없다는 사실이 이번 북미 협상 준비과정에서 드러나고 있는 일이 아닌가 생각된다. 다시 말하면, 앞으로의 남북화해와 통일을 위한 노력에 있어서는 통일의 정치·사회·문화적 당위성을 강조하기보다 경제적인 문제가 주도권을 쥐고 담론과 제도를 형성해 나갈 것이라는 예측을 조심스럽게 해 볼 수 있을 것 같다.

　　통일 문제를 경제적 관점에서 접근하려는 태도는 거대담론에 냉소를 보내는 동시대 사람들에게도 설득력이 있을 것으로 보인다. 실제로, 남북정상회담 소식이 알려지자 국내 주식시장에서 대북관련 주식들의 주가가 연일 상승하며 반도체와 바이오산업이 주도하던 시장의 흐름을 뒤바꿨으며, 트럼프의 북미회담 취소소식이 알려지자, 대북경제 협력 사업과 관련된 주가가 20% 가량 급락하면서 혼란을 보이기도 했다. 흥미로운 점은, 북한에 대한 정치적 적대감을 지닌 이들을 포함하여 남북한 평화와 협력을 위한 노력에 무관심하거나 냉소를 보내던 다수의 사람들이, 남북 정상회담을 앞두고 상승하기 시작한 대북사업 관련 주식 투자 열풍에 동참하여 교류협력이 성공적으로 잘 진행되기를-그래서 내가 투자한 주식의 수익률이 상승하기를-바라는 평화의 촉진자(!)가 되었다는 사실에 있다. 달리 말하면 북미회담의 결과에 따라 남북경제 협력사업 재개의 길이 열리고, 국내외 시장으로 투자가 확대되어 북한이 '적절한 시장'(proper market)이라는 인식을 제공할 수 있게 되면, 통일에 관한 논의가 냉전시대와는 다른 경제적 차원에 집중되어 전개될 것이라는 전망을 해 볼 수 있는 것이다. 그러므로 지금 일어나고 있는 변화는 남북화해와 통일을 위한 접근방식에 근본적인 변화를 불러일으키는 상황으로 보인다. 북한에 대한 국제사회의 제재와 압박, 타자화가 문제였던 상황으로부터 북한이라는 신흥시장(emerging market)이 겪게 될 경제적·문화적 충격에 대한 논의로 화해협력의 논의의 초점이 이동해야 할 상황이라는 판단이 가능한 시점이기 때문이다.

나가는 말

3.1운동은 왕정에서 공화국으로의 체제변환을 알린 혁명적 사건이었다. 그것은 왕권(王權)을 주권(主權)으로, 왕토(王土)를 국토(國土)로, 신민(臣民)을 국민(國民)으로 호명해냄으로써 근대 국민국가로의 전환을 알린 역사의 서곡이었다. 3.1운동의 유산은 분단 이후 남(대한민국)과 북(조선민주주의인민공화국)의 서로 다른 근대화 과정 가운데에도 지속되어 왔다. 그러나 3.1운동 백주년을 맞이하는 때에 남과 북은 또 한 번의 혁명적 변화의 요청 앞에 서있다.

지난 백 년 동안 한반도는 1차 산업혁명에 해당하는 변화에서부터 오늘날 4차 산업혁명에 이르는 급속한 변화를 겪어왔다. 20세기 초반의 국지적인 문제는 이제 전지구적 차원으로 문제로 확대되었고, 지구 반대편에서 일어나는 일들이 생활에 직접적인 타격을 가하는 글로벌 금융 자본주의 시장으로 연계되어 있다. 우리는 인공지능(AI)과 사물인터넷(IoT), 클라우드 컴퓨팅, 빅데이터 등을 활용한 지능정보통신기술이 생활 전환에 융합되어 경제와 산업, 사회와 문화 전반에 걸쳐 또 한 번의 혁명이라고 할 만한 혁신적인 변화들을 이끌어내고 있는 시대의 초입에 있다.

3.1운동 이후 지난 100년의 근대화는 남과 북이 다른 길을 걸었다. 그러나 근대화의 명암이 드러나고, 계승해야 할 유산과 극복해야 할 과제가 동시적으로 출현하고 있는 이 시대에 남과 북은 '근대-이후'의 한반도를 함께 모색해야 할 과제 앞에 서 있다. 왕정에서 공화국으로의 전환이 서로 다른 길이었다면, 공화국에서 남과 북이 모두 경험한 바 없는 또 다른 체제로의 전환, 즉 4차 산업혁명 시대의 '알파(α)체제'로의 전환은 공동모색의 길이 되어야 할 것이다.

참고문헌

콕스, 하비/유강은 옮김, 『신이 된 시장』, 문예출판사, 2018.

한반도비핵화와 경제 제재

노 정 선
(연세대학교 명예교수)

필자는 2018년 9월 24일부터 30일까지 유엔총회 평화캠페인을 마치고 왔다. 평화캠페인을 성공적으로 마치고 온 소회를 밝히면서 글을 시작하고자 한다. 가능한대로 객관적으로 서술해 보겠다.

유엔총회 평화캠페인

미국은 수많은 핵무기를 가진 나라다. 그러나 전 세계는 "미국이 비핵화 할 때까지 미국에 대해 경제 제재를 가해야 한다"고 말하지 않는다. 사울 알린스키(Saul D. Alinsky)는 문제가 안 풀릴 때에는 우연한 사고를 통해 문제가 해결될 가능성도 전략에 포함시키라고 말한 바 있다. 알린스키의 전략대로 우리는 평화캠페인에서 할 수 있는 모든 행동을 했다. 우리는 뉴욕 타임즈에 2천만 원을 내고, 종전선언, 경제재재 취소 광고를 4단으로 27일 실었다. UN 사무총장실의 매리 야마시다 등 대북 담당자 4명과 한 시간 반가량 대화를 나눴다. 야마시다는 한반도의 평화무드를 적극적으로 지지하고 있고, 제재 가이드라인에 대해서 알려주기로 했다. 우리는 북측 신임 대사 김성과도 대화했다. 김성 대사는 "여러분은 1907년 이준 열사와 같은 일을 하시고 계시며 감사한다. 미국의 적대시정책을 취소시키고, 남북 북남이 단결하자"고 말했다. 이에 대해 필자는 "미국에게 경제 제재를 가하자"고 했고, 하와이 왕국* 외무부 장관 리우 리오(Leon Liu)는 북의 산림녹화를 힘차기 밀어주겠으니, 북은 하와이를 공격하지 말아달라는 내용의 서신을 전달했다.

우리는 요미우리신문, 도쿄 티비, 마이니찌 신문과도 인터뷰를 했다. 김일성대학 총장은 "미국은 대북 적대시 정책을 취소하고, 북을 비핵화하려고 하기 전에 미국이 먼저 해야 할 일들을 해야 하며, 한반도를 겨냥한 핵무기들을 모두 제거하는 것이 비핵화이다"라고 말함으로써, 미국이 원하고 말하는 비핵화하고는 전연 다른 것을 말했다. 또한 리영호 북측 외교부상은 "미국이 북에 대해서 부당하게 압박을 가하는 것을 취소하라. 미국은 국제법을 위반하고 있다. 종전선언은 미국이 주는 협상의 선물이 아니라, 당연한 것이다."라고 말하면서 미국은 풍계리 폭파, 동창리 미사일 엔진시설해체 등에 적합한 답을 주고 신뢰성 있게 행동하라고 말했다.

우리를 환영해 준 고마운 분들도 있었다. 미국 6.15측에서 두 번의 환영·환송 만찬을 열어주었고, 미국 민화협이 만찬을 열어주었으며, 뉴

---

* 하와이 원주민들은 왕국을 이루고 살아왔고, 아직도 왕국으로 살고 있으며, 미국이 1860년대 침략을 해서 정복한 것을 고소하고 인정하지 않고 있으며, 미국으로부터의 독립운동을 하고 있다. 내부분의 태평양 섬나라들은 1960년대에 독립을 했다. 리우는 외무부대사로서 Hawaiian Kingdom을 대표하고 있다.

욕대학교에서 두 번의 포럼을 열었다. 9월 24일 12시부터 4시까지 억수의 비가 치는데 유엔 함마숄드 광장에서 시위와 기자회견을 했다. 하루에 11,000보씩 걷는 강행군이었다.

평화를 위한 제안

필자는 2017년 여름, 북한에 대한 미국의 공격 훈련이 극한 상황에 달했다고 판단했다. NCCK 김영주 총무, 이기호 한신대 교수 그리고 필자가 미 국무성 Office of North Korea를 찾아 갔다. 핵전쟁을 막아야 한다는 사명을 가지고 가서, 트럼프 대통령의 Senior Advisors 들을 만난 것이다. 필자가 물었다. "북과 미국이 전쟁을 하면 누구 이길 것 같은가? 베트콩에게 이겼는가? 북은 베트콩보다 1,000배 더 독한 사람들이다. 전쟁을 할 생각을 말고 대화와 협상으로 풀어나가라"고 권했다.

미국에 대한 경제 제재를 핵무기를 보유하지 않은 국가나 시민단체, 시민들이 가해야 하지 않을까? 미국이 비핵화할 때 가서 경제 제재를 풀어주겠다는 약속을 상상해 보라(FFVD USA, Final fully verifiable denuclearize USA). 북이 비핵화하면, 경제 제재를 미국이 풀어 주겠다고 하니, 정의는 무엇인가? 경제 제재가 풀릴 때까지 북의 식량사정은 계속 풀리지 않을 것이며, 천만 명이 굶지는 않아도, 결정적인 배고픔과 식량부족으로 고통을 당할 것이다. 북한 아동들의 영양실조가 28%가 되고 있다고 한다.* 한 탈북민은 "대북경제 제재를 가하면, 굶어 죽는 것은 가장 가난한 인민들뿐이다. 왜 목사님들이나, 기독교인들이 대북제재를 취소하라고 설교하지 않는가?" 하고 말했다.**

---

* 최근 UN 보고서 2018.

한 번은 필자가 단동에서 북한 상인 3명과 아침식사를 하며 그들에게 물었다. "북에 밤나무 묘목 심는 사업을 13년간 해왔는데, 북에 밤나무 보내는 것이 필요한가, 태양광판을 보내는 것이 필요한가?" 그들은 아직도 농촌에는 식량 상황이 어려우니 밤나무를 보내라고 권했다.* 남과 북이 철도를 연결하는 회담을 했으나, 제재가 풀린 후에나 공사를 할 수 있을 텐데, 무작정 기다릴 것인가? 아니면, 이러한 규칙들에 대해 저항할 것인가? 규칙들을 바꿀 것인가? 시민단체들은 즉시 공사를 시작할 것인가? 나진특구와 훈춘지역은 경제 제재에서 예외가 되도록 러시아가 작업을 했다고 한다. 지금도 나진에 사업을 하고 있는 남한단체가 있다고 하는데, 이를 극대화 하되 즉시 하는 것이 좋지 않겠는가? 밤나무 묘목과 같은 묘목들은 제재대상이 아니다. 캐나다의 메이플트리는 영하 수십 도에서도 잘 자라고, 메이플시럽을 생산하니 북에 아주 적합이게 보이며, 즉시 시작하면, 식량 자급자족에도 도움이 될 수 있다.

대북 경제 제재 중단과 한반도 평화정착

6.12 북미정상회담(수뇌회담)은 철저하게 준비가 진행했다. 최선희 외교부부상과 성김, 앨리슨 후커 등이 비핵화와 체제보장에 대한 논의를 판문점에서 했다. 후커는 2년 전 필자가 백악관에 가서, 필자의 주장—평화조약, 경제 제재를 즉각 취소하고, 분단한 미국과 러시아가 10경 달러를 지불하라—이 담긴 논문을 전달한 인물이다. 후커는 지난 16년간 백악관의 한국 국장(Director for Korea)이고, 폼페이오 국무장관

** 한국기독교교회협의회 주최, 〈88선언 30주년 기념 국제회의〉, 2018. 3월, 서울.
* 2018년 5월 2일, 3일, 단동.

이 방북할 때도 함께 했다.

　필자는 미국이 한반도를 분단한 가해자인데, 마치 정의의 수호자인 듯 행동하는 것을 깨우쳐야 한다고 본다. 남북정상회담(수뇌부 회담)의 결과물인 판문점선언을 국회가 비준해서, 다음 정권이 들어서도 반드시 지키도록 만들어 놓아야 한다. 불행하게도 국회는 자유한국당의 반대로 이를 비준하는데 실패했다. CVID를 하면, 폼페이오는 CVIG(Guarantee)하겠다고 했으나, 될까? 트럼프가 말한 대로 "북은 위대한 경제발전을 이루게 될" 것인가? 골드만삭스가 말한 대로 한반도(조선반도)는 2050년에는 세계 제2의 경제강국이 될 것인가?

　종전선언과 평화협정에 대한 논의가 진전되길 기대했으나, 금번 폼페이오가 평양에 가서도 말도 꺼내지 않자 북은 강도 같았다고 표현했다. 북은 원문에서 강도라는 단어를 썼다. 영문에서는 갱스터(Gangster)라고 북이 번역했다. 북의 핵무기와 ICBM을 북한 밖으로 다 내보낼 수 있을까? 일체의 적대행위 중단, 미군철수, 핵전략자산의 철수, 한미 핵군사 훈련 중단 모두가 다 잘 이루어질 수 있을까? 이러한 엄청난 작업이 진행되는 동안 북에서는 5세 이하의 어린이 6만 명이 죽었다(UN의 보고). 그리고 계속해서 사람들이 죽어가고 있다. 이러한 경제제재는 1950년 1월부터 지금까지 철저하게 진행되고 있고, 미국과 유엔은 정의를 빙자하고 있다. 악의 세력에는 저항해야(Resist) 정의가 이루어지고 사람들 살릴 수 있다. 악한 세력이 유도하는 데에 대해서 끊임없이 의심해야 하는 의심의 해석학(Hermeneutics of suspicion)을 적용해야 한다.

　북은 핵무기 없는 완전한 비핵화를 추진한다고 발표했으나, 핵보유국으로 남아 있을 것이라는 해석이 있다. 미국은 북의 기존 핵무기들을 테네시주 오크릿지로 가져가서 분해, 폐기하려고 한다고 발표했다. 그렇게 쉽게 북이 내어줄 것인가? 숨겨놓고 일부만 내어 줄 것인가? 러시아의 푸틴은 "동맹국을 건드리면(침공하면), 가만히 있지 않겠다"고 선언함으로서, 미국이 북을 침공하거나, 체제붕괴를 하려고 할 경우에 직접 참전하겠다고 하는 강력한 의지를 표했다. 러시아의 최신무기, S-400은 미국의 스텔스를 다 보고 파괴할 수 있다. 이 무기는 중국도 소유하고 있어서. 미국은 충분하게 견제당하고 있다. 이는 북에게 핵우산을 제공하겠다고 하는 것으로 해석된다. 푸틴이 재선됨으로서 2022년까지는 확실하게 핵우산에 제공될 것이다. 러시아는 S-400 미사일을 개발하여 실전 배치함으로써, 미국의 스텔스기들을 다 볼 수 있으며, 스텔스 기능을 무산시킬 수 있다. 미국의 F22 랩터 스텔스를 충분히 격추시킬 능력을 확보하고 있다. 시진핑도 역시 S-400 미사일을 보유하고 있다. 시진핑 역시 북에 혈맹으로서 핵우산을 지원할 것이다.

미국 일부에서는 북에 리비아식 모델을 적용하려고 한다. 리비아식 모델은 핵물질, 무기 등을 미국으로 가져가고, 내란을 지원하여 결국 카다피를 살해했다. 북의 김정은 위원장은 리비아 식은 절대로 받아들이지 않을 것이다. CVID, 완전하고 증명할 수 있고, 돌이킬 수 없는 핵폐기를 하려고 할 경우에 적어도, 2~3년이 걸릴 것이다. 더 오래 걸릴 수도 있다. 미국은 완전히 CVID가 완료된 이후에 경제 제재를 풀고, 경제 협력을 하고, 민간 투자를 장려하겠다고 하는데, 문제는 이 3년간의 기간에 북이 현재의 굶주림을 어떻게 해결할 것인가 하는 것이 다급한 과제이다. 따라서 북은 단계별로, 동시적으로 경제 제재를 풀어달라고 할 것이며, 경제 협력과 투자를 강력하게 요구할 것이다. 이 갈등을 이렇게 처리할 것인가 하는 것이 김정은과 도널드 트럼프의 가장 큰 쟁

점이 될 것이다.

　미국은 북의 핵폐기 과정에 대해서, 단계별로, 동시에 적절한 보상을 해야 할 것이다. 예를 들면, 핵무기 한 발당 2억 달러를 돌려주는 식을 고려하는 것이 도움이 될 것이다. 남측은 그 기간에 즉시 쌀 100만 톤을 해마다 보내고, 밤나무 묘목 혹은 알밤 3억 그루를 즉시 보내어서, 자력갱생하고, 긴급한 식량난과 영양실조, 기아 사망에 대응하는 것이 큰 도움이 될 것이다. 캐나다 대사는 캐나다의 메이플나무를 심는 것을 제안했다. 남측은 북의 식량난을 위해서 즉시 100만 톤의 쌀을 주고, 이를 희토류와 교환하고, 밤나무 묘목을 3억 그루를 보내서 자급자족하도록 해야 한다. 북한에 3억 그루의 밤나무를 심어, 150만 톤의 밤과 70만 톤의 밤꿀을 생산해서 식량난을 완전히 해결하도록 해야 한다. 김정은 위원장도 산림녹화하라는 방침을 내렸고, 문재인 대통령도 이를 첫 과제로 지시했으니, 기회가 잘 되었다. 불행하게도 산림청은 소나무 묘목 20만 그루를 기르고 있다니 탄식할 수밖에 없다. 소나무를 먹는 것보다, 밤을 먹는 것이 북을 살릴 수 있다. 필자는 지난 5월 초 삭주군에 2만 그루의 밤나무를 심었고, 12년 간 15만 그루를 심었다. 2만 그루는 한 그루에 500원에 구입한 것이다. 우리는 이런 식으로 대북 경제 제재에 저항해야 한다. 저항하고, 의심하고, 전술전략을 만들고, 힘을 기르고, 준비해야 한다. 미국을 믿지 말고, 러시아에게 속지 말고, 일본이 일어날까 조심해야 한다. 한반도 통일의 길을 가로막는 강대국의 눈치를 보지 말고, 자주적 통일을 추진해야 한다.

참고문헌

노정선, 『지속가능한 평화와 통일전략』, 한울, 2016.
_____, 『동북아 평화를 위한 패러다임의 전환』, 동연, 2008.
_____, 『통일신학을 향하여』, 한울, 1988.

주체사상
— 남북 대화를 위한 기독교의 과제

이 정 배
(顯藏아카데미 원장, NCCK 신학위원장)

평창 올림픽을 기해 이 땅 한반도에 낯설게만 느껴진 평화의 기운이 드리웠다. 20세기 들어 36년간의 일제침략에 분단 70년의 역사를 더해 한 세기 이상을 비정상적 상태로 살아온 현실에서 말이다. 해방 후 독일처럼 전쟁 당사국인 일본이 분단되었어야 했으나 미소의 정치적 원심력 탓에 한반도가 나눠졌고 두 체제 하에서 남북이 70년 이상을 대립해왔다. 주지하듯 민주 공화국인 남쪽과 달리 북쪽에서는 주체사상이 정치이념이자 종교로서 기능해 왔다. 70년 분단체제 하에서 이들 두 정치이념은 상호 대립·갈등했고 자기 이념으로 상대방을 굴복시키고자 했다. 이 과정에서 남쪽의 경제력과 북의 핵개발은 상대방 체제를 위협하는 무기가 되었다. 그러나 김정은은 종래와 달리 핵 대신 경제를 택했고 서방국가들과 대화를 원하고 있다. 그간의 불신 탓에 진위에 대해 논란이 없지 않으나 남북, 북미 정상회담을 통해 그 뜻을 조금씩 가

시화시키고 있다. 이런 연유로 남북 간의 대화와 교류가 빈번해 질 것이고 기독교 또한 종교화된 북의 주체사상과 조우할 수밖에 없는 상황이 되었다. 남쪽의 거대 종교 세력인 기독교와 북의 주체사상간의 만남은 이념을 넘어 종교간 대화 형식을 갖게 될 것이다. 향후 기독교가 절대적 신념체계인 주체사상에 깊이 천착할 이유가 여기에 있다.

주체사상에 대한 개관

아는 대로 북쪽은 서기(BC)대신 '주체'를 자신들 연호로 사용하고 있다. 그만큼 주체사상을 선호, 강조한다는 반증이다. 여기에는 김일성을 신(神)처럼 숭상하는 수령화가 근본에 자리한다. 김일성의 신격화는 남쪽 기독교인들이 하느님이해와 비견될 정도에 이르고 있다하니 그 강도를 짐작할 수 있겠다. 이런 수령화를 토대로 주체사상은 세 가지 기본 개념들, 주체성, 창조성 그리고 의식성을 강조했다.* 이런 세 개념에 대해 혹자는 '인간을 중심한 형이상학적 철학'이라 명명하기도 한다. 주체사상을 말할 시, 수령화를 전면에 내세우는가, 혹은 이들 세 개념을 앞세우는 가에 따라 비교 관점이 다소 달라진다. 전자의 경우에서에서 주체사상과 기독교의 대화가 발전되었고, 후자의 경우를 통해서 주체사상의 유교적 측면이 연구되었다.** 그렇기에 비교적 기독교와 유교학자들이 주체사상을 활발하게 연구해왔다고 볼 수 있다. 하지만 이 둘을 전혀 무관한 것이라 여길 수 없다. 남쪽의 기독교가 유교적 틀

---

* 박한식,『선을 넘어 생각한다』, (부키, 2017), 59-81
** 김성보, "북한의 주체사상:유일체제와 유교적 전통의 상호관계",「사학연구」, 61호, 2000.

거지에서 긍/부정적으로 토착화되었던 탓이다. 기독교의 하느님이 그렇듯이 김일성을 '어버이'로 칭할 만큼 수령은 유교적 가족 차원에서 '부성애'의 대상이었다. 유교적 가족주의가 수령의 내용을 채웠던 결과이겠다. 그러나 주체사상이 항일투쟁의 과정에서 생기했음을 기억해야 옳다. 주체사상이 반제국, 반외세를 전제로 민족의 신성성을 강하게 풍기는 것도 이런 연유에서이다. 따라서 주체사상 속 가족주의는 민족주의의 축소판일 수밖에 없다. 민족 없는 개인은 존재치 않는다는 집단적 민족주의가 주체사상의 골자이다. 이것이 북한체제를 지배하는 유일사상이 되었다. 항일투쟁에 앞장섰던 김일성 수령은 바로 집단적 민족주의의 근원으로 칭송, 경배되었다. 후일 김정일에 의해 주체사상은 선군(先軍)사상과 무관치 않게 되었다. 인민을 돕는 주체로서 군(軍)을 우선시 한 것이다. 선군사상 또한 민족의 집단적 정체성을 강조하는 개념으로 사용되었다. 앞선 내용을 확대, 부언시킬 경우 주체사상은 다음 세요소로 구성되었다. 사람중심의 세계관과, 계급주의 그리고 수령주의가 그것이다. 앞서 언급한 자주성, 창조성, 의식성 등, 이들 세 개념이 바로 사람중심의 세계관에 속한다. 여기서 인본주의, 곧 사람중심의 세계관이라 함은 세계 내 일체 사물들이 오로지 사람을 위해 쓰임 받기에 가치가 있다는 뜻이다. 계급주의는 북쪽 정권의 정당성(사회주의 체제)을 보장하는 이념을 지칭하는 바, 공산당과 선군사상이 이에 속한다. 그리고 수령사상은 사람중심 세계관의 절정으로서 집단적 민족주의의 핵이라 하겠다. 사람중심주의 세계관은 수령사상으로 종결된다. 본고에서는 주체사상의 골자인 자주성, 창조성, 의식성의 개념들과 수령론에 관해서만 다룰 생각이다. 이는 주로 세계관적인 차원으로서 향후 남쪽의 기독교가 만나서 해석학적 투쟁을 해야 될 종교적 실체인 까닭이다. 주체사상은 민족에게 최고의 자리를 부여했고 그 대표자로서 수령을 앞세워 사회적 통합뿐 아니라 영원한 생명까지도 바라는 유사종교의 성격을 지녔기에 앞으로 중히 다룰 기독교의 과제라 할 것이다.

사람중심의 세계관: 의식성, 창조성 그리고 자주성

북쪽의 주체사상이 서구 철학과 크게 다른 점은 인간 본성을 부각시키는 서구에 비해 사회적 존재인 것을 강조하는 데 있다. 인간을 개인으로 보지 않고 노동하는 인민대중으로 여긴 것이다. 세계와 이격된 고립무원의 상태로서 인간을 탐구치 않았다. 사적 개인을 넘어선 집단(黨)적 존재로서의 인간을 주체사상은 '사람'이라고 불렀다. 이런 시각에서 의식성에 대해 언급한다. 의식성은 일차적으로 동물과 구별되는 사람 고유한 속성에 속한다. 자신은 물론 세계를 인식하고 개조하는 활동능력을 총칭한다. 하지만 의식성은 이런 활동을 규제하기도 하는 사회적 특성도 지녔다. 의식도 사회적 관계 속에서 발생할 수 있고 그리해야 된다는 것이다. 그렇기에 주체사상은 의식성을 사회적 관계에서의 인식이라 했다. 이어지는 창조성에 대한 이해 역시 동일하다. 주지하듯 창조성은 항시 목적의식과 유관하다. 세계를 개척하고 자기 운명을 바꾸려는 노력의 일환이기 때문이다. 동물과 달리 자신은 물론 자연과 사회를 개조시켜 유익한 상태로 바꾸려는 것으로서 창조성은 본질적으로 사회적 일 수밖에 없다. 특별히 낡은 사회적 체제를 변경시켜 새로운 체제 만드는 일을 창조성의 핵심으로 여겼다. 마지막으로 자주성은 인간이 세계와 자신의 운명의 주인인 것을 확인시킨다. 온갖 외부적 예속과 구속에 저항하는 것을 사람 본연의 할 일로 여긴 탓에 생물학적 차원만이 아니라 사회정치학적 생명을 지닌 존재로서 사람을 강조했다. 세계의 주인으로서 사람의 지위를 언표 할 때 자주성이란 말이 자주 사용된다. 이점에서 자주성은 주체사상의 핵심을 총괄하여 꿰뚫고 있다. "자주성은 사람의 본질적 속성 가운데서고 사람의 생명을 이루는 주요한 속성이다… 자주성이 사회적 존재인 사람에게 있어서 생명인 것은 사회적 인간에게 있어 자주성이 가장 귀하기 때문이다. 자주성이 없으면 사회적 존재로서의 생명을 잃고 만다…"* 결국 주체철학은 사람중심주의적 세계관을 통해 낡은 봉건제도의 틀을 부수려했고 일제 및 미국 제국주의로부터 자신을 지키고자 애쓴 노력의 산물이었다. 혁명하는 사람에게 있어 가장 고귀한 것은 바로 사회 정치적 생명을 구하고 지키는 일이 된 것이다. 하지만 이것이 수령론과 연계되어 종교화 되었기에 남쪽 기독교의 입장에서 예사롭지 않게 살필 주제가 되었다.

주체사상의 정점으로서의 수령론

앞서 말한 사람중심 세계관의 세 핵심 개념은 수령론으로 귀결된다. 자주성을 비롯한 의식성, 창조성은 선천적으로 단독 개별자에게 주어지는 것이 아니라 개인이 수령, 당 그리고 사회정치적 생명체(인민대중)의 한 구성원이 될 때, 즉 당을 통하여 수령과 혈연적인 연계를 맺게 될 때 비로소 획득되는 것으로 믿는 까닭이다. 바로 여기서 유교적 가족주의 내지 민족적 집단주의가 극명하게 이해된다. 사회적 집단의 생명이 있은 후 개인 생명도 가능할 수 있다는 것이다. 서구 개인주의적 철

---

* 리상준, 『위대한 주체사상 총서 1』, (평양: 사회과학 출판사, 1985), 193; 정대일, 『북한 국가 종교의 이해』, (나남출판사, 2012), 29-30에서 재인용.

학의 시각에서 볼 경우 이는 아주 낯선 개념일 수밖에 없다. 개인이 있고서야 사회(전체)가 있다는 것이 서구사상의 골자인 탓이다. 하지만 기독교 신학자들은 종종 이런 수령론을 삼위일체의 시각에서 조명하기도 했다. 당과 인민대중 그리고 수령을 내적으로 상호 연결된 존재로 본 것이다. 이를 위해 이상의 내용을 원문 그대로 재차 소개한다. "수령은 인민 대중의 자주적인 요구와 이해관계를 종합, 분석하여 하나로 통일시키는 중시인 동시에 그것을 실현키 위한 인민대주의 창조적 활동을 통일적으로 지휘하는 중심이다. 당은 수령을 중심으로 조직, 사상적으로 공고히 결집된 인민대중의 핵심부대로서 자주적인 사회정치적 생명체의 중추를 이루고 있다. 개별적인 사람은 당 조직을 통하여 사회정치적 생명체의 중심인 수령과 조직 사상적으로 결합되어 운명을 같이할 때 영생하는 사회 정치적 생명을 지니게 된다."* 여기서 우리는 주체사상이 수령 중심으로 변화되는 필연적 계기를 접하게 된다. 이는 중국과 소련의 개방 정책에 직면하여 내부를 단속하는 취지에서 시작된 것이었으나 이 과정에서 사람의 아들인 예수가 하느님 되는 것처럼 수령의 신격화가 발생했다. 물론 유교적 가족주의 틀 하에서 수령론이 북쪽 주민들에게 깊은 신뢰를 받고 있는 것도 사실이나 신격화 과정을 이해함에 있어 기독교적 틀거지가 중히 사용될 수 있다. 더욱이 영생이란 표현도 거침없이 사용하는바, 여기서 영생은 개인적 차원이 아니라 사회정치적 차원에서다. 이는 마르크스사상을 수령(론)에 터해 종교화시킨 것으로 대중적인 결속력을 높이는 계기가 되었다. 여하튼 수령과 인민대중 그리고 당을 사회생명체의 영생을 위한 삼위일체적인 상호 투

---

* 신은희, "기독교와 주체사상과의 대화: 생명주의 다문화 통일론," 「민족사상연구」 13권, 2005.

입과정으로 보는 신학적 해석이 일견 타당해 보인다. 하지만 수령의 신격화를 위해 단군신화까지 我田引水적으로 차용하는 북쪽의 태도가 위험스럽다. 향후 기독교와의 조우 시 큰 장애가 될 수 있기에 순차적으로 이를 해체할 필요가 있다. 기독교 역시도 지나치게 유일신관의 잣대를 북쪽에 들이대는 것을 조심할 일이다.

단군신화와 결합된 수령론

북쪽 주체사상은 이렇듯 유교적 배경과 기독교적 유사성을 지녔음에도 단군과 결합시켜 자신들 고유성을 강조했다. 이런 시도를 문화적 민족주의의 일환으로 본 학자도 있었으니 단군을 통해 민족의 우수성은 물론 종교성을 확보코자 한 것이다. 주체사상을 확립한 김일성 스스로가 1993년 단군릉을 개건한 것도 이런 맥락에서다. 단군 후손으로서 민족의 실체성을 객관적으로 보장하고 그의 유구성, 단일성을 강조할 목적에서였다. 하지만 수령을 통한 조선민족의 영생이 궁극 목표였다. 주체사상은 단군을 역사적 실제인물로 부각시켰고 그를 민족 시조로 받아들였으며 이들이 지닌 종교성을 강조했으나 이는 오로지 민족을 영생의 단위로 여겼기에 가능했다. 단군과 김일성을 중첩시켰고 단군상(像)을 사회 정치적 생명의 차원에서 풀었던 결과일 것이다. 이 과정에서 김일성은 의당 예수와 비견될 만큼 신격화 되었다. 새로운 차원의 단군이 된 것이다. 이제 수령의 죽음을 통해 과거의 단군민족이 김일성민족이라 일컬어질 수 있게 되었다. 하느님 말씀이 늘상 우리와 함께 있듯이 김일성 수령 또한 한시도 인민대중을 떠날 수 없는 존재가 된 까닭이다. 여기서 일당 독재는 수령의 말씀에 대한 절대 복종과 등가일 것이다. 기독교 '교회' 또한 수령의 어록을 선포, 실행하는 당(堂)과 형식·내용면에서 유사성을 지녔다. 북쪽 사람들에게 있어 수령의 위대성은 자신들 과업으로 증명해야만 되었다. 마치 우리 기독교인들이 성령의 가르침대로 사라야 하듯이 말이다. 민족의 영생이란 말이 주체사상에 있어 마지막 결어라 말할 수 있겠다.

이상에서 보듯 기독교와 주체사상의 조우는 한없이 어려운 과제가 되었다. 향후 남북이 만나 자신들 속살까지 내놓고 이야기할 시점에 돌 터인데 주체사상과의 대화는 기독교 신앙인에게 있어 어떤 종교간 대화보다 난제일 수밖에 없다. 경제, 정치 체제에 관한 사안들은 타협이나 중재가 가능하겠으나 일정기간 동안 이들 간의 접촉은 한없이 어려울 듯싶다. 이점에서 주체사상은 지금껏 기독교가 그래왔듯이 정복의 대상일 수 없고 일정기한 동안이라도 이해를 위한 대화의 파트너로 인식되어야 옳다. 앞서 여러 차례 언급했듯이 북쪽 사람들에게 있어 수령은 우리들 하느님처럼 절대적 존재로 각인되었기 때문이다. 이 땅이 기독교가 더욱 사랑의 종교로 탈바꿈되는 것이 급선 과제가 되었다. 교리적 기독교 대신 사랑의 종교가 되는 것이 대화의 첩경이다.

참고서적

박한식,『선을 넘어 생각 한다-남북한을 갈라놓은 12가지 편견에 관하여』, 부키, 2018.
정대일,『북한 국가종교의 이해-북한 선교의 신(神)이해를 위해』, 나눔사, 2012.
신은희, "기독교와 주체사상과의 대화 – 생명주의 다문화 통일론."「민족 사상연구」, 민족사상연구소, 1993.

민족통일과 기독교

신 혜 진
(이화여자대학교)

3.1 독립운동기념 100주년을 앞두고 남한과 북한은 다시 '한민족 공동체'를 꿈꾸고 있다. 이 꿈은 더 이상 성급한 정치적 흡수통일이 아니라, 다수의 시민이 다자적인 대화를 통해 한 올씩 넓혀갈 민주적 공생 공동체를 향한 바램일 것이다. 이즈음에 우리는 1919년 독립운동을 떠올린다. 그 날은 '민족'이라고 하는 '하나'의 역사문화적 운명공동체가 자유와 해방을 그리면서 그 바램을 선언하고 외쳤던 날이었다. 그 선언의 발단에 한국기독교가 있었으며, 전국에서 수많은 기독교인들이 항일 독립 투쟁에 나설 때에 그들은 누구보다 주체적이었고, 지성적이었고, 헌신적 신앙을 가진 존재들이었다.

한 세기가 지났다. 그리고, 우리는 이제 자문한다. 민족의 역사 속에서, 한국기독교는 무엇을 했는가? 한국기독교는 어떤 정체성을 가지고 있으며, '한국'과 '기독교'를 어떻게 하나로 통합시키고자 했는가? 다시 말해, 이 땅의 기독교인은 한국인으로서의 주체성을 어떻게 지켜내며, 어떤 기독교 복음의 진리를 품고 이 둘을 하나로 만들기 위해 어떤 노력을 하고 있는가? 이 시간, 이 질문을 통해 한국기독교 모습을 객관적으로 조명해보는 계기를 갖고자 한다. 스스로 대상화 시켜보며, 그 한계성을 어떻게 극복할 수 있을까 고민해보고자 한다.

여기서 통일신학이 이 한반도의 상황과 기독교 복음의 문제를 푸는 데 도움을 줄 수 있을 것이다. 지금에 와서 비로소 인식되는 '통일', '통합', '평화', '주체'와 같은 개념들은 이제껏 통일신학이 다뤄오던 주제였다. 따라서, 이 문제를 풀기 위해 우리는 통일신학이 지시하고 지향해 왔던 바에 주목하지 않을 수 없다. 통일신학은 민족의 생존과 자주독립을 위해 기독교 신학이 해야 할 사명에 대해서 주장해왔는데, 그 예언자적 통찰은 지금 기독교가 나아갈 길을 새롭게 모색하는데 지표가 되어 줄 것이다. 이제 그 지표 하나를, 한 여성신학자의 신학과 삶을 통해 살펴보고자 한다.

박순경의 통일신학과 주체사상

먼저, 통일신학이란 무엇인가? 통일을 위해, 통일을 통해, 무엇을 하자는 신학인가 궁금하지 않을 수 없다. 통일신학은 때때로 평화신학 또는 희년통일신학이라고도 불리는데, 민족 통일이라는 주제를 놓고 기독교 신학이 해야 할 일들을 구상해본다는 의의를 가진다. 또한 통일신학은 우리 시대 – 한반도라는 시공간적 제한을 포함하면서 동시에 목적지향성을 가지며, 그것을 인간 – 인간, 인간 – 자연, 인간 – 신 관계의 해결로 풀려는 새로운 신학적 틀을 제공한다. 이 때, 신학은 관계적 시각의 틀이나 대화라는 양식을 통해서 새로운 인식과 상황 국면을 가져올 수 있는데, 이렇게 주체가 자신 스스로와 대상을 의식하고 관련을 맺을 때 생기는 결과물은 우선 '객관성' 인식이다. 대화의 상대를 전제하고 그 상대와의 대화를 평화적 방법으로 이끌어가려고 할 때 불가피하게 보이는 것은 우리 자신에 대한 성찰 필요성이며, 절대시했던 자기확신의 소멸이기 때문이다. 따라서 통일신학의 의의는 이상과 같이 정리되며, 이를 신앙적으로 말한다면 겸손과 우상 파괴와 신적 절대성에 대한 인정이라고도 할 수 있겠다.

그렇다면, 박순경의 통일신학은 어떠하며 그 신학의 내용은 무엇인가? 우선, 박순경의 통일신학은 반공기독교에 대한 비판과 주체사상과의 대화 사건을 그 특징으로 한다. 그런데, 이 박순경 통일신학의 전체를 파악하기 위해서는 전체 구도와 접근하는 시각의 각도가 중요하다. 우선 큰 구도에서 본다면, 박순경의 통일신학은 '대화를 위한 신학'으로 집약된다. 그리고 이 대화를 위한 신학 전체는 다음과 같은 세 요소 또는 세 가지 축으로 읽힐 수 있다. 첫째, 나란 주체가 있다. 둘째, 상대라고 하는 대화 상대가 있다. 셋째, 이 둘이 하는 대화 내용이 있다. 이렇게 3가지 축은 박순경 통일신학의 목적과 그 의의가 '대화를 위한' 것에 있음을 명시해준다. 이 세 가지 축이 형성하는 논의 방식은, 민족의 미래를 놓고 민족의 통일을 이야기하면서, 민족에 한하지 않는 세계 평화와 신학적 메시지를 그 목적으로 한다. 민족이라는 문화역사적 운명공동체가 가지는 정체성과 역사적 상황을 우리의 현재적 주체성으로 논의하는 한편, 그것이 발생된 세계 정세와 인간 본성에 대한 근원적인 신학의 비판과 통찰력을 제공하고 있기 때문이다.

통일신학은 대화신학이다. 대화 신학은 대화를 위해, 대화를 통해 가능하다. 이때, 대화를 위해서는 상대방의 자리와 그 존재를 인정하는 것이 우선된다. 그런데, 이 대화 상대의 인정만큼이나 중요한 것은 대화를 하려고 앉은 주체, 즉 나 자신에 대한 인식이다. 이 지점에서 볼 때, 박순경의 통일신학은 '주체'라는 문제를 놓고 다시 이중의 병행적 흐름을 드러낸다. 그것은 '통일' 목표에 따른 '하나'를 강조하기보다는 양자의 존재를 각각 인정하는 것에서 시작된다는 것을 전제로 놓는다. 대화자 양편을 '주체'라고 할 때, 대화 주체로서 '나'가 존재하며, 대화 '상대'로서 인식 대상이 존재하고, 그 대상과의 대화를 통하여 다시 '나'에게로 돌아오는 인식의 변증법적 과정과 해석의 차원이 생성되는 것이다. 이것을 통해, '나'는 다시 대화 이후에 '나'에게도 돌아오지만 전의 '나'와는 같지 않은 '나'가 되어 새로운 '나'를 형성한다는 해석학적 과정이 들어오게 되는 것이다. 이런 구도를 통해 볼 때, 박순경의 통일신학은 다음과 같이 한국 신학에 공헌점을 제공한다. 이제까지 정치적 선입견을 가지고 신학적 판단을 해왔던 과오를 걷어주며, 그 대화를 위한 신학이 방법론적으로 그리고 그 내용적으로 가져올 수 있었던 차원과 효과를 놓쳤던 부분을 명시해준다. 그러므로, 우리는 그 통일신학을 볼 때, 이러한 현상학적 '판단정지' 작업을 통해 보되, 그 내용이 말하는 바와 그 내용이 의미하는 바를 조금 더 자세히 접근할 수 있을 것이다. 박순경의 통일신학의 세 축을 다시 정리해본다.

첫째, 나라는 주체는 '우리'가 들어와 있는 인식 주체이기도 하다. '나'는 한국기독교, 한반도 역사 속에서 지난 130여 년간 살아왔던 한국기독교를 말한다. 둘째, 대화에는 상대방이 있고, 상대방의 자리가 있다. 대화는 적어도 쌍방이 하는 것이고, 그 자리를 정중하게 마련하는 것이 중요함을 말한다. 그 대화의 자리를 의식하는 한, 나는 절대적 위치에서 내려오게 된다는 사실이다. 그 대화의 끝이 어디로 갈지 알 수 없으나, 그 대화 속에 신뢰가 형성되면 그 중요성은 증진된다. 박순경의 통일신학은 다음과 같이 말한다. 한국기독교는 북한의 주체사상을 상대로 맞아 진지한 대화를 시작할 때, 절대시하던 반공정치이념과 자본주의체제와 특권계급의 이익을 상대화 할 수 있게 된다. 마지막으로, 대화를 한다 함은 그 대화의 내용을 경청하고 그 내용에 대해 반응하며 그것을 함께 생각하는 작업을 말한다. 상대방이 말하는 것과 더불어, 상대방이 말하고자 하는 것을 알아듣는 것이 대화를 진전시키는 방법일 것이고, 그 상대방의 존재를 인정하면서 생각하는 것이 대화에 필요한 작업일 것이다. 따라서 대화 상대자로서 앉은 북한 기독교의 입장과 그 처지를 생각하면서, 그들이 하려는 말에 대해 진정성을 가지고 듣는 것이 필수적인 작업이다. 여기서, 북한 기독교는 스스로의 정체성을 '주체사상'으로 설명하고자 했고, 그 주체사상과 기독교의 공통점을 들어 서로 대화할 것을 시도했다는 사실이 중요하다. 이에, 박순경은 그 시도에 응답했고 그 내용에 대해 자신의 역사적 인식과 신학적 주체성으로 대답했다. 그 사실이 바로 기독교와 주체사상과의 대화를 개시한 의의를 가지고 다시 자리매김 될 수 있는 부분이다.

박순경 통일신학에서 '주체사상'과 '주체'

박순경의 '주체사상' 언급은 '대화를 위한 것'이었다. '대화'는 상대를 인정한다는 것이고, 그의 자리를 마련하고, 그 상대의 말을 경청하는 것이었다. 그런데, 여기서 남한의 대화 상대인 북한의 주체사상이 기독교 신학에 말을 걸어올 때, 이에 대해 답을 하고 그 말의 내용에 반응하고 그 내용에 대해 토의하고 토론의 장을 다수에게 여는 것 역시 중요한 일이 될 것이다. 왜냐하면, 대화는 서로를 변화시키기 때문이다. 따라서 여기서 중요한 것은 정치적 금기를 깨고 그것을 언급했다는 사실이 아니라, 그 언술된 내용이 될 것이다. 그 내용은 주체사상을 어떤 입장에서 보고 어떻게 비판적으로 해석했는가의 문제일 것이다. 누구나 알듯이, 주체사상은 역사적이고, 과학적이며, 유물론적이고, 변증법적인 방법론을 가진다. 또한, 주체사상은 수령론, 인간개조론, 집단영생론 등으로 구성되어 있다. 그러나 이것을 신학적으로 볼 때, 이를 어떻게 해석할 수 있고, 어떻게 변형할 가능성이 생기는지, 어떤 입장에서 무엇을 원용할 수 있는지 등의 문제가 생기는데, 이 문제들은 대화 안에서 내용의 전환과 관계의 국면 변화가 가능하다는 것을 보여준다. 박순경은 이런 노력의 일환으로 철저한 바르트 신학의 기반에서 역사의 변증법적 주체가 '기독교 신, 하나님'이라고 선언하며, 그 수령의 자리는 궁극적으로 '역사의 주인인 하나님'이라고 역설한다.* 또한, 여기서 또 다른 '인간 주체' 문제가 생성되는데, 이는 하나님과 함께 역사의 주체이면서 동시에 통일의 주체가 되고 또 신앙의 주체가 되는 '인간', '사람', '민중', '인민'에 대한 것이다. 통일신학은 이 주체에 대해 다같이, 다각도로 논의하고 검토할 일들이 남아있음을 알려준다.**

    대화 이후에 더욱 중요한 것은, 대화 주체의 반성과 성찰 작업이다. 대화 주체는 이제 다시 자기반성을 통해 새롭게 자기를 인식하는 주체가 되기 때문이다. 이러한 자기반성과 자기비판은 다음과 같이 나타난다. 박순경은 "남한의 기독교가 반공기독교이면서 분단 세력의 이득을 보았던 계층을 대변했다"고 비판한다. 또한 이것은 민중과 민족의 아픔

---

* 박순경, 『통일신학의 미래』, (사계절, 1997), 196-197.
** 노정선, 『지속가능한 평화와 통일전략』, (한울아카데미, 2016). 제6장 참조.

에 대하여 공감하기를 거절하거나 외면하고, 기득권 계층의 입장에서 신앙과 신학을 해왔던 남한 기독교 전체에 대한 반성이기도하다. 서양 선교사에 의해 전래된 종교로서 한국기독교(개신교)는 분단 이후 이 사회의 중산 계층을 대변할 뿐 아니라 역사적으로나 정치적으로 무관심할 것을 종용하는 체제에 부합하여 왔다. 사회문제에 관심하는 것은 진정하게 종교가 할 일이 아니라고 하는 태도로 일관했다고 박순경은 지적한다. 이 근거로, 일제시기 한국기독교는 이 땅에 복음이 뿌려지는 시기에 동시적으로 세계 열강들의 식민지적 정책에 자신을 동일시하였다는 점을 든다. 1905년 일본과 미국은 밀약 형태로 가쓰라-테프트 조약을 맺는다. 이 때, 조약의 내용은 미국의 필리핀 점령과 일본의 조선 침략과 식민지를 상호 인정하는 것이었기 때문에 그 이후의 기독교 포교활동은 일본의 조선통치를 두둔하거나 방치하는 결과를 낳았고, 해방 이전부터 이후까지 종교는 '반봉건'적 교육 문화 분야에 한정하여서만 힘을 썼으며, 분단 국가 설립 이후에는 자본주의 체제를 기독교 복음적 자유와 동일시하여 그것을 수호했다는 것이다. 요약컨대, 한국기독교는 자본주의적 사고가 서양에서 온 복음과 함께 가야만 하는 것으로 여기고 그 체제를 유지하고 정당화하는 방향으로만 나아갔다는 것이다. 이런 분위기 속에서 한국기독교와 신학은 자유로운 사상과 객관적 시각을 가지기 어려웠다는 점이 드러난다. 종교는 비정치적이어야 한다고 취했던 태도와는 모순되게도 북한에 대해 언급하는 것 자체만으로도 정치적 색을 덧입혀서 자유로운 신앙과 신학을 정치적 갈등 상황에 가두었던 때가 있었음을 보여준다.

또 한 세대가 지났다. 우리 세대에서는 이제 반공기독교의 광신적 태도는 오히려 반역사적이며 반민족적일 뿐 아니라, 반평화적이고 반기독교적인 것이라고 하는 사회의 목소리를 듣는다. 한국기독교의 잘못과 상처를 돌아봐야 할 시점에 와 있다. '절대적 반공주의는 창조자 하나님과 인류의 화해자 그리스도에 위반된다.' '왜냐하면, 민족 분단에서 저질러진 온갖 비극에 대하여 반공기독교는 회개할 줄 모르기 때문'이라고 박순경은 힘주어 말한다.* 그러나, 지금의 시점에서 보기에, 우리 역사는 또 한편으로 6.25 전쟁이라고 하는 동족간의 비극을 경험했다. 각 전투와 전쟁에서 발생된 이념상의 묵은 상처가 실재한다는 점을 간과할 수 없는 것이다. 따라서 서로 총부리를 마주해야 했던 상처를 같이 돌봐야 하는 상황에 직면해 있다는 것도 의식해야 할 문제일 것이다. 그럼에도 불구하고, 분단체제를 옹호하고 반공주의를 기독교적 이념으로 정당화 하려고 했던 잘못은 비판되어야 할 것이다.

통일신학을 통해 역사를 보고 우리가 알 수 있는 것은, 이 '주체' 문제를 통해 우리가 우리 자신을 본다는 사실이다. 박순경 통일신학의 주장과 통찰을 텍스트 삼아, 새롭게 우리의 컨텍스트 안에서 재해석하고 이를 수용할 수 있다. 위와 같은 1990년대 '주체'와 곧 시작될 2020년의 '주체'를 비교하며, 변화해 갈 우리 자신을 설계해야 하고 또 할 수 있다는 사실이다. 이제 '통일'이 언급될 때 더 이상 흡수통일로 여겨질 수 없으며, 대화를 통한 통일은 평화의 과정으로서 이루어지는 지난한 과정의 목표이자 지향점임을 인식하게 되었기 때문이다. 이런 의미에서 '주체' 논의는 이제 다시 시작되어야 한다.

---

* 박순경, 『하나님 나라와 민족의 미래』, (대한기독교출판부, 1984).

평화 주체를 만들어가는 통일신학

앞에서 보았던 '주체'는 통일주체이면서, 평화를 직접 만들어가는 주체였다. 따라서 '주체'는 비폭력적이면서도 강력한 힘이 내포 되어야 함을 알게 된다. 그것은 도덕적이고 정신적인 힘이다. 그러나 어떤 제국과 열강도 절대적 도덕과 종교로 정당화될 수 없음을 보았고, 이를 보는 세계인들과 지금 한국 시민들은 그것이 강한 인내력과 실력의 확충과 높은 도덕성으로 요청된다는 사실을 또다시 확인하고 있다. 남은 것은, 그 점을 신앙의 눈으로 분명하게 인식하는 일이다. 모세나 바울이 '차라리 자신을 버리시고 자기 민족을 살려달라'고 했던 것처럼, 그때에야 기독교를 포함한 좀 더 큰 공동체를 위하여 헌신하는 신앙 지도자를 신뢰할 수 있을 것이며, 그것을 통해 기독교가 한국 사회전체를 생각하는 대승적 사랑을 지닌다는 것, 개인뿐 아니라 민족과 공동체를 살리고 자유롭게 하려는 데 기독교 신앙의 핵심이 있음을 확신하게 될 것이기 때문이다.

참고문헌

박순경, 『통일신학의 여정』, 한울아카데미, 1992.
박순경, 『통일신학의 고통과 승리』, 한울아카데미, 1992.
노정선, 『지속가능한 평화와 통일전략』, 한울아카데미, 2016.
평화와통일신학연구소 편, 『평화와 통일신학1』, 한들출판사, 2002.

한국기독교교회협의회 통일운동의 전망

나 핵 집
(열림교회, NCCK 화해·통일위원장)

일제 강점기와 한국전쟁을 거치면서 우리 민족은 정전분단체제를 통해 아픔을 경험하게 되었다. 오래 지속되고 있는 정전분단체제는 성숙한 민주주의로 나아가는데 걸림돌이 되었다. 북한은 '주체사상을 통한 사회주의 건설'이라는 목적지향적인 길을 걷게 되고 남한은 자유 민주주의를 기초로 정부를 수립하지만 부정과 장기집권, 군부독재를 통해 민주주의와는 다른 길을 걸어가게 된다. 일제강점기와 해방정국 그리고 한국전쟁과 분단의 과정에서 교회는 급격한 변화를 겪게 된다. 일제강점기에는 관북지방(함경도, 북간도)이나 서북지방(평안도, 황해도)을 중심으로 교회가 왕성하게 활동했다. 평양과 원산 대 부흥운동을 통해 교회 부흥을 주도해 갔다. 해방정국을 통해 북한에 세워진 인민위원회와 교회가 충돌하면서 북한의 교회들은 소용돌이를 경험하게 된다. 토지개혁령을 통해 토지를 환수하는 과정에서 교회는 북한에 세워진 인민위원회와 충돌할 수밖에 없는 불가피한 상황을 맞이하게 된다. 결국 수많은 교회 지도자들과 교인들이 자신의 자리를 떠나 남하하게 된다. 남하한 교회지도자들과 교인들은 북한의 공산주의에 대한 적개심을 가질 수밖에 없었고 교회는 반공을 기저로 한 신앙을 형성할 수밖에 없었다. 남한의 교회가 남쪽이 들어선 이승만 정권이나 박정희 정권의 독재에 대해 강력하게 투쟁하고 민주주의를 위해 싸울 수 없었던 것도 그 정권들이 반공을 기치로 내걸고 통치했기 때문에 교회와 정권이 반공이라는 공감대를 이루고 있었기 때문이다. 북한의 교회는 관북지역은 일제 강점기나 해방정국에서 민족주의에 관심이 많았고 서북지역의 교회들은 남하하면서 반공을 기치로 한 보수기독교 세력으로 등장하게 된다. 분단 이후 남쪽의 교회들은 보수기독교는 민주주의보다 반공이 더 중요했다. 군사독재정권이 들어섰을 때도 독재에 저항하지 않은 이유는 민주주의보다 반공이 더 중요했기 때문이다. 자신들이 북한에서 겪었던 선 경험 때문에 독재에 항거하기 보다는 독재정권이라도 공산주의를 척결하는 일에 있어서 자신들의 이해와 맞아 떨어지기 때문에 정권에 순응하고 협력하는 길을 선택했다.

　한국기독교교회협의회(이하 NCCK)를 중심으로 진보진영(에큐메니칼)의 교회들은 군사독재 정권하에서 민주주의와 인간의 존엄을 생각하게 된다. 민주와 인권을 위해서 정권과 맞서게 된다. 군사독재 정권 하에서 민주화와 인권의 문제를 가지고 씨름하는 동안에 교회는 통일이나 분단 문제를 가지고 씨름 할 여유가 없었다. 80년 광주민중항쟁 이후 교회는 분단문제 해결 없이 민주주의나 인권의 문제를 해결할 수 없다는 자각을 하게 된다. 물론 80년 광주항쟁 이전에 통일 문제에 대해 전혀 관심이 없었던 것은 아니었으나 본격적으로 분단문제나 통일 문제에 관심을 가지게 된 것은 광주 민중항쟁 이후이다. 신군부의 정권

찬탈을 통해 성립된 군사정권은 정통성이나 도덕적 정당성을 확보할 수 없었다. 신군부의 등장은 분단을 내세워 반대세력들을 억압하는 일 밖에 없었다. NCCK는 광주 민중항쟁 이후에 같은 분단 상황 가운데 있는 독일교회와 분단에 대한 논의를 해왔고 제4차 한·독 교회협의회 에서 공동성명을 발표하기에 이른다. 공동성명에서 양국에 통일 문제 를 연구하기 위한 위원회나 기구들을 설치하리고 결의 한다. 이 결의에 따라 NCCK는 제31회 총회(1982. 2. 26.)에서 '통일문제연구원 운영위 원회'를 특별위원회로 설치하기로 결의한다. 그러나 먼저 한반도의 통 일 문제를 가지고 움직인 것은 해외 기독자들이었다. 특히 독일을 중심 으로 한 교회들이 제1차 '조국통일 위한 북과 해외 동포 기독자간 대화' 를 1981년 비엔나에서 열고 2차 대회를 핀란드 헬싱키에서 열어 공동 성명을 채택하고 '국, 내외 동포들에게 보내는 호소문'을 발표하기에 이 른다. 해외에서 해외 기독자들과 북의 만남을 계기로 NCCK도 통일문 제를 협의하기 위한 노력을 하지만 번번이 당국의 방해와 집요한 탄압 으로 열리지 못했다. NCCK는 세계교회와의 연대를 통해 한반도 분단 의 문제나 통일 문제를 협의하기 위해서 노력한다.

도잔소 프로세스(Dozanso process)와 88선언

세계교회협의회(이하 WCC)는 국제문제위원회(WCC-CCIA/1984. 10.) 주최로 일본의 도잔소(동산장 여관)에서 '동북아시아의 평화와 정 의협의회'를 개최한다. 이 협의회에서 한반도의 분단상황에 대해 청취 하고 세계교회가 한반도 상황에 대한 입장을 발표하게 된다. 이 협의회 에서 '한반도 평화와 통일'을 위해 세계교회가 공동으로 노력할 것을 제안하기에 이른다. 이것을 이른바 도잔소 프로세스(Dozanso process)라고 부른다. 세계교회가 도잔소에서 제안한 프로세스에 의해 NCCK와 WCC는 긴밀하게 연대를 통해 한반도 통일 문제를 위해 노력하게 된다. 세계교회가 한반도 통일 위해 노력한다는 약속은 바로 나타난다. 2년 뒤 WCC국제문제위원회가 스위스에서 '제1차 글리온 회의'를 열게 된다. 이 회의에 WCC는 조선그리스도교연맹(KCF) 대표 5명과 한국기독교교회협의회(NCCK) 대표 6명을 초청하여 남과 북의 교회 지도자들의 만남을 주선한다. 민간차원에서는 최초로 남과 북이 만나게 된다. 이 회의에서 성만찬을 통해 세계교회와 남과 북의 교회가 감격을 경험하게 된다. 도잔소 프로세스의 연장선상에서 이 모임은 이후 계속 이어진다. 세계교회는 남과 북의 교회와 함께 만남을 주선하고 계속해서 한반도 문제를 협의하게 된다. 세계교회의 연대를 힘입어 NCCK는 88 올림픽을 앞두고 정부가 북방정책을 펼치는 흐름 속에서 제37회 총회(1988. 2. 29./연동교회)에서 '민족의 통일과 평화에 대한 한국기독교회 선언'(이하 88선언)을 발표하게 된다. 이 선언서는 총회원들의 기립 박수 속에서 눈물로 채택하게 된다. 이른바 88선언으로 불리는 이 선언서는 이후 한반도 평화통일의 장전이라 불릴 만큼 통일운동에 지대한 영향을 끼친다. 민간통일 운동뿐만 아니라 정부의 정책에도 영향을 끼친 것으로 열려져 있다. 이후 남북기본합의서나 6.15 공동선언에도 88선언의 내용이 녹아들어 있는 것을 발견할 수 있다.

88선언은 7.4 공동성명에서 통일의 원칙으로 발표했던 '자주, 평화, 민족대단결' 이라는 3대 가치에 '인도주의 원칙'과 '민중의 통일 논의 참여 권리(민의참여)'를 포함하여 5대원칙이 들어가 있다. 특히 88선언에서 성서적인 근거를 통해 남과 북을 함께 아우르는 한 동족으로서 통일에 대한 진솔하고 실천적인 고백을 담고 있다. 88선언에서 매우 중요한 것은 분단과 증오에 대한 죄책을 고백을 했다는데 있다. 분단체제 안에서 오랫동안 상대방에 대해 깊고 오랜 증오와 적개심을 품고 살아왔던 삶이 죄임을 하나님과 민족 앞에서 고백한 것이다. 또한 민족 분단의 역사적인 과정 속에서 분단에 대해 침묵하고 외면하였을 뿐만 아니라 분단을 정당화해 온 죄책을 고백하게 된 것이다. 이 고백은 교회가 반공 이데올로기를 넘어 평화체제로 가겠다는 분연한 결의를 담고 있다고 할 수 있다.

88선언에 나타난 성서적이고 신학적이고 신앙적인 훌륭한 유산들을 교회 저변에 확산시키는데 소홀히 했음을 고백하지 않을 수 없다. ncck의 통일운동에서 도잔소 프로세스의 연장선상에서 고백한 88선언은 시대정신을 담아내고 그것을 뛰어 넘어 우리 민족이 살아가야할 방향을 제시한 위대한 문건이라고 볼 수 있다. 분단체제 안에서 분단체제를 극복하고 통일과 평화체제로 갈수 있는 평화협정문제도 언급함으로 시대를 일깨우는 문서라고 할 수 있다.

한국기독교교회협의회의 평화협정 운동

2013년 WCC 제 10차 총회를 앞두고 한반도평화를 위한 소위원회를 조직했다. 평화열차위원회와 평화협정위원회 그리고 평화콘서트위원회이다. 이 세 가지 소위원회는 WCC 10차 총회를 앞두고 한반도 평화 의식을 일깨우고 평화의 기운을 일으키기 위한 일환으로 조직이 되었다. 평화콘서트는 제대로 이루어지지 않았지만 평화열차와 평화협정 캠페인은 WCC 제10차 부산 총회를 앞두고 진행되었다. 2013년 총회

전에 평화열차는 세계참여자 110명 정도가 베를린에서 열차를 타고 22박 23일 일정으로 출발했다. 평화열차는 베를린에서부터 도착하는 도시마다 한반도의 상황을 알리고 한반도 평화와 통일이 얼마나 중요한지 알리는 계기가 되었다. 평화열차는 베를린을 출발해서 시베리아 횡단열차를 통해 러시아의 모스크바와 이르크추크를 거쳐 몽골횡단열차를 타고 베이징에 이르렀다. 베이징에서 단동을 거쳐 평양으로 들어가 분단의 경계선을 넘어 부산까지 이르러 부산총회에 참여할 계획이었다. 아쉽게도 평화열차는 북한 땅을 통과하지 못하고 단동에서 배를 타고 인천을 거쳐 서울역에서 부산역까지 이르러 10차 총회에 참석하고 평화열차 부스를 만들어 총회 기간 내내 평화열차를 홍보하는데 노력했다.

이런 노력의 일환으로 WCC 제10차 부산 총회는 '한반도 평화, 통일에 관한 성명서'를 발표했다. 이 성명서에서 한반도에서 인간안보(human security)는 군사안보(military security)보다 우선되어야 한다는 것을 주장했다. 특기할 만한 사항은 8.15 직전 주일을 '한반도 평화와 통일을 위한 기도주일'로 남과 북이 지켜왔는데 세계교회가 10차 총회를 기해 함께 드리기로 약속한 것이다. 성명서에서 세계교회는 미래로 가는 권고안에서 1953년 '정전협정을 대체하여 전쟁상태를 종식시킬 평화조약 체결'을 위해 폭넓은 캠페인을 시작한다고 결의했다.

NCCK는 WCC 10차 총회 이후에 이 결의에 의해 평화조약 캠페인에 나서게 된다. 평화조약 캠페인은 세계교회와 함께 진행하는 프로그램이다. 2016년에 미국을 횡단하며 평화조약 캠페인을 실시했고 2017년에는 유럽지역에서 평화조약 캠페인을 실시했다. 유럽캠페인에서는 북한의 조선그리스도교 연맹과 만남도 가졌다. 2018년도 3차 캠페인에서는 일본의 도쿄와 히로시마 그리고 한반도 분단현장을 돌면서 캠페인을 진행했다. 이 캠페인 기간 동안 각 나라들의 교회 지도자들과 함께 의회와 정부를 방문하여 한반도 평화체제가 세계평화와 얼마나 밀접하게 관련되어 있는지 설명하고 평화조약의 중요성을 알리는 계기가 되었다. NCCK는 세계교회와 함께 한반도 에큐메니칼포럼(EFK)을 만들어 활동하고 있다. 에큐메니칼포럼은 지난 6월 스위스 제네바에 WCC 70주년을 기념하는 대회 이후에 모였다. 한반도 에큐메니칼 포럼은 세계교회가 함께 연대하여 어떻게 한반도문제를 논의하고 북한과 협력할 것인가를 위해 조직된 모임이다. 여기에는 북한의 조그련(KCF)도 들어와 함께 논의하고 있다. 제네바 모임에서 도잔소 프로세스를 이제 판문점프로세스로 명명하여 4.27 판문점선언을 이행하고 실천하는 데 남과 북의 교회와 세계교회가 함께 힘을 모으기로 결의했다. 한반도 에큐메니칼포럼에는 세계 에큐메니칼 교회들과 단체가 함께 협력하고 있으며 WCC는 북한 문제를 에큐메니칼포럼을 통해 참여하고 있다.

판문점 선언 이행과 실천을 위한 노력

한반도의 분단은 우리의 의지와는 상관없이 외세에 의해 주어졌다. 판문점 선언은 남과 북이 자주적으로 분단체제를 극복하고 평화체제로 가자는 선언이었다. 남과 북이 정상은 분단의 상징인 판문점에서 한반도의 평화와 번영으로 가는 평화시대의 개막을 선언했다. 남북관계의 획기적인 발전과 군사적 긴장완화와 상호 불가침 합의, 한반도의 완전한 비핵화와 평화체제 구축 등을 협의하고 한반도 평화시대를 알렸다. 그동안 우리 민족을 굴레 씌운 분단체제를 종식하고 냉전체제를 넘어 한반도에 항구적인 평화체제를 수립하고 전쟁 없는 한반도 시대를 선언했다. 판문점 선언에서는 기존의 남·북간의 선언, 합의를 철저히 이행하고 민족자주의 원칙에서 한반도 문제를 풀어간다는데 합의 했다. 분단 역사 속에서 한반도의 운명을 우리가 자주적으로 결정하겠다는 남과 북의 정상들의 비장한 결단이 담겨 있다. 판문점 선언 안에는 한반도가 증오와 대결의 길이 아닌 평화와 번영으로 가는 미래의 청사진들이 들어 있다. 함께 더불어 살아가고 함께 번영의 길을 갈수 있는 내용들이 들어 있다. 어떻게 하면 이 판문점 선언을 이행하고 실천하게 돕는가 여기에 NCCK의 향후 사명이 있다고 생각한다. 판문점 선언에서 '남·북 공동연락사무소'를 개성에 설치하기로 합의했다. 연락사무소가 설치되면 이제 남과 북은 24시간 서로 소통하고 함께할 수 있는 구조가 생겨나는 것이다. 상상할 수 없는 일들이 지금 한반도에서 판문점 선언 이후에 일어나고 있다. 이 과정에서 어떻게 빠른 시간 안에 분단체제를 종식하고 평화체제를 이루느냐 하는 것이 과제라고 생각한다.

    NCCK는 앞으로 대북교류를 위해 남북 교류협력단을 준비하고 있다. 판문점 선언을 이행하는 과정에서 남, 북의 교류가 많아지고 협력할 일이 많아 질것을 대비해서 교류협력단을 통해 효율적으로 남과 북의 교회가 협력하기 위해서이다.

    NCCK의 회원교단과 산하 대북 지원기관들과 에큐메니칼 단체들, 복음주의권 교단들과 함께 남북 교회협력단을 만들어 콘소시움을 구성하고 앞으로 조그련과 협력하는 과정에서 함께 소통하고 힘을 모으고 투명성을 담보하기 위해서 만든 기구이다. 특히 남, 북 교회협력단은 판문점 선언의 이행과 실천을 돕는 동의하는 단체로 구성된다. 이것은 이미 제네바에서 세계교회와 북한 조그련과 합의한 한반도 에큐메니칼

포럼의 합의에 근거한 것이다. 앞으로 남·북 교회협력단의 라운드 테이블을 통해 조그련과 긴밀하게 협력하며 판문점 선언을 이행하고 실천하는데 주력하고 조그련의 이야기를 청취하고 함께 협력할 길을 모색하게 된다.

안보프레임(security frame)을 넘어 평화프레임(peace frame)으로

지난 70년의 분단체제는 우리민족을 안보프레임 속에 가두어 버리고 말았다. 국가안보라는 미명하에 모든 것을 포기해야 했다. 분단체제는 우리의 삶에 굴레로서 안보라는 이데올로기를 주입했다. 안보(security)는 여러 가지 측면에서 말할 수 있다. 먼저 국가를 지키기 위한 방편으로서 군사안보(military security)를 말할 수 있다. 군사안보를 주장하면 군사주의에 메몰 될 수밖에 없다. 과거 우리나라는 동, 서 냉전의 시기에 역외 패권에 기대어 안보를 유지해 왔다, 군사안보로서 동맹을 선택할 수밖에 없었다. 안보는 언제나 적을 설정하고 그 적으로부터 나를 지킨다는 명분을 내세운다. 군사안보라는 동맹의 끈으로 70년 분단의 세월을 살아왔다. 인간안보든 다자안보(공동안보)든 생태안보든 안보프레임은 자신을 지켜야 한다는 방어기재가 형성된다. 안보프레임에 갇히면 두려움과 적개심이 자리하고 폭력성이 자라나게 되어 있다. 우리가 알게 모르게 분단체제는 안보프레임 속에서 우리 안에 두려움을 양산하고 그 두려움 속에서 적개심과 폭력성을 만들어 낸다. 우리가 살아가는 삶에는 방어기재로서 이런 폭력성이 일상화되고 있다. 배제하고 혐오하고 증오하는 일들이 바로 안보프레임 속에서 양산되는

것임을 모르는 경우가 있다.

　이제 판문점 선언 이후에 안보프레임을 평화프레임으로 바꾸어 내는 일은 현재 분단체제 안에서 나타나고 있는 모순을 극복하는 일이며 관계를 재구성하는 일이다. 진정한 안보는 평화를 통해 주어지기 때문이다. 안보는 방어와 적이 설정되지만 평화에는 적이 들어설 자리가 없기 때문이다. 한반도에서 프레임을 재구성하고 판문점선언을 이행하고 실천하는 과정에서 한반도뿐만 아니라 국제사회에서 현재 진행되고 있는 안보프레임을 평화 프레임으로 재구성하는 새로운 시대가 열릴 것이다. 안보프레임은 기독교에게도 지대한 영향을 끼쳤다. 기독교인이라고 해서 예외는 아니다. 요즈음 기독교안의 배제의 논리와 혐오는 안보 프레임 안에서 일어나는 죄악이다. 우리 안에 증오와 폭력성이 일상화되어 있지만 그것을 당연한 것으로 알고 살아간다. 안보 프레임은 방어(defense)와 폭력성(violence)으로 드러난다.

　안보 프레임을 넘어서지 않으면 평화가 도래할 수 없다. 평화프레임은 경계를 넘어 서는 일이고 무지를 향한 발걸음을 내딛는 일이다. 안보프레임이 방어와 폭력성을 동반한다면 평화프레임은 경계를 넘어 다리를 놓는 일이며 서로 연결(connect)하는 일이다. 나와 너의 다름을 인정하는 일이고 내가 알고 있는 것에서 알지 못하는 것에 대해 두려움이 아니라 존중과 호기심으로 다가서는 일이다. 두려움을 넘어 나와 다른 것을 환대하는 일, 나아가 "네 이웃을 네 몸과 같이 사랑하라" 것을 지켜 낼 때 평화는 싹틀 수 있다. 평화를 심고(cultivating), 평화를 이야기(storytelling)하고, 평화를 노래(singing)할 때 그 안에서 평화는 싹트고 자라나며 평화의 열매를 거두게 될 것이다.

참고문헌

김동진,『한반도 평화구축과 기독교 에큐메니칼 운동』, 한국신학연구소, 2011.
정성한,『한국기독교 통일운동사』, 그리심, 2003

평화·통일을 이루기까지*

이 정 배
(顯藏아카데미 원장, NCCK 신학위원장)

주지하듯 조선을 발판삼아 중국대륙과 아시아 전체를 삼켰던 일제 야욕으로 한국을 비롯한 지역 내 수없는 사람들이 고통을 당했다. 세계대전 종료 후 독일이 그랬듯이 일본이 분할통치 되었어야 함에도 미소 양국의 한반도 진입을 계기로 이 땅 한반도가 분단되었고 민족 상호간 적대한 세월이 70년을 훌쩍 넘었다. 이를 일본이 전략적으로 노렸으니 참으로 억울하고 통탄한 일이 아닐 수 없다. 일제치하에서 이 땅을 떠나 오늘의 예멘인처럼 객지서 난민 되었고 이/저곳서 옥고를 치뤘으며 제 목숨을 잃은 선혈들 숫자가 그 얼마였던가? 친일부역자들이 반공을 앞세워 독립 운동가들을 내쳐 홀대했던 것이 70년을 넘긴 분단의 역사였다. 이들이 만든 분단체제 하에서 우리는 이념의 노예였고 외세에 종노릇하며 지냈다. 과도한 원심력 탓에 민족 존엄성과 자주성을 훼손시키

---

* 이 글은 한국기독교교회협의회 제67회 총회에서 총회 주제강연 원고로 사용된 것을 정리한 것이다.

면서 분단체제에 길들여졌던 까닭이다. 우리들 기독교인들마저 편승하여 복음을 분단 체제 속에 감금시켜 평화의 힘을 땅속에 묻었으니 무슨 더할 말이 있겠는가? 용서와 약속, 그것은 기독교가 이 땅에 존재하는 방식이겠다. 그렇기에 슬픈 과거를 용서하여 구원치 못하는 기독교, 그래서 하느님의 미래마저 빼앗는 기독교는 이 곳, 이 시대에 존재할 이유가 없다.

민족고난의 뜻

더러는 그의 사상을 오해했으나 함석헌의 『뜻(성서)으로 본 한국 역사』는 과거를 돌아보고 미래로 나가게 하는 근기(根氣)를 제공한다. 제이 이사야의 고난을 예수 십자가로 풀어낸 성서기자들을 원용한 그는 우리 '민족'을 고난의 담지자로 봤고 민족 고난의 뜻을 물었다. 성서의 한 인물, 예수가 함석헌에 의해 '민족'으로 재구성(해석)된 결과였다. 제목에서 '성서'가 '뜻'으로 바뀐 것도 이런 연유겠다. 이는 부분과 전체의 관계로서의 '씨올'에 터한 확대된 예수이해이다. 여기서의 민족은 민족주의를 훌쩍 뛰어 넘는다. 일본대신 국토가 나뉘었고 제국 패권전쟁(6.25)의 희생 양된 이 땅이 세계평화를 위한 도구라 본 까닭이다. 그래서 그의 민족주의는 '我/非我'를 나누는 신채호의 민족사관과 달랐고 일본 천황제하에서 꿈꿨던 안중근의 '동양평화'론과도 변별되었다. '역사는 처음이 있어 마지막이 있지 않고 마지막이 있어 처음이 있다'는 그의 언설은 한 세기에 걸친 이 땅, 우리 민족의 고난을 어찌 승화시킬 것인가를 묻고 있다. 과거를 숭상하는 원초주의자로 머물 것인지, 미국 눈치 보며 분단체제에 기생하는 삶을 살 것인지, 아니면 그 뜻을 찾아

다른 삶을 찾을 것인지를 결단하란 것이다. 하지만 종교개혁 500주년을 지난 한국교회는 종북·좌빨 이데올로기의 진원지이자 지금은 가짜 뉴스의 생산지로서 세상의 질타를 받고 있다. 교회라 이름 붙이기도 부끄러울 만큼 벽 쌓아 안주하며 反민족적, 反평화(통일)적 행위를 일삼는 작금의 교회를 평화의 주, 예수는 열매 없는 무화과나무라 여겨 그의 '밑둥'을 자르라 하실 것이다.

하늘의 때가 도래했다

3.1 독립선언서가 선포된 지 100년의 시간이 흐른 지금, 과거를 돌아보고 오늘을 평가하고 미래를 다짐해야 옳다. 과거의 독립운동이 오늘 시점에서 통일로 이어져야 마땅하다. 통일만이 독립을 온전히 완성시킬 수 있는 탓이다. 많은 이들이 통일대신 평화공존을 원하고 있음에도 말이다. 틀린 말은 아니겠으나 백낙청이 말하듯 통일이 마지막 목적이 되어야 한다. 오래 전 함석헌 또한 통일을 하느님이 우리 민족에게 주신 마지막 과제라 여겼다. 그것이 민족만을 위한 것이 아니라 세계평화의 길인 탓이다. 동시에 우리들 각자(獨)가 옳게 서는(立)일도 그만큼 중요하다. '하느님 앞에서 하느님 없이 살'만큼 그렇게 독립, 성숙한 존재가 되어야 하겠다. 평창(平昌) 올림픽을 통해 한반도에 평화의 기운이 드리웠고, 분단의 벽을 허무는 성령의 바람이 세게 불었다. 하지만 자본에 먹힌 다수 교회들은 이런 시대 징조를 읽지 못했다. 3修 끝에 성사된 평창 올림픽이었다. 지금으로부터 4년, 혹은 8년 전에 열렸다면 오늘과 같은 '때'를 만날 수 없었고 북쪽이 참여치 않았더라도 결과는 동일했을 듯싶다. 모든 것이 협력하여 '하느님의 시간'을 만들어 주었

다. 일체가 협력하여 선(善)을 이룬 것이란 고백을 절로 하게 만들었다. '平昌'이란 말뜻도 예사롭지 않았다. 고루 균형 있게(平) 번영하자(昌)는 뜻을 담은 탓이다. 그래서 '평창'에서 '평양'으로라는 말이 나오지 않았을까?

이웃종교의 도움 받은 기독교

우리는 3.1 선언에 기독교인들 대표가 절반에 이른 것을 자랑으로 여겨왔다. 하지만 여기에 두세 가지 사실(fact)이 첨언되어야 우리 과거를 옳게 평가할 수 있다. 주지하듯 당시 기독교 대표자들은 일본에게 독립을 '청원'하자는 입장을 취했다. 하지만 손병희를 비롯한 동학, 천도교 측에서 이를 '선언'(선포)으로 바꿨다. 나라 독립에 있어 청원과 선언은 많이 다를 것이다. 결국 '선언서'가 되었으나 질문은 남는다. 왜 우리는 '청원'에 머물고자 했을까? 또한 독립을 선언하고 운동을 전개함에 있어 막대한 경비가 필요했다. 3백만 신도를 지닌 천도교에서 기독교계에 당시로서 막대한 자금을 지원했기에 독립운동이 가능할 수 있었다. 당시 돈 5천 원이면 지금 빌딩 몇 채 값이라 하니 천도교의 배포가 놀랍다. 독립선언서 서명을 앞두고 종교인들 사이에서 공명심이 일어났었던 모양이다. 누구 이름을 먼저 쓰고 어느 종교를 앞세울 것인가를 두고 말이다. 서명순서를 죽는 순서로 여기라 했던 남강 이승훈의 기개가 큰 역할을 했다. 손병희가 남강의 의견을 거들어 서명 순서가 결정되었다. 이승훈이 제일 먼저 죽고자 나선 것이다. 일본과의 짬짬이(카츠라-태프트 밀약)와 그들 신앙의 보수성 탓에 당시 선교사들은 한국인 목사들에게 두 가지를 요구했다. '정치적인 일에 관여치 말것과, 타

종교 인들과 함께 일하지 말라'는 것이었다. 이 가르침과 맞서야 선언서에 이름을 올릴 수 있었다. 이처럼 100년 전 이 땅의 기독교는 소극적인 면도 많았으나 때론 벽을 허무는 고통도 감내해야 했고 이웃 종교의 도움 하에서 자기 역할을 수행했다. 이 시대의 통일 운동을 당대의 독립운동과 견줄 시, 작금의 우리 역시 교리적 벽을 더 많이 허물어야겠고 더 큰 용기를 내야겠으며 이웃종교와 민족에게 진 빚을 갚아야 할 것이다. 100년 전 천도교의 역할이 우리들 기독교의 몫이 되어야 하겠다.

88선언의 중요성

다행히도 우리들 신앙과 신학의 선배들이 '88선언'을 통해 남북 대화의 물꼬를 튼 것을 자랑스럽게 생각한다. 사마리아인과 유대인의 틈새 이상으로 상대를 악마 화하던 군사정권 시절, 이들은 국가폭력에 맞섰고 반공과 신앙을 일치시킨 교리(회)적 횡포와 싸우면서 통일의 길을 열었다. 북쪽을 악의 축(軸)으로 여겨 북한 붕괴론을 회자시킨 정부와 이를 이념(신앙)으로 뒷받침했던 기독교의 방향을 틀었던 것이다. 이점에서 '독립' 청원에 그쳤던 민족대표들 이상의 역할을 NCCK 소속 신앙 선배들이 감내해낸 것이다. 당시로선 어느 종교도 민족의 하나 됨, 원심력보다 구심력의 중요성을 이렇듯 용기 있게 선포할 수 없었다. 이에 힘을 얻은 문민정부가 '88선언'을 기초로 대북 관계의 물꼬를 틀었다는 것이 역사의 평가이다. 위 선언서는 기독교의 존재이유가 한반도의 통일, 곧 생명과 평화에 있음을 새삼 각인시켰다. 분단이야 말로 이 땅을 좀먹고 망치는 구조적 요인의 핵심인 것을 역설한 것이다. 한국에 3천명 가까운 신학자들이 존재한다고 들었다. 신학 내 분야가 여럿이긴 하나 단일 학문으로선 최대 숫자일 것이다. 이들에게서 '88선언' 선배 신학자들을 잇는 역할을 기대한다. 하지만 거짓 뉴스를 생산해온 기존 목회자들, 대형 교회에 대해 반란(?)을 각오할 때 가능한 일이겠다. 옛적 서기관들이 제사장 집단에 항거하여 묵시문학의 장르를 개척해 냈듯이 말이다.

사회주의를 품는 기독교

촛불혁명으로 정권은 바뀌었으나 수구, 적폐세력의 반발이 아직도 극심하다. 교회가 이 부류에 속하고 있으니 세상이 교회를 걱정하고 있다. 공산주의를 무신론과 등치시키고 이를 자신의 기독교와 상극으로 여기는 다수 교회와 목회자들에게서 이 땅 미래를 맡길 수도, 기대할 것도 없다. 일제 36년을 포함한 지난 100여년의 근대사를 옳게 공부 못한 결과일 것이다. 이들에게 성서는 개인구원의 보고(寶庫)로서 세상에서 복 받고 천국 가는 길을 안내하는 책자일 뿐이다. 하지만 얼마 전 이 땅을 밟은 세계적 신학자 존 캅은 이를 일컬어 '영적 파산'이라 했고 그 말로 자기 책명을 삼았다. 사회적 영성을 잃은 기독교를 그가 그리 명명한 것이다. 惡의 근간이 되는 분단(체제)야말로 사회적 영성의 차원에서 접근할 신학적 주제일 것이다. 하지만 다수 교회가 이런 성찰을 결(缺)하고 있기에 하느님 나라는 결코 그들의 것이 될 수 없다. 3.1 선언, 그 정신으로 임정(臨政)을 세웠고 거기서 민족주의자들과 사회주의 신봉자들이 공존했음을 우리는 잘 알고 있다. 일제치하 36년간 기독교인들, 민족주의자들 그리고 이들 못지않게 사회주의자들이 독립을 위해 싸우다 희생되었다. 기독교와 민족주의자들이 합세하여 우익

정권을 만든 탓에 이들 사회주의 공헌이 우리 역사에서 제외된 것이 안타깝다. 건국절 논쟁이 종료되지 않았으나 상해 임시정부의 정통성을 말할 경우 의당 사회주의적 요소를 인정해야 옳다. 상해 임정에 이동휘를 중심한 사회주의자들 역시 참여했기에 그러하다. 그렇기에 목하 기독교는 민족주의만큼이나 사회주의와도 친밀성을 유지해야만 한다. 자본주의 그 자체가 위기에 처한 현실에서 사회주의적 요소의 도입은 자본주의의 건강성, 체질개선을 위해서도 바람직하다. 더욱 근본적으로는 북쪽에 대한 이해, 그와의 대화를 위해서 필요한 우리들 자산인 까닭이다.

통일은 이 시대의 독립운동이다

이렇듯 사회주의에 대한 긍정은 북쪽을 이해, 배려하는 차원에서 피할 수 없는 주제가 되었다. 『선(線)을 넘어 생각하다』의 저자 박한식의 말처럼 우리는 그동안 북에 대해 지나칠 정도로 무지했다. 그간 남쪽 정권들의 호불호에 따라 북한은 자의적으로 해석된 상상과 허구의 공간이었다. 최근 북한을 방문하고 돌아온 한완상 역시 북을 악의 軸이라 말해왔으나 정작 악은 우리들 자신 속에 있었다고 말했다. 한 연극 집단(Creative Vaqi)은 개성공단서 있었을 법한 남녀 간 사랑이야기를 주제로 공연을 시작했다. 그곳도 사람 사는 공간인 것을 말할 목적에서겠다. 내게는 탈북자 학생을 석사과정에서 지도한 경험이 있다. 궁핍 탓에 탈북 했으나 정작 자본주의 사회인 이곳이 아니라 인심 좋은 북을 그리며 이곳 삶을 버티며 살고 있다 하였다. 허나 그의 말처럼 북이 남보다 좋을 리 없을 것이다. 그러나 그곳도 사람 사는 곳이기에 우리 잣대를 그

곳에 들이대는 것을 삼가야 하겠다. 불가역적으로 핵무기를 포기하는 일과 종전선언 및 체제보장 카드가 언젠가는 맞교환될 것을 확신한다. 하지만 이 과정서 미국의 술수가 한없이 염려된다. 북쪽의 입지를 축소시켜 자신들 경제적 이익을 맘껏 얻겠다는 장사꾼 정신을 발동시킬 것이기 때문이다. 남북 간 평화 프로세스에 속도조절을 요구하는 것도 이런 속셈의 표현이겠다. 어디 이뿐이겠는가? 남북 하나 됨을 끝까지 방해 할 작정인 일본, 북한을 홍콩처럼 일정기간 자신들 경제속국으로 삼으려는 중국에 대해서도 합리적 의심이 요구된다. 이런 정황에서 금번 예산 국회에서 보듯 이념공세로 대북정책을 발목잡고 있는 한국당의 존재가 크게 부담스럽다. 원심력이 작동하는 외교현실에서 남/남 갈등은 구심력을 해쳐 남/북 평화 체제를 불가능하게 만들 개연성이 크다. 이 문제를 누가 풀어 낼 것인가? 이 땅 기독교, 수많은 교회, 목사, 평신도들이 정신 차려야 할 것이다. NCCK 가맹 교단만이라도 독립을 위해 나섰던 민족대표들 심정으로 통일, 아니 평화체제의 문제에 헌신해야 마땅하다. 하느님이 이 민족에게 주신 마지막 시험이라 여기면서 말이다. 그리고 정치적 사안에 몸담지 말고 타종교와 상종치 말라 했던 선교사들을 배반했던 옛적 선배 목사들처럼 우리도 벽을 허물고 선(線)을 넘을 각오를 다시 해야 하겠다.

평화 · 통일을 위한 성서적 근거들

이런 이유로 NCCK는 2019년에서 2020년까지를 '평화체제' 구축을 위해 최선을 다하고자 다음 세 성서본문을 교계에 내놓았다. 이 땅의 평화를 위해 있는 힘을 다할 것을 하느님 앞에 약속하면서 말이다. 무엇보다 시편 34편 17절의 말씀이 향후 2년간 우리들 주제가 되었다. 시편은 우리에게 평화를 위해 못된 일을 말고 착한 일 할 것을 주문했다. 남/북, 북/미간 대화를 통해 평화의 물꼬가 터져 핵무기를 버리고 백성들 굶주린 배를 불리려는 현실에서 못된 일과 착한 일의 구별이 명백하다. 먼저 버려야 할 못된 일은 거듭 옛 사고에 젖어 의심하고 담을 쌓으며 제 역할 대신 남 탓만을 일삼는 일이겠다. 거짓 뉴스를 만들어 평화의 길에 장애를 만드는 일일 것이다. 이는 모두 자기 민족보다 외세를 앞세워 자유보다는 노예성에 길들여진 관행이자 퇴행적 모습이다. 과거를 용서치 않기에 약속의 미래도 자기 것으로 만들 수 없는 불쌍한 삶을 지속하는 일이다. 스스로 설(獨立) 의지를 배워 키우지 못한 불행한 삶을 적시한다. 이에 반해 착한 일은 시대감각을 읽고 평화의 길을 가려는 노력 일체를 뜻한다. 신부 이반 일리치가 말하듯 그것은 움켜진 손을 펼치는 것이며 더 큰일을 위해 평소 자기 신념, 가치관을 내려놓는 일이다. 자신이 쌓은 벽을 스스로 허물게 하는 것은 성령의 역사로서 선할 수밖에 없다. 그것은 역지사지(易地思之)의 마음으로 펼쳐 질 것이다. 이런 신비를 위해 하느님은 인간의 모습으로 이 땅에 오셨다. 인간되어 인간마음을 살피려는 성육신의 신비, 그것은 인간에게 역지사지의 마음을 요구하며 불고 싶은 대로 부는 성령의 역할로서 지금 작동한다. 남의 경우 북의 입장이 되어 보라는 것이 성령의 역사라 할 것이다. 물론 그 반대의 경우도 그러하겠다. 역지사지의 삶만이 평화로운 세상을 만들 수 있는 구원의 길이자 성령에 따른 삶인 것을 다시 기억하자. 곧 다가올 성탄의 절기에 이 땅 교회들이 역지사지의 복음을 선포하며 스스로 거듭나길 소망한다.

두 번째 본문은 사랑을 주제로 했다. 사랑해야 사람들이 우리가 예수의 제자인 것을 알 것이라 적시했다. 하지만 이 시대 교회 속에는 사랑은 없고 증오와 혐오 그리고 욕망만이 가득 차 있다. 있어야 할 것은 없고 없어도 좋을 것으로 가득 찬 공간, 그것이 이 땅 교회의 현존 모습이다. 그러하니 세상이 교회를 비웃고 예수조차 조롱한다. 문재인 정권이 남북대화를 재개했으니 망정이지 실상 이곳 남쪽 사람내면에는 통일 불감증이 지배했었다. 당장의 삶이 고통스런 탓에 우리들 미래인 청년들조차 그러했기에 70년 분단이 5천 년 역사를 삼킬 수도 있었다. 통일대박 론 역시 남쪽 유익만 구한 탓에 북에 대한 옳은 태도가 아니었다. 무관심, 이기심 그리고 혐오와 적대, 날조가 지금껏 북을 향한 일관된 남쪽의 입장이었다. 하지만 올 해 끝자락에 상상도 못할 일, 김정은 위원장의 남쪽 방문이 성사될 수도 있다. 일사 분란한 북과 달리 남남 갈등이 심각한 남쪽 분위기를 알면서도 이곳을 향하려는 북의 입장을 어느 때보다 헤아릴 필요가 있다. 요한서가 말하는 사랑은 이제 동족을 위해서라면 그리스도에게서 끊어질 것도 감수하겠다는 바울의 심정으로 나타날 일이다. 북을 신자유주의 시장 체제로 만들거나 일방적 선교 대상으로 삼는 일은 결코 요한서가 말하는 사랑일 수 없다. 한 민족이었으나 상호 다른 두 체제로 만났기에 상호 공존, 동화를 위한 지난한 과정이 필요하다. 사회주의가 자본주의를 학습하는 만큼 자본주의 역시 사회주의를 배워 자신을 변화시킬 여력을 갖출 일이다. 이런 과정을 인내하며 지켜보는 것이 사랑이자, 진정한 평화체제로의 길이다. 상호 변화를 통해 더 나은 나라를 만드는 일이 남북 대화의 목적이자 세계질서를 평화로 재편하는 길이 될 것이다.

마지막 성서말씀으로 고린도전서 9장의 말씀을 택했다. 익히 알듯이 최근 바울 신학의 붐이 일어나고 있다. 신학은 물론 철학 영역에서도 이 본문을 근거로 사도바울을 이 시대의 사상가로 소환하고 있으니 한국 교회가 깊이 관심했으면 좋겠다. 오늘 본문을 부활체험의 실상이라 여겼고 인류 미래가 이 말씀 실현여부에 달렸다고 했기에 말이다. 본래 바울은 모든 것을 다가진 사람이었다. 유대인의 율법, 헬라인의 지혜 그리고 로마 시민권까지를 말이다. 이것이 다메섹 체험 이전까지의 바울의 현존하는 모습이었다. 한 마디로 세상의 좋은 것 모두를 다가진 최상의 기득권자였다. 종교적, 사상적 그리고 정치적 힘을 지닌 제국적인 삶의 표본이었다. 그런 그가 다메섹 체험이후 이 모든 것을 단숨에 버렸다. 율법, 지혜 그리고 정치적 권리를 스스로 벗겨낸 것이다. 하느님 의(義)만이 세상을 달리 만들 수 있다고 믿으며 앞선 기득권을 주저 없이 내려놓았다. 현실 삶에서 그것들이 없는 사람처럼(As if not...) 살았다. 하지만 그것이 끝이 아니었다. 그는 모두를 위해 모두가 되어 살기로 작정하였다. 때론 노예가 되었고, 가난했으며, 다시 자유 인되었고 유대인, 로마인처럼 살기도 했으며 지혜를 말하기도 했다. 하지만 이런 삶은 오로지 사람을 구원할 목적에서였다. 이전에는 자기를 위한 기득권이었으나 지금은 그들과 하늘의 축복을 나누기 위함이었다. 이것이 바울이 확신한 하느님 義였고 그리스도 안의 존재(En Christo)였기에 세상이 바울을 동시대인으로 소환한 것이다. 그렇기에 우리들이 지속할 평화운동도 여기에 기초할 일이다. 남남갈등은 물로 남북화해를 위해서도 교회가 지닐 에토스(Ethos)가 바로 여기에 있다. 앞서 말한 易地思之의 신비가 '그리스도안의 존재'의 삶과 정확히 중첩되니 놀랍다. 바울은 우리에게 철저하게 다른 사람의 경지에 설 것을 요구한다. 南에 있으나 北의 사람 되기를, 이 땅에 있으나 난민의 자리에 서 볼 것을, 부유하나 가난한 청년의 삶의 자리로 내려 올 것을, 기독교인이나 이웃 종교의 시각을 가질 것을, 남자이나 여자의 눈으로 세상 바라볼 것을 그리고 소수자의 마음을 갖고 살라고 명령하고 있다. 이것이 세상을 구하는 일이자 하느님의 지복(至福)이 나눠지는 방식이다. 이 땅 기독교인들은 한반도 평화체제를 위해 북쪽의 입장에서 현실을 볼 필요가 있다. 미국의 시각으로 북을 보는 것은 다메섹 이전의 바울처럼 기득권 유지 차원에 머물고 말 것이다. 부유한 자들의 시각이 아니라 가난한 이의 자리에 서는 것도 우리들 몫이 되었다. 우리에게 北은 이익추구의 대상이 아니라 함께 살아갈 주체인 탓이다. 이런 생각이 남북 평화체제, 즉 하늘 지복을 누리는 방식인 것을 믿고 교회들의 환골탈퇴를 기도하며 기대한다.

평화·통일의 일선에 서라

글을 마무리 할 시점에 이르렀다. 향후 2년간 NCCK가 오늘의 주제처럼 있는 힘을 다해 평화, 곧 한반도 평화체제 수립을 위해 앞장서기를 바란다. 국내 어느 단체들보다도 앞선 생각으로, 동시에 가장 큰 마음으로 이 일을 감당할 주체가 되었으면 좋겠다. 3.1선언 100주년 되는 2019년이 지척에 있다. 독립을 위해 죽을 각오로 민족대표가 되었던 당시 신앙의 선배들처럼, 통일을 위해 누가 죽을 길을 마다하지 않겠는지 묻고 또 물을 일이다. 정권은 물론 국내 은행들에게조차 압력을 행사(세컨다리 보이콧)하여 북측과의 연대를 막는 미국과도 맞서야 한다. 분단체제에 기승하는 보수 정치인들, 그들을 이해하되 압박하여 퇴치하는 것도 우리들 할 일이다. 통일에 무관심하며 사익만을 좇고 있는 사람들, 무엇보다 北을 적으로 학습한 남쪽의 기독교인들에게 성령의 기운을 전하는 막중한 사명도 우리에게 있다. 혹시라도 우리들 스스로 통일운동을 자기 과시를 위한 업적으로 생각한다면 그것은 사악한 일이 될 것이다. 특정 종교, 특정 교단, 특정인이 이를 결코 독점할 수도, 해서도 아니 될 일이다. 이를 위해 우리들이 쌓아 온 적폐를 스스로 되돌아 봐야겠다. 아프기에 눈감고자 하나 그간 축적된 우리들 속 적폐도 예사롭지 않을 만큼 크고 많다. 이를 청산해야 하늘이 우리에게 큰 과제를 맡길 것이다. 예상 되듯 향후 통일논의가 봇물 터지듯 활발하게 진행될 듯 싶다. 뭇 시민, 종교단체, 기관들과 협력하되 앞선 세 말씀에 근거하여 기독교의 시각을 잘 담아내기를 바랄 뿐이다.

부록

3.1운동 전후의 독립선언서와 한반도 평화와 통일 관련 선언서

부록 1_ 3.1운동 전후의 독립선언 목록
부록 2_ 대동단결의 선언
부록 3_ 무오독립선언서(戊午獨立宣言書)
부록 4_ 2.8독립선언서
부록 5_ (2.8)민족대회 소집 청원서
부록 6_ (3.1독립)선언서
부록 7_ (3.1독립) 선언서(번역문)
부록 8_ 3.1민주구국선언
부록 9_ 민족의 통일과 평화에 대한 한국기독교회 선언

흔히 한국의 독립선언서를 말하면 무오독립선언서와 2.8독립선언서, 기미독립선언서를 떠올린다. 그러나 일제강점기 한국인이 독립의 염원과 의지를 천명한 사례는 현재까지 확인된 것만으로도 30건이 훌쩍 넘는다. 크고 작은 모든 목소리가 소중하다는 입장아래 여기 부록으로 그 선언서들의 목록을 싣는다. 그리고 독자들이 이 책에서 언급된 주요 선언의 내용을 쉽게 확인할 수 있도록 기미독립선언서까지의 선언서(목록의 연번 1~4) 전문을 함께 싣는다. 모든 선언들은 한문에 능하지 않은 요즘 세대를 위하여 한글로 풀어쓴 버전을 싣되 많은 이들이 익숙하게 여기는 기미독립선언문은 원문을 함께 두었다. 마찬가지로 원문을 확인하게 위해 다른 책이나 인터넷을 찾는 독자들의 수고를 덜기 위해 한반도 평화·통일 논의의 물고를 튼 두 개의 선언 "3.1민주구국선언"과 "민족의 통일과 평화에 대한 한국기독교회 선언(일명 88선언)"을 함께 모았다.

부록 1_ 3.1운동 전후의 독립선언 목록

연번	선언서	발표일	장소	선언주체	선언자	초안자
1	대동단결선언	1917.7	중국 상해		신규식 외 13인	
2	대한독립선언서(무오독립선언서)	1919.2.1	만주		김교헌 외 38인	조소앙
3	선언서(2.8독립선언서)	1919.2.8	일본 동경	조선청년독립단	최팔용 외 10인	이광수
4	선언서(3.1독립선언서)	1919.3.1	서울	조선민족대표	손병희 외 32인	최남선
5	독립선언포고문	1919.3.13	만주 용정	조선독립기성총회	구춘선 외	
6	포고문	1919.3.15	미국 샌프란시스코	대한인국민회중앙회	안창호 외	안창호
7	조선독립선언	1919.3.17	시베리아 니코리스크	조선민국의회	우아문 외 2인	
8	대한독립선언서	1919.3.18	경북 하동		박치화 외 11명	
9	독립선언서	1919.3.19	일본 오사카	재대판한국노동자일동대표	염상섭	염상섭
10	선언서	1919.3.20	만주 훈춘	대한민국의회	황병길 외	
11	조선독립선언서	1919.3.하순	만주 모아산		한규설 외 6인	
12	선서문	1919.3	중국 상해	대한민국임시정부		
13	통고문(기독교인들의 행동지침)	1919.3	서울	독립단		
14	선포문	1919.4.14	미국 필라델피아	필라델피아 한인대회	서재필 외	
15	독립성명서	1919.4	서울		이용직, 김윤식	
16	선언서	1919.4	만주(?)	재대륙대한독립단		

				임시위원회		
17	반도의 목탁 1호	1919.4	서울		장용하 외 3인	
18	대한독립여자선언서	1919.4	만주	대한부인회	김인종 외 7인	
19	통유문	1919.5	중국 상해	대한민국 임시정부		
20	서고문	1919.5	서울	경성독립단		
21	진술서	1919.5	서울	경성독립회본부		
22	선언서	1919.5	서울	조선민족대동단		최익환
23	시사진술서	1919.5	중국 상해	야소교대표	안승원 외 10인	
24	적십자회선언서	1919.7	중국 상해	대한적십자회	안창호 외 77인	
25	서고문	1919.8.29	서울			
26	선언서	1919.10.31	중국 상해	대한민족대표	박은식 외 29명	박은식
27	촉지서	1919.10	중국 상해	대한독립군환영단		
28	선언서	1919.11.15	중국	대한승려연합회	오만광 외 11인	
29	선언서	1919.11	서울	대한민족대표	이강외 32인	
30	선언서	1919	미국 필라델피아	독립후원회	서재필	
31	포고문	1921.10.3	중국 천진	한민회선전부		
32	선언	1921.11.5	중국	한국청년독립단	김송은 외 4인	
33	격고문	1921	중국	대한군정서	서일	
34	자주독립선언문	1922.3.1	서울	천도교보성사	이종일 외	

부록 2_ 대동단결의 선언(大同團結의 宣言)

무릇 뭉치면 서고 나뉘면 쓰러지는 것은 천도의 원리요, 나뉜 지 오래되면 합치고자 함은 인정의 당연함이라. 생각하건대 멀리로는 3백년 유자의 당론이 이조 멸망사의 태반을 점령하였고, 근래에 이르러는 13도 지아의 다툼이 신건설의 중심을 교란하는도다. 이와 같은 삼분오열의 비극을 목격하고 문호를 나눠 세우는 고통을 미리 맛본 우리는 정률에 의하여 대합동을 요구함이 자연적인 의무요, 또 도리에 의하여 총단결을 주장함이 당연한 권리로다. 비단 우리의 주된 의논이 이와 같을 뿐 아니라 일반 동포의 소리요, 시대의 명령이니 만전하의 상심한 지사 중 그 누가 혼자 동감하지 않으리오.

융희 황제가 삼보(토지, 인민, 정치)를 포기한 8월 29일은 즉 동지가 삼보를 계승한 8월 29일이니, 그 동안에 한 순간도 숨을 멈춘 적이 없음이라. 우리 동지는 완전한 상속자니 저 황제권 소멸의 때가 곧 민권 발생의 때요, 구한국 최후의 날은 곧 신한국 최초의 날이니 무슨 까닭이오. 우리 한은 무시이래로 한인의 한이오, 비한인의 한이 아니라. 한인 간의 주권 수수는 역사상 불문법의 국헌이오, 비한인에게 주권을 양여하는 것은 근본적으로 무효요, 한국의 국민성이 절대 불허하는 바이라. 고로 경년 융희황제의 주권 포기는 즉 우리 국민 동지에 대한 묵시적 선위니 우리 동지는 당연히 삼보를 계승하여 생령과 삼천리의 옛 강역과 사천 년의 주권은 우리 동지가 상속하였고 상속하는 중이오 상속할 터이니, 우리 동지는 이에 대하여 불가분 무한임이 중대하도다. 지금

이에 우리 동지는 내외 정세에 느낀 바 절실하게 깊어 법리상 정신상으로 국가 상속의 대의를 선포하며 해외 동지의 총단결을 주장하며 국가적 행동의 진급적 활동을 표방하며 동시에 내면으로 실질문제에 들어가 대동간경의 이익을 논하노니 첫째는 재정, 둘째는 인물, 셋째는 신용의 문제가 이것이라….

    동서정형에 비추어 보건대 제1차의 통일 기관은 제2차 통일 국가의 연원이 되고 제2차 국가적 의제는 결국 원만한 국가의 전신이라. 기회의 심지가 공평하여 준비자의 소원을 물리치지 못하리니 금일 우리 눈앞에 가로놓인 행운의 기회가 무엇을 기다리는고. 일각일각으로 우리의 유기적 통일을 기다리는도. 저 슬라브의 혁명은 반도 한국의 복이니 핀란드, 유대, 폴란드는 그 선진이요, 연합국의 흩어짐은 전 세계의 복이니, 아일랜드, 트리폴리, 모로코, 인도, 티베트, 고려는 그 부활의 소리가 날로 높아지고 그 해방의 논의가 날로 굳어지도다. 이에만 그칠 뿐 아니라 민권연합회는 강권타파와 민권신장의 대운동에 착수하여 국경 인종간의 구별이 없고 만국 사회당은 끊어진 것을 잇고 없어진 것을 세운다는 대의를 선포하여 인류 화복을 재정하는 현상이니, 이날이 복된 날이라.

    아! 우리들이 오늘에 이르러 사방 조류의 흐름과 한 조각 붉은 마음의 격발로 참으려 해도 참을 수 없고 주저할 겨를도 없이 이에 주권 상속의 대의와 대동단결의 문제를 제기하여 먼저 각계 명망 있는 제 인사의 찬동을 구하며 이어 일반 국민의 경각을 촉구하며 한편으로 세계의 공론을 환기코자 하노니, 일치단결은 신한국의 광명이요, 진리요, 생명이라. 이를 버리면 우리의 앞길은 암흑이요, 허위요, 사망이니, 고로 나누고 합하는 문제는 즉 죽고 사는 기점이요, 시비할 헛된 말이 아니라.

우리의 단결이 하루가 빠르면 신한국의 부활도 하루가 빠르고, 우리의 단결이 하루가 늦으면 신한국의 건립도 하루가 늦어지리니, 이는 천리와 인정에 비추어 지극히 공정하고 사사로움이 없는 논의라. 이로써 만천하 동지 제공 앞에 선포, 제의하노니, 하늘이 그 명령함인저, 사람이 그 응할진저.

부록 3_ 무오독립선언서(戊午獨立宣言書)

우리 대한 동족 남매와 온 세계 우방 동포여!

우리 대한은 완전한 자주독립과 신성한 평등복리로 우리 자손 여민(黎民: 백성)에 대대로 전하게 하기 위하여, 여기 이민족 전제의 학대와 억압을 해탈하고 대한 민주의 자립을 선포하노라.

우리 대한은 예로부터 우리 대한의 한(韓)이요, 이민족의 한(韓)이 아니라, 반만년사의 내치외교(內治外交)는 한왕한제(韓王韓帝)의 고유 권한이요, 백만방리의 고산(高山) 려수(麗水)는 한남한녀(韓男韓女)의 공유 재산이요, 기골문언(氣骨文言)이 유럽과 아시아에 뛰어난 우리 민족은 능히 자국을 옹호하며 만방을 화합하여 세계에 공진할 천민(天民)이라, 우리 나라의 털끝만한 권한이라도 이민족에게 양보할 의무가 없고, 우리 강토의 촌토라도 이민족이 점유할 권한이 없으며, 우리 나라 한 사람의 한인(韓人)이라도 이민족이 간섭할 조건이 없으니, 우리 한(韓)은 완전한 한인의 한(韓)이라.

슬프도다, 일본의 무력과 재앙이여. 임진 이래로 반도에 쌓아 놓은 악은 만세에 엄폐치 못할지며, 갑오 이후 대륙에서 지은 죄는 만국에 용납지 못할지라. 그들이 전쟁을 즐기는 악습은 자보(自保)니 자위(自衛)니 구실을 만들더니, 마침내 하늘에 반하고 인도에 거스르는 보호합병을 강제하고, 그들이 맹세를 어기는 패습은 영토니 문호니 기회니 구실을 거짓 삼다가 필경 불의로운 불법의 밀관협약(密款脅約)을 강제로 맺고, 그들의 요망한 정책은 감히 종교와 문화를 말살하였고, 교육을 제한하여 과학의 유통을 막았고, 인권을 박탈하며 경제를 농락하며 군경(軍警)의 무단과 이민이 암계(暗計)로 한족을 멸하고 일인을 증식[滅韓殖日]하려는 간흉을 실행한지라.

적극적, 소극적으로 우리의 한(韓)족을 마멸시킴이 얼마인가.

십년 무력과 재앙의 작란(作亂)이 여기서 극에 이르므로 하늘이 그들의 더러운 덕을 꺼리시어 우리에게 좋은 기회를 주실 새, 우리들은 하늘에 순종하고 인도에 응하여 대한독립을 선포하는 동시에 그들의 합병하던 죄악을 선포하고 징계하니,

1. 일본의 합방 동기는 그들의 소위 범일본주의를 아시아에서 실행함이니, 이는 동아시아의 적이요,
2. 일본의 합방 수단은 사기강박과 불법무도와 무력폭행을 구비하였으니, 이는 국제법규의 악마이며,
3. 일본의 합병 결과는 군경의 야만적 힘과 경제의 압박으로 종족을 마멸하며, 종교를 억압하고 핍박하며, 교육을 제한하여 세계 문화를 저지하고 장애하였으니 이는 인류의 적이라,

그러므로 하늘의 뜻과 사람의 도리[天意人道]와 정의법리(正義法理)에 비추어 만국의 입증으로 합방 무효를 선포하며, 그들의 죄악을 응징하며 우리의 권리를 회복하노라.

슬프도다, 일본의 무력과 재앙이여! 작게 징계하고 크게 타이름이 너희의 복이니 섬은 섬으로 돌아가고, 반도는 반도로 돌아오고, 대륙은 대륙으로 회복할지어다.

각기 원상(原狀)을 회복함은 아시아의 바램인 동시에 너희도 바램

이러니와, 만일 미련하게도 깨닫지 못하면 화근이 모두 너희에게 있으니, 복구자신(復舊自新)의 이익을 반복하여 알아듣게 타이를 것이다.

　보라! 인민의 마적이었던 전제와 강권은 잔재가 이미 다하였고, 인류에 부여된 평등과 평화는 명명백백하여, 공의(公義)의 심판과 자유의 보편성은 실로 광겁(曠劫)의 액(厄)을 크게 씻어내고자 하는 천의(天意)의 실현함이요, 약국잔족(弱國殘族)을 구제하는 대지의 복음이라.

　장하도다, 시대의 정의여. 이때를 만난 우리는 함께 나아가 무도한 강권속박(强權束縛)을 해탈하고 광명한 평화독립을 회복함은, 하늘의 뜻을 높이 날리며 인심을 순응시키고자 함이며, 지구에 발을 붙인 권리로써 세계를 개조하여 대동건설을 협찬하는 소이로서 우리 여기 2천만 대중의 충성을 대표하여, 감히 황황일신(皇皇一神)께 분명히 알리고[昭告] 세계 만방에 고하오니, 우리 독립은 하늘과 사람이 모두 향응[天人合應]하는 순수한 동기로 민족자보(民族自保)의 정당한 권리를 행사함이요, 결코 목전의 이해[眼前利害]에 우연한 충동이 아니며, 은혜와 원한(恩怨)에 관한 감정으로 비문명한 보복수단에 자족한 바가 아니라, 실로 항구일관(恒久一貫)한 국민의 지성이 격발하여 저 이민족으로 하여금 깨닫고 새롭게 함[感悟自新]이며, 우리의 결실은 야비한 정궤(政軌)를 초월하여 진정한 도의를 실현함이라.

　아 우리 대중이여, 공의로 독립한 자는 공의로써 진행할지라, 일체의 방편[一切方便]으로 군국전제를 삭제하여 민족 평등을 세계에 널리 베풀[普施]지니 이는 우리 독립의 제일의 뜻[第逸意]이요, 무력 겸병(武力兼倂)을 근절하여 평등한 천하[平均天下]의 공도(公道)로 진행할지니 이는 우리 독립의 본령이요, 밀약사전(密約私戰)을 엄금하고 대동 평화를 선전(宣傳)할지니 이는 우리 복국의 사명이요, 동등한 권리와

부[同權同富]를 모든 동포[一切同胞]에게 베풀며 남녀빈부를 고르게 다스리며, 등현등수(等賢等壽)로 지우노유(知愚老幼)에게 균등[均]하게 하여 사해인류(四海人類)를 포용[度]할 것이니 이것이 우리 건국[立國]의 기치(旗幟)요, 나아가 국제불의(國際不義)를 감독하고 우주의 진선미를 체현(體現)할 것이니 이는 우리 대한민족의 시세에 응하고 부활[應時復活]하는 궁극의 의의[究竟義]니라.

아 우리 마음이 같고 도덕이 같은[同心同德] 2천만 형제자매여! 우리 단군대황조께서 상제(上帝)에 좌우하시어 우리의 기운(機運)을 명하시며, 세계와 시대가 우리의 복리를 돕는다.

정의는 무적의 칼이니 이로써 하늘에 거스르는 악마와 나라를 도적질하는 적을 한 손으로 무찌르라. 이로써 5천년 조정의 광휘(光輝)를 현양(顯揚)할 것이며, 이로써 2천만 백성[赤子]의 운명을 개척할 것이니, 궐기[起]하라 독립군! 제[齊]하라 독립군!

천지로 망(網)한 한번 죽음은 사람의 면할 수 없는 바인즉, 개-돼지와도 같은 일생을 누가 원하는 바이리오. 살신성인하면 2천만 동포와 동체(同體)로 부활할 것이니 일신을 어찌 아낄 것이며, 집안이 기울어도 나라를 회복되면 3천리 옥토가 자가의 소유이니 일가(一家)를 희생하라!

아 우리 마음이 같고 도덕이 같은 2천만 형제자매여! 국민본령(國民本領)을 자각한 독립임을 기억할 것이며, 동양평화를 보장하고 인류평등을 실시하기 위한 자립인 것을 명심할 것이며, 황천의 명령을 크게 받들어(祇奉) 일절(一切) 사망(邪網)에서 해탈하는 건국인 것을 확신하여, 육탄혈전(肉彈血戰)으로 독립을 완성할지어다.

단군기원 4252년 2월 1일

김교헌 김규식 김동삼 김약연 김좌진 김학만 여 준 유동열 이 광 이대위
이동녕 이동휘 이범윤 이봉우 이상룡 이세영 이승만 이시영 이종탁 이 탁
문창범 박성태 박용만 박은식 박찬익 손일민 신 정 신채호 안정근 안창호
임 방 윤세복 조용은 조 욱 정재관 최병학 한 흥 허 혁 황상규

부록 4_ 2.8독립선언서

'조선청년독립단은 우리 2천만 민족을 대표하여 정의와 자유의 승리를 얻은 세계 만국 앞에 독립을 기성(期成)하기를 선언하노라.

4천 3백년의 유구한 역사를 가진 우리 민족은 실로 세계에서 가장 오랜 민족의 하나이라. 비록 때에 따라서는 중국의 정삭(定朔)을 받든 일은 있었으나 이는 2나라 왕실의 형식적 외교관계에 불과하였고 조선은 항상 우리 민족의 조선이요, 1번도 통일된 국가를 잃고 이족(異族)의 실질적 지배를 받은 일이 없었도다.

일본은 조선이 일본과 순치(脣齒)의 관계가 있음을 자각함이라 칭하고 1894년 청 일 전쟁의 결과로 한국의 독립을 솔선 승인하였고 미국·영국·프랑스·독일·러시아 등 모든 국가도 독립을 승인할뿐더러 이를 보전하기를 약속하였도다. 한국은 그 은의(恩義)를 감(感)하여 예의(銳意) 모든 개혁과 국력의 충실을 도(圖)하였도다.

당시 러시아의 세력이 남하(南下)하여 동양의 평화와 한국의 안녕을 위협할 때 일본은 한국과 공수동맹(攻守同盟)을 체결하여 아-일(俄日) 전쟁을 개(開)하니 동양의 평화와 한국의 독립은 이 동맹의 주지(主旨)라, 한국이 더욱 그 호의에 감(感)하여 육해군의 작전상 원조는 불가능하였으나, 주권의 위엄(威嚴)까지 희생하여 가능한 온갖 의무를 다하여서 동양 평화와 한국독립의 양대 목적을 추구하였도다.

급기야(及其也) 전쟁이 종결되고 당시 미국대통령 루즈벨트씨의 중재로 강화회의가 개설될 새 일본은 동맹국인 한국의 참가를 불허하고

아—일 양국대표자의 임의로 일본의 한국에 대한 종주권을 의정하였으며 일본은 우월한 병력을 가지고 한국의 독립을 보전한다는 구약(舊約)을 위반하여 잔약한 한국 황제와 그 정부를 위협하고 기만하여 국력의 충실함이 족히 '독립을 얻을 만한 시기까지'라는 조건으로 한국의 외교권을 빼앗아 이를 일본의 보호국으로 만들어 한국으로 하여금 직접으로 세계열국과 외교할 길을 끊고 인하여 '상당한 시기까지'라는 조건으로 사법경찰권을 빼앗고, 새로이 '징병령 실시까지'라는 조건으로 군대를 해산하여 민간의 무기를 압수하고 일본군대와 헌병경찰을 각지에 배치(配置)하여 심지어 황궁의 경찰까지 일본의 경찰을 사용하고 이와 같이 하여 한국으로 하여금 전혀 무저항자를 만든 뒤에 명철(明哲)의 칭이 있는 광무황제를 방축(放逐)하고 정신의 발달이 충분치 못한 황태자를 옹립하고 일본의 주구로 소위 합병내각을 조직하여 비밀과 무력의 속에서 합병조약을 체결하니 이에 우리 민족은 건국 이래 반만년에, 자기를 지도하고 원조하노라는 우방의 군국적 야심의 희생이 되었도다. 실로 일본이 한국에 대한 행위는 사기와 폭력에서 출(出)한 것이라, 이와 같은 위대한 사기(詐欺)의 성공은 세계흥망사상에 특필할 인류의 치욕이라 하노라.

　보호조약을 체결할 때에 황제와 적신(賊臣)아닌 기개 대신 온갖 반항수단을 다하였고 발표후에도 온국민은 적수(赤手)로 가능한 온갖 반항을 다하였으며 사법 경찰권의 피탈과 군대 해산시에도 또한 그러하였고 합병시를 당하여는 수중에 촌철(村鐵)이 없음에도 불구하고 가능한 온갖 반항운동을 다하다가 정예(精銳)한 일본의 무기에 희생이 된 자 부지기수이며, 그 후 10년간 독립을 회복하려는 운동으로 희생된 자 역시 기십만이며, 악독한 헌병치하에 수족과 구설(口舌)이 겸제(箝制)를 받으면서도 계속 독립운동이 그친 적이 없나니 이로 보아도 한일합병이 조선민족의 의사가 아님을 가히 알 것이라. 이와같이 우리 민족은 일본의 군국주의적 야심의 사기폭력 밑에 우리 민족의 의사에 거슬리는 운명을 당하였으니 정의로 세계를 개조하는 이때에 당연히 광정(匡正)을 세계에 요구할 권리가 있으며 또 세계개조의 주인되는 미국과 영국은 보호와 합병을 솔선 승인한 이유로 이때에 또한 구악을 속죄(贖罪)할 의무가 있다 하노라.

또 합병이래 일본의 조선 통치정책을 보건대 합병시의 선언에 반하여 우리 민족의 행복과 이익을 무시하고 정복자가 피정복자에 대한 고대(古代)의 비인도적 정책을 습용하여 우리 민족에게 참정권, 집회 결사의 자유, 언론 출판의 자유 등을 허하지 않으며 심지어 신교의 자유, 기업의 자유까지도 적지 않게 구속하며, 행정·사법·경찰 등 모든 기관이 조선민족의 사권리(私權利)까지도 침해하여 공사에 오인(吾人)과 일본인간에 우열의 차별을 설(設)하며 우리 민족에게는 일본인에 비해서 열등한 교육을 시(施)하여 우리 민족으로 하여금 영원히 일본인의 사용자로 되게 하며 역사를 개조하여 우리 민족의 신성한 역사적전통과 위엄을 파괴하고 업신여기며 소수의 관리를 제한 외에는 정부 모든 기관과 교통-통신-병비(兵備) 등 모든 기관에 전부 혹은 대부분 일본인을 사용하여 우리 민족으로 하여금 영원히 국가생활의 지식과 경험을 얻을 기회를 얻지 못하게 하니 오인(吾人)은 결코 이와같은 무단전제, 부정 불평등한 정치하에서 생존과 발전을 향유키 불능하도다. 그뿐더러 원래 인구 과잉한 조선에 무한으로 이민을 장려하고 보조하여 토착한 우리 민족은 해외에 유리함을 면치 못하며 정부의 모든 기관은 물론이요, 사설의 모든 기관에까지 일본인을 사용하여 일변 조선인의 부

(富)를 일본으로 유출(流出)케 하고 상공업에도 일본인에게만 특수한 편익을 주어서 우리 민족으로 하여금 산업적 발흥의 기회를 잃게 하도다. 이와같이 어느 방면으로 보아도 우리 민족과 일본과의 이해는 상호 배치하여 그 해를 받는 자는 우리 민족이니 우리 민족은 생존의 권리를 위하여 독립을 주장하노라.

최후 동양평화의 견지로 보건대 위협이었던 러시아는 이미 군국주의적 야심을 포기하고 정의와 자유를 기초로 한 신국가의 건설에 종사하는 중이며 중화민국도 또한 그러하며 겸하여 이후 국제연맹이 실현되어 다시 군국주의적 침략을 감행할 강국이 없을 것이다. 그러할진대 한국을 합병한 최대이유가 소멸되었을 뿐더러 이로부터 조선민족이 무수한 혁명란을 일으킨다면 일본에게 합병된 한국은 반(反)하여 동양평화를 요란할 화원(禍源)이 될지라. 우리 민족은 정당한 방법으로 우리 민족의 자유를 추구할지라. 만일 이로써 성공치 못하면 우리 민족은 생존의 권리를 위하여 자유 행동을 취하여 최후의 한사람까지 자유를 위하는 열혈을 흘릴지니 어찌 동양평화의 화원(禍源)이 아니리요.

우리 민족은 하나의 병졸도 없으니 우리가 병력으로써 일본에 저항할 실력이 없도다. 일본이 만일 우리 민족의 정당한 요구에 불응할진대 우리 민족은 일본에 대하여 영원히 혈전을 선언하리라. 우리 민족은 구원(久遠)히 고상한 문화를 가졌고 반만년동안 국가생활의 경험을 가진지라 비록 다년 전제정치하의 해독과, 경우(境遇)의 불행이 우리 민족의 오늘을 가져왔다할지라도 정의와 자유를 기초로 한 민주주의 선진국의 범(範)을 따라서 신국가를 건설한 뒤에는 건국 이래 문화와 정의와 평화를 애호하는 우리 민족은 세계의 평화와 인류의 문화에 공헌함이 있을 줄을 믿노라.

이에 우리 민족은 일본이나 혹은 세계 각국이 우리 민족에게 민족자결의 기회를 주기를 요구하며 만일 그렇지 않으면 우리 민족은 생존을 위하여 자유의 행동을 취하여 독립을 기성하기를 이에 선언하노라.

서기 1919년 2월 8일
재일본동경조선청년독립단 대표
최팔용 윤창석 김도연 이종근 이광수 송계백
김철수 최근우 백관수 김상덕 서춘

결의문

1. 본 단은 한일합병이 우리 민족의 자유의사에서 나오지 아니하고 우리 민족 생존발전을 위협하고 동양의 평화를 요란케 하는 원인이 된다는 이유로 독립을 주장함.
2. 본 단은 일본의회 및 정부에 조선민족대회를 소집하여 대회의 결의로 우리 민족의 운명을 결할 기회를 주기를 요구함.
3. 본 단은 만국평화회의에 민족자결주의를 우리 민족에게 적용하기를 요구함.
이 목적을 달하기 위하여 일본에 주재한 각국대사에게 본 단의 의사를 각기 정부로 전달하기를 요구하고 동시에 위원 3인을 만국평화회의에 파견함. 위의 위원은 이미 파견된 우리 민족의 위원과 일치행동을 취함.
4. 이 모든 항목의 요구가 실패될 때에는 우리 민족은 일본에 대하여

영원히 혈전을 선포함. 이로써 발생하는 참화는 우리 민족이 그 책임을 지지 아니함.

부록 5_ (2.8)민족대회 소집 청원서

우리 조선 민족은 건국 이래 4천 3백년간 연면(連綿)하여 국가를 지켜 온 것으로, 실로 세계 최고 문화국민의 하나이었다. 3국 중엽 이래 왕왕 중국의 정삭(正朔)을 받들었다. 하나 그것은 다만 주권자 상호간의 형식적-외교적 관계에 불과하고, 일찍이 실질적으로 이민족의 지배를 받았던 사실이 없었다. 그러므로 우리 조선 민족은 오랜 전통과 역사적-민족적 자존과 위엄을 희생해서 이족의 지배를 받는다는 것은 단연코 참을 수 없는 것이다. 보호조약과 합병조약과는 참으로 무력적 위협 아래에서 되어진 것으로서 조선 민족의 의지에 의한 것이 아님은 그 후 수없이 일어나는 독립운동을 보아도 알 것이며 또 각기 조약체결 당시의 한국 황제 및 그 정부의 종종 반항적 행위에 의해서도 명료한 것이었다. 병합 이래 조선 민족은 일본에 열복(悅服)한다고 말하는 것으로 들리나 그것은 그릇된 표현이다.

조선 민족에게는 모든 저항방법 및 반항의사를 발표하는 길이 막혀졌을 뿐, 그러한 상태 밑에서도 종종 독립운동이 일어나지 않았었던가? 다만 조선 안에서 일어난 이러한 운동은 혹은 암살 음모라 하고 혹은 강도라 하여 어둠 속으로 몰아넣었을 뿐이다.

특히 병합 이래 이미 10년 조선 민족은 일본 치하에서는 그들의 생존과 발전이 위협되는 것을 깨달았다. 참정권, 집회결사의 자유, 언론출판의 자유 등 무릇 문화민족이 생명처럼 귀중히 여기는 모든 자유는 허용이 아니 되고 만인의 공동으로 하여야 할 인권까지도 행정-사법-

경찰 등 모든 기관에 의해서 유린되어, 이에 대해 호소할 길조차 끊어졌다. 그뿐 아니라 조선에서 정부의 모든 기관 및 사립의 모든 기관에서도 전부 혹은 대부분 일본인을 사용하여 조선인으로 하여금 자치의 지능(智能)과 경험을 얻을 기회를 잃게 하고, 일면, 직업을 잃게 하며 일면 자기의 사회적-국가적 이상을 실현할 기회를 잃게 하며, 또 공사간 모든 면에서 일본인과 엄연한 차별적 장벽을 만들어 공공연하게도 모국인(母國人)을 식민지 등으로 불러 조선인은 마치 피정복자로 된 식민지의 토인과 같이 대우하였다.

교육에 있어서도 차별적 교육제도를 만들어 일본인보다도 열등한 교육을 베풀어 조선인으로 하여금 영구히 일본인의 노예가 되도록 하였다.

조선 민족은 도저히 그러한 정치 밑에서 그 민족적 생존과 발전을 기대하기 불능하다.

조선은 본래부터 인구가 과잉한 국토임에도 불구하고 무제한으로 일본인의 이주를 장려 보조하여 토착 조선인으로 하여금 해외에 유리 아니치 못하게 하며, 모든 고등 직업은 어느 것이나 일본인이 독점하고, 산업에서도 일본인은 특별한 편익을 받게 되며, 그래서 조선인과 일본인과는 이해가 서로 배치하여 조선인의 부(富)는 날로 감해진다.

또 병합의 최대 이유인 동양평화의 견지로부터 보면, 그 유일한 위협자인 러시아는 이미 제국주의를 포기하고 신국가 건설에 종사하고 중국도 역시 그러하다. 그뿐 아니라 이번 국제연맹이 되면 다시 약소국가를 침략하려는 강국이 없을 것이므로 우리 조선민족의 국가는 순조롭게 성장할 수 있을 것이다.

불행하게도 다년간 전제정치의 해독과 경우의 불순(不順)에 의해서 쇠퇴하기는 했으나 이미 구원(久遠)한 국가생활의 경험을 가진 조선 민족이므로 새로운 주의 원칙위에 국가를 세운다면 능히 동양 및 세계 평화와 문화에 공헌할 수 있는 국가로 될 것을 확신한다. 만일 일본으로서 이를 허락하고 즐겁게 원호한다면 우리 조선청년독립단은 일본에 대해서 적의(敵意)를 품지 않을 것이며, 참된 의미에서 친선을 위해 노력할 것이며, 지도자된 은의를 잊어버리지 않을 것이다.

이상에 게재한 이유에 의해서 우리 단은 일본 제국의회에 대해서 우리 조선 민족대회를 소집하여 민족자결의 기회가 부여될 것을 청원한다.

1919년 2월

조선청년독립단 대표

최팔용 김도연 이광수 김철수 백관수 윤창석 이종근 송계백
최근우 김상덕 서춘

부록 6_ (3.1독립)선언서

　오등(吾等)은 자(慈)에 아(我) 조선(朝鮮)의 독립국(獨立國)임과 조선인(朝鮮人)의 자주민(自主民)임을 선언(宣言)하노라. 차(此)로써 세계만방(世界萬邦)에 고(告)하여 인류평등(人類平等)의 대의(大義)를 극명(克明)하며, 차(此)로써 자손만대(子孫萬代)에 고(誥)하여 민족자존(民族自存)의 정권(正權)을 영유(永有)케 하노라.

　반만년(半萬年) 역사(歷史)의 권위(權威)를 장(仗)하여 차(此)를 선언(宣言)함이며, 이천만(二千萬) 민중(民衆)의 성충(誠忠)을 합(合)하여 차(此)를 포명(佈明)함이며, 민족(民族)의 항구여일(恒久如一)한 자유발전(自由發展)을 위(爲)하여 차(此)를 주장(主張)함이며, 인류적(人類的) 양심(良心)의 발로(發露)에 기인(基因)한 세계개조(世界改造)의 대기운(大機運)에 순응병진(順應幷進)하기 위(爲)하여 차(此)를 제기(提起)함이니, 시(是) 천(天)의 명명(明命)이며, 시대(時代)의 대세(大勢)이며, 전인류(全人類) 공존동생권(共存同生權)의 정당(正當)한 발동(發動)이라, 천하하물(天下何物)이든지 차(此)를 저지억제(沮止抑制)치 못할지니라.

　구시대(舊時代)의 유물(遺物)인 침략주의(侵略主義), 강권주의(强權主義)의 희생(犧牲)을 작(作)하여 유사이래(有史以來) 누천년(累千年)에 처음으로 이민족(異民族) 겸제(箝制)의 통고(痛苦)를 상(嘗)한지 금(今)에 십년(十年)을 과(過)한지라. 아(我) 생존권(生存權)의 박상(剝喪)됨이 무릇 기하(幾何)이며, 심령상(心靈上) 발전(發展)의 장애

(障碍)됨이 무릇 기하(幾何)이며, 민족적(民族的) 존영(尊榮)의 훼손(毀損)됨이 무릇 기하(幾何)이며, 신예(新銳)와 독창(獨創)으로써 세계문화(世界文化)의 대조류(大潮流)에 기여보비(寄與補裨)할 기연(機緣)을 유실(遺失)함이 무릇 기하(幾何)이뇨.

희(噫)라, 구래(舊來)의 억울(抑鬱)을 선양(宣揚)하려 하면, 시하(時下)의 고통(苦痛)을 파탈(擺脫)하려 하면, 장래(將來)의 협위(脅威)를 삼제(芟除)하려 하면, 민족적(民族的) 양심(良心)과 국가적(國家的) 염의(廉義)의 압축소잔(壓縮銷殘)을 흥분신장(興奮伸張)하려 하면, 각개(各個) 인격의 정당(正當)한 발달(發達)을 수(遂)하려 하면, 가련(可憐)한 자제(子弟)에게 고치적(苦恥的) 재산(財産)을 유여(遺與)치 아니하려 하면, 자자손손(子子孫孫)의 영구완전(永久完全)한 경복(慶福)을 도영(導迎)하려 하면, 최대급무(最大急務)가 민족적(民族的) 독립(獨立)을 확실(確實)케 함이니, 이천만(二千萬) 각개(各個)가 인(人)마다 방촌(方寸)의 인(刃)을 회(懷)하고, 인류통성(人類通性)과 시대양심(時代良心)이 정의(正義)의 군(軍)과 인도(人道)의 간과(干戈)로써 호원(護援)하는 금일(今日), 오인(吾人)은 진(進)하여 취(取)하매 하강(何强)을 좌(挫)치 못하랴. 퇴(退)하여 작(作)하매 하지(何志)를 전(展)치 못하랴.

병자(丙子) 수호조규(修好條規) 이래(以來) 시시종종(時時種種)의 금석맹약(金石盟約)을 식(食)하였다 하여 일본(日本)의 무신(無信)을 죄(罪)하려 아니 하노라. 학자(學者)는 강단(講壇)에서, 정치가(政治家)는 실제(實際)에서, 아(我) 조종세업(祖宗世業)을 식민지시(植民地視)하고, 아(我) 문화민족(文化民族)을 토매인우(土昧人遇)하여, 한갓 정복자(征服者)의 쾌(快)를 탐(貪)할 뿐이오, 아(我)의 구원(久遠)한 사회기초(社會基礎)와 탁락(卓犖)한 민족심리(民族心理)를 무시(無視)한다 하여 일본(日本)의 소의(少義)함을 책(責)하려 아니 하노라. 자기(自己)를 책려(策勵)하기에 급(急)한 오인(吾人)은 타(他)의 원우(怨尤)를 가(暇)치 못하노라. 현재(現在)를 주무(綢繆)하기에 급(急)한 오인(吾人)은 숙석(宿昔)의 징변(懲辨)을 가(暇)치 못하노라. 금일(今日) 오인(吾人)의 소임(所任)은 다만 자기(自己)의 건설(建設)이 유(有)할 뿐이오, 결(決)코 타(他)의 파괴(破壞)에 재(在)치 아니하도다. 엄숙(嚴肅)한 양심(良心)의 명령(命令)으로써 자가(自家)의 신운명(新運命)을 개척(開拓)함이오, 결(決)코 구원(舊怨)과 일시적(一時的) 감정(感情)으로써 타(他)를 질축배척(嫉逐排斥)함이 아니로다. 구사상(舊思想), 구세력(舊勢力)에 기미(羈縻)된 일본(日本) 위정가(爲政家)의 공명적(功名的) 희생(犧牲)이 된 부자연(不自然), 우(又) 불합리(不合理)한 착오상태(錯誤狀態)를 개선광정(改善匡正)하여, 자연(自然), 우(又) 합리(合理)한 정경대원(正經大原)으로 귀환(歸還)케 함이로다. 당초(當初)에 민족적(民族的) 요구(要求)로서 출(出)치 아니한 양국병합(兩國倂合)의 결과(結果)가, 필경(畢竟) 고식적(姑息的) 위압(威壓)과 차별적(差別的) 불평(不平)과 통계수자상(統計數字上) 허식(虛飾)의 하(下)에서 이해상반(利害相反)한 양(兩) 민족간(民族間)에 영원(永遠)히 화동(和同)할 수 없는 원구(怨溝)를 거익심조(巨益深造)하는 금래(今來) 실적(實績)을 관(觀)하라. 용명과감(勇明果敢)으로써 구오(舊誤)를 확정(廓正)하고, 진정(眞正)한 우호적(友好的) 신국면(新局面)을 타개(打開)함이 피차간(彼此間) 원화소복(遠禍召福)하는 첩경(捷徑)임을 명지(明知)할 것 안인가. 또, 이천만(二千萬) 함분축원(含憤蓄怨)의 민(民)을 위력(威力)으로써 구속(拘束)함은 다만 동양(東洋)의 영구(永久)한 평화(平和)를 보장(保障)하는 소이(所以)가 아닐 뿐 아니라, 차(此)로 인(因)하여 동양안위(東洋安危)의 주축(主軸)인 사억만(四億萬) 지나인(支那人)의 일본(日本)에 대(對)한 위구(危懼)와 시의(猜疑)를 갈수록 농후(濃厚)케 하여, 그 결과(結果)로 동양(東洋) 전국(全局)이 공도동망(共倒同亡)의 비운(悲運)을 초치(招致)할 것이 명(明)하니, 금일(今日) 오인(吾人)의 조선독립(朝鮮獨立)은 조선인(朝鮮人)으로 하야금 정당(正當)한 생영(生榮)을 수(遂)케 하는 동시(同時)에 일본(日本)으로 하야금 사로(邪路)로서 출(出)하여 동양(東洋) 지지자(支持者)인 중책(重責)을 전(全)케 하는 것이며, 지나(支那)로 하야금 몽매(夢寐)에도 면(免)하지 못하는 불안(不安), 공포(恐怖)로서 탈출(脫出)케 하는 것이며, 또 동양평화(東洋平和)로 중요(重要)한 일부(一部)를 삼는 세계평화(世界平和), 인류행복(人類幸福)에 필요(必要)한 계단(階段)이 되게 하는 것이라. 이 어찌 구구(區區)한 감정상(感情上) 문제(問題)이리오.

　아아, 신천지(新天地)가 안전(眼前)에 전개(展開)되도다. 위력(威力)의 시대(時代)가 거(去)하고 도의(道義)의 시대(時代)가 내(來)하도다. 과거(過去) 전세기(全世紀)에 연마장양(鍊磨長養)된 인도적(人道的) 정신(精神)이 바야흐로 신문명(新文明)의 서광(曙光)을 인류(人類)의 역사(歷史)에 투사(投射)하기 시(始)하도다. 신춘(新春)이 세계(世界)에 내(來)하여 만물(萬物)의 회소(回蘇)를 최촉(催促)하는도다. 동빙한설(凍氷寒雪)에 호흡(呼吸)을 폐칩(閉蟄)한 것이 피일시(彼一時)의 세(勢)이라 하면 화풍난양(和風暖陽)에 기맥(氣脈)을 진서(振舒)함은 차일시(此一時)의 세(勢)이니, 천지(天地)의 복운(復運)에 제(際)하고 세계(世界)의 변조(變潮)를 승(乘)한 오인(吾人)은 아무 주저(躊躇)

할 것 없으며, 아무 기탄(忌憚)할 것 업도다. 아(我)의 고유(固有)한 자유권(自由權)을 호전(護全)하여 생왕(生旺)의 낙(樂)을 포향(飽享)할 것이며, 아(我)의 자족(自足)한 독창력(獨創力)을 발휘(發揮)하여 춘만(春滿)한 대계(大界)에 민족적(民族的) 정화(精華)를 결뉴(結紐)할지로다.

오등(吾等)이 자(慈)에 분기(奮起)하도다. 양심(良心)이 아(我)와 동존(同存)하며 진리(眞理)가 아(我)와 병진(幷進)하는도다. 남녀노소(男女老少) 없이 음울(陰鬱)한 고소(古巢)로서 활발(活潑)히 기래(起來)하여 만휘군상(萬彙群象)으로 더불어 흔쾌(欣快)한 부활(復活)을 성수(成遂)케 하도다. 천백세(千百世) 조령(祖靈)이 오등(吾等)을 음우(陰佑)하며 전세계(全世界) 기운(氣運)이 오등(吾等)을 외호(外護)하나니, 착수(着手)가 곳 성공(成功)이라. 다만, 전두(前頭)의 광명(光明)으로 맥진(驀進)할 따름인저.

공약 삼장(公約 三章)

一. 금일(今日) 오인(吾人)의 차거(此擧)는 정의(正義), 인도(人道), 생존(生存), 존영(尊榮)을 위(爲)하는 민족적(民族的) 요구(要求)이니, 오직 자유적(自由的) 정신(精神)을 발휘(發揮)할 것이오, 결(決)코 배타적(排他的) 감정(感情)으로 일주(逸走)하지 말라.

一. 최후(最後)의 일인(一人)까지, 최후(最後)의 일각(一刻)까지 민족(民族)의 정당(正當)한 의사(意思)를 쾌(快)히 발표(發表)하라.

一. 일체(一切)의 행동(行動)은 가장 질서(秩序)를 존중(尊重)하여, 오인(吾人)의 주장(主張)과 태도(態度)로 하여금 어디까지든지 광명정대(光明正大)하게 하라.

　조선건국(朝鮮建國) 사천이백오십이년(四二五二年) 삼월(三月) 일일(一日)

조선민족대표(朝鮮民族代表)

손병희 길선주 이필주 백용성 김완규 김병조 김창준 권동진 권병덕 나용환 나인협 양순백 양한묵 유여대 이갑성 이명룡 이승훈 이종훈 이종일 임예환 박준승 박희도 박동완 신홍식 신석구 오세창 오화영 정춘수 최성모 최린 한용운 홍병기 홍기조

부록 7_ 독립 선언문(번역문)

　우리는 여기에 우리 조선이 독립된 나라인 것과 조선 사람이 자주하는 국민인 것을 선언하노라. 이것으로써 세계 모든 나라에 알려 인류가 평등하다는 큰 뜻을 밝히며, 이것으로써, 자손 만대에 알려 겨레가 스스로 존재하는 마땅한 권리를 영원히 누리도록 하노라.
　반만년 역사의 권위를 의지하고 이것을 선언하는 터이며, 이천만 민중의 충성을 모아 이것을 널리 알리는 터이며, 겨레의 한결같은 자유 발전을 위하여 이것을 주장하는 터이며, 사람 된 양심의 발로로 말미암은 세계 개조의 큰 기운에 순응해 나가기 위하여 이것을 드러내는 터이니, 이는 하늘의 명령이며, 시대의 대세이며, 온 인류가 더불어 같이 살아갈 권리의 정당한 발동이므로, 하늘 아래 그 무엇도 이것을 막고 누르지 못할 것이라. 낡은 시대의 유물인 침략주의, 강권주의의 희생을 당하여, 역사 있은 지 여러 천 년에 처음으로 다른 민족에게 억눌려 고통을 겪은 지 이제 십 년이 되도. 우리가 생존권마저 빼앗긴 일이 무릇 얼마며, 정신의 발전이 지장을 입은 일이 무릇 얼마며, 겨레의 존엄성이 손상된 일이 무릇 얼마며, 새롭고 날카로운 기백과 독창성을 가지고 세계문화의 큰 물결에 이바지할 기회를 잃은 일이 무릇 얼마인가!
　오호, 예로부터의 억울함을 풀어보려면, 지금의 괴로움을 벗어나려면, 앞으로의 두려움을 없이하려면, 겨레의 양심과 나라의 도의가 짓눌려 시든 것을 다시 살려 키우려면, 사람마다 제 인격을 옳게 가꾸어 나가려면 불쌍한 아들. 딸에게 부끄러운 유산을 물려주지 않으려면, 자자

손손이 길이 완전한 행복을 누리게 하려면, 우선 급한 일이 겨레의 독립인 것을 뚜렷하게 하려는 것이라.

이천만 각자가 사람마다 마음 속에 칼날을 품으니, 인류의 공통된 성품과 시대의 양심이 정의의 군대가 되고, 인류과 도덕이 무기가 되어 우리를 지켜주는 오늘, 우리가 나아가 이것을 얻고자 하는 데 어떤 힘인들 꺾지 못하며, 골라서 계획을 세우는 데 무슨 뜻인들 펴지 못할까!

병자수호조약 이후, 시시때때로 굳게 맺은 약속을 저버렸다 하여 일본의 신의 이루어진 부자연스럽고 불합리한 이 그릇된 현실을 고쳐서 바로 잡아 자연스럽고 합리적인 올바른 바탕으로 되돌아가게 하는 것이라.

처음부터 이 겨레가 원해서 된 일이 아닌 두 나라의 합병의 결과는 마침내 억압으로 이뤄진 당장의 편안함과, 차별에서 오는 고르지 못함과 거짓된 통계숫자 때문에, 이해가 서로 엇갈린 두 민족 사이에 화합할 수 없는 원한의 도랑이 날로 갈수록 깊이 패이는 지금까지의 사정을 한번 살펴보라. 용감하게 옛 잘못을 고쳐 잡고, 참된 이해와 동정에 바탕한 우호적인 새 시대를 마련하는 것이, 서로 화를 멀리하고 복을 불러들이는 가까운 길인 것을 밝혀 알아야 할 것이 아니냐! 또한 울분과 원한이 쌓이고 쌓인 이천만 국민을, 힘으로 붙잡아 묶어둔다는 것은 다만 동양의 영원한 평화를 보장하는 노릇이 아닐 뿐 아니라, 이것이 동양의 평안함과 위대함을 좌우하는 사억 중국사람들의 일본에 대한 두려움과 새암을 갈수록 짙어지게 하여, 그 결과로 동양전체가 함께 쓰러져 망하는 비운을 초래할 것이 뻔한터에 오늘 우리의 조선독립은 조선사람으로 하여금 정당한 삶과 번영을 이루게 하는 동시에, 일본으로 하여금 잘못된 길에서 벗어나, 동양을 버티고 나갈 이로서의 무거운 책임을 다하게 하는 것이며, 중국으로 하여금 꿈에도 피하지 못할 불안과 공포로부터 떠나게 하는 것이며, 또 동양의 평화가 중요한 일부가 되는 세계평화와 인류복지에 꼭 있어야 할 단계가 되게 하는 것이라, 이것이 어찌 구구한 감정상의 문제이겠느냐!

아아 새 하늘과 새 땅이 눈 앞에 펼쳐지누나, 힘의 시대는 가고 도의의 시대가 오누나, 지나간 세계를 통하여 깎고 다듬어 키워온 안도적 정신이, 바야흐로 새 문명의 서광을 인류의 역사 위에 던지기 시작하누나, 새 봄이 온 누리에 찾아 들어 만물의 소생을 재촉하누나, 얼음과 찬 눈 때문에 숨도 제대로 쉬지 못한 것이 저 한 때의 시세였다면, 온화한 바람, 따뜻한 햇볕에 서로 통하는 낌새가 다시 움직이는 것은 이 한 때의 시세이니, 하늘과 땅에 새 기운이 되돌아오는 이 마당에 세계의 변하는 물결을 타는 우리는 아무 주저할 것도 없고 거리낄 것도 없도다.

우리가 본디 타고난 자유권을 지켜 풍성한 삶의 즐거움을 마음껏 누릴 것이며, 우리가 넉넉히 지닌 바 독창적 능력을 발휘하여 봄기운이 가득한 온 누리에 겨레의 뛰어남을 꽃피우리라. 우리는 그래서 분발하는 바이라. 양심이 우리와 함께 있고, 진리가 우리와 더불어 전진하나니, 남자, 여자, 어른, 아이 할 것 없이 음침한 옛집에서 힘차게 뛰쳐나와 삼라만상과 더불어 즐거운 부활을 이룩하게 되누나. 천만세 조상들의 넋이 우리를 안으로 지키고, 전 세계의 움직임이 우리를 밖으로 보호하나니, 일에 손을 대면 곧 성공을 이룩할 것이라. 다만 저 앞의 빛을 따라 전진할 따름이로다.

공약 삼장

(하나) 오늘 우리들의 이 거사는 정의, 인도, 생존, 번영을 찾는 겨

레의 요구이니, 오직 자유의 정신을 발휘할 것이고, 결코 배타적 감정으로 치닫지 말라.

(하나) 마지막 순간에 다다를 때까지, 민족의 올바른 의사를 시원스럽게 발표하라.

(하나) 모든 행동은 먼저 질서를 존중하여, 우리들의 주장과 태도가 어디까지나 공명정당하게 하라.

나라를 세운지 사천이백오십이 년 되는 해 삼월 초하루

조선민족 대표

손병희 길선주 이필주 백용성 김완규 김병조 김창준 권동진 권병덕 나용환 나인협 양순백 양한묵 유여대 이갑성 이명룡 이승훈 이종훈 이종일 임예환 박준승 박희도 박동완 신홍식 신석구 오세창 오화영 정춘수 최성모 최린 한용운 홍병기 홍기조

부록 8 _ 3.1민주구국선언

오늘로 3,1절 쉰일곱 돌을 맞으면서 우리는 1919년 3월 1일 전세계에 울려 퍼지던 이 민족의 함성, 자주독립을 부르짖던 아우성이 쟁쟁히 울려와서 이대로 앉아 있는 것은 구국선열들의 피를 이 땅에 묻어버리는 죄가 되는 것 같아 우리의 뜻을 모아 '민주구국선언'을 국내외에 선포하고자 한다.

8, 15 해방의 부푼 희망을 부수어 버린 국토분단의 비극은 이 민족에게 거듭되는 시련을 안겨주었지만 이 민족은 끝내 희망을 버리지 않았다. 6, 25동란의 폐허를 딛고 일어섰고, 4, 19 학생의거로 이승만 독재를 무너뜨려 자유민주주의에 대한 신념을 가슴가슴에 회생시켰다.

그러나 그것도 잠깐, 이 민족은 또다시 독재정권의 쇠사슬에 매이게 되었다. 삼권분립은 허울만 남고 말았다. 국가안보라는 구실아래 신앙과 양심의 자유는 날로 위축되어가고 언론의 자유, 학원의 자주성은 압살 당하고 말았다.

현정권 아래서 체결된 한일협정은 이 나라의 경제를 일본에 완전히 예속시켜 모든 산업과 노동력을 일본 경제침략의 희생물로 만들어버렸다.

눈을 국외로 돌려보면 대한민국은 국제사회에서 보기도 초라한 고아가 되고 말았다. 한반도에서 UN의 승인을 받은 유일한 합법정부라는 말도 이제는 지난날의 신화가 되고 말았다. 동,서 양진영 사이에 결정적인 쐐기를 박고 세계사에 새 힘으로 대두한 제3세계를 거들떠보지도 않고 서방세계만 의존하다가 서방세계에마저 버림을 받고 말았다.

현정권은 이 나라를 여기까지 끌고 온 책임을 져야 할 것이다, 국내의 비판적인 세력을 탄압하다가 민주국가들의 신임을 잃게 된 것을 통탄히 여겨야 하며, 제3세계의 대두와 함께 UN이 변질되었다는 것을 탓하기 전에 긴 안목으로 세계사의 흐름을 쳐다보지 못한 것을 스스로 탓해야 할 것이다.

우리의 비원인 민족통일을 향해서 국내외로 키우고 규합하여 한걸음 한걸음 착실히 전진해야 할 이 마당에 이 나라는 1인 독재 아래 인권은 유린되고 자유는 박탈당하고 있다. 이리하여 이 민족은 목적의식과 방향감각, 민주주의에 대한 신념을 잃고 총파국을 향해 한 걸음씩 다가서고 있다.

우리는 이를 보고만 있을 수 없어 여, 야의 정치적 전략이나 이해를 넘어 이 나라의 먼 앞날을 내다보면서 '민주구국선언'을 선포하는 바이다.

1. 이 나라는 민주주의 기반 위에 서야 한다.

민주주의는 대한민국의 국시다. 따라서 대한민국의 정통성은 공산주의 정권과 치열한 경쟁에 뛰어든 이 마당에 우리가 길러야 할 힘은 민주역량이다. 국방력도, 경제력도 길러야 하지만 민주역량의 뒷받침이 없을 때 그것은 모래 위에 세운 집과 같다.

그러면 민주주의란 무엇인가? 그것은 남의 나라에서 실천되고 있는 어떤 특정한 제도를 말하는 것이 아니라 한 사회를 형성한 성원들의 뜻에 따라 최선의 제도를 장만하고 부단히 개선해가면서 성원 전체의 권익과 행복을 도모하는 자세요, 신념을 말한다.

그러므로 민주주의는 '국민을 위해서'보다는 '국민에게서'가 앞서야 한다. 무엇이 나라와 겨레를 '위해서' 좋으냐는 판단이 '국민에게서' 나와야 한다는 말이다. 그 판단에 귀를 기울이지 않고 국민을 위한다는 생각만으로 민주주의는 결코 이루어지지 않는다.

그것으로 민주주의가 이루어진다고 생각하는 것은 명령과 복종을 민주주의라고 착각하는 일이다. 국민은 복종을 원하지 않고 주체적인 참여를 주장한다. 국민은 정부를 감시하고 비판할 기본권을 포기할 수 없다. 그것은 민주주의를 포기하는 길이기 때문이다.

그러므로 우리는 국민의 자유를 억압하는 긴급조치를 철폐하고 민주주의를 요구하다가 투옥된 민주인사들과 학생들을 석방하라고 요구한다. 국민의 의사가 자유로이 표명될 수 있도록 집회, 출판의 자유를 국민에게 돌리라고 요구한다.

다음으로 우리는 유신헌법으로 허울만 남은 의회정치가 회복되어야 한다고 주장한다. 자유로이 표현되는 민의를 국회는 법제정에 반영시켜야 하고, 정부는 이를 행정에 반영시켜야 한다. 이것을 꺼리고 막는 정권은 국민을 위한다면서 실은 국민을 위하려는 뜻이 없는 정권이다.

셋째로 우리는 사법부의 독립을 촉구한다. 사법권의 독립 없이 국민은 강자의 횡포에서 보호받을 길이 없기 때문이다. 그러므로 사법부를 시녀로 거느리는 정권은 처음부터 국민을 위하려는 뜻이 없다고 보아야 한다.

2. 경제입국의 구상과 자세가 근본적으로 검토되어야 한다.

경제발전이 국력배양에 중요하다는 것을 우리는 잘 안다. 그렇다고 경제력이 곧 국력인 것은 아니다. 그런데 현정권은 경제력이 곧 국력이라는 좁은 생각을 가지고 모든 희생시켜가면서 경제발전에 전력을 쏟아왔다.

그런데 그 결과는 어떠한가? 국민경제의 수탈을 바탕으로 한 수출산업은 '74년, '75년 두 해에 40억 불이라는 엄청난 무역적자를 내었고, 그 적자폭은 앞으로 줄어들 가망이 없다. 1975년 말 현재 우리 나라의 외채 총액은 57억 8천만 불에 이르렀다. 차관기업들이 부실기업으로 도산하고 난 다음 이 엄청난 빚은 누구의 어깨 위에 메워질 것인가?

노동자들에게 노조 조직권과 파업권을 박탈하고 노동자, 농민을 차관기업과 외국자본에의 착취에 내어 맡기고 구상된 경제입국의 경륜은 처음부터 국민을 위하는 것이 아니었다. 국민의 경제력을 키우면서 그 기반 위에 수출산업을 육성하지 않는 것이 잘못이었다. 농촌경제의 잿더미 위에 거대한 현대산업을 세우려고 한 것이 망상이었다.

차관에만 의존한 경제체제는 처음부터 부패의 요인을 안고 있었다. 이대로 나간다면 이 나라의 경제파국은 시간문제다. 현정권은 이 나라를 경제파탄에서 건질 능력을 잃은 지 오래다. 경제 부조리와 부패는 권력구조의 심장부에서 발달되었기 때문이다. 사태가 이에 이르고 보면 박정권은 책임을 지고 물러날 밖에 다른 길이 없다. 경제파국을 미연에 방지하여 국제사회에서 아주 신임을 잃지 않도록. 차관상환의 유예를 차관국가들과 은행들에 요청하기 위해서라도 정권교체는 불가피하다는 판단이다.

만약 그럴 겸허와 용기가 없다면 심장이라도 도려내는 심정으로 경제입국의 구상을 전적으로 재검토하라고 우리는 촉구한다. 실정을 정당화하지 말고 솔직히 승인하라. 국민의 국세 부담력을 무시하고 짜여진 팽창예산을 지양하라. 부의 재분배를 철저하고 과감하게 실천하여 국민의 구매력을 키우라. 그래야 공산주의의 온상이 되는 부익부 빈익빈의 부조리 현상이 시정되고 자유 민주주의에 대한 국민의 신뢰가 회복될 것이며, 북녘 공산정권에 대해선 민족통일의 주도권을 잡게 될 것이다.

3. 민족통일은 오늘 이 겨레가 짊어진 최대의 과업이다.

국토분단의 비극은 해방 후 30년 동안 남과 북에 독재의 구실을 마련해 주었고, 국가의 번영과 민족의 행복과 창조적 발전을 위해서 동원되어야 할 정신적, 물질적 자원을 고갈시키고 있다. 외국의 군사원조 없이 백만을 넘는 남북한의 상비군을 현대무기로 무장하고 이를 유지한다는 일은 한반도의 생산력과 경제력만으로는 도저히 감당할 수 없는 일이다. 더욱 참을 수 없는 일은 우리의 문화창조에 동원되어야 할 이 겨레의 슬기와 창의가 파괴적으로 낭비되고 있다는 사실이다.

그러므로 민족통일은 지금 이 겨레가 짊어진 지상과업이다. 5천만 겨레의 슬기와 힘으로 무너뜨려야 할 절벽이다. 어떤 개인이나 집단이 민족통일을 저희의 전략적인 목적을 위해서 이용한다거나 저지한다면 이는 역사의 준엄한 심판을 면치 못할 것이다. 민족통일의 기회는 남과 북의 정치가들의 자세 여하로 다가질 수도 있고 멀어질 수도 있다. 진정 나라와 겨레를 위한다면 변해가는 국제정세를 유지해가면서 때가 왔을 때 이를 놓치지 않고 과감하게 잡을 수 있는 용기를 가져야 한다.

이때에 우리에게는 지켜야 할 마지막 선이 있다. 그것은 통일된 이 나라, 이 겨레를 위한 최선의 제도와 정책이 '국민에게서' 나와야 한다는 민주주의의 대헌장이다. 다가오고 있는 그날을 내다보면서 우리는 민주역량을 키우고 있는가, 위축하고 있는가?

승공의 길, 민족 통일의 첩경은 민주역량을 기르는 일이다. 이것이야말로 우리 5천만 온겨레가 새 역사 창조에 발벗고 나서는 일이다. 이것이야말로 민주주의와 공산주의의 틈바구니에서 당한 고생을 살려 민주주의의 진면목을 세계 만방에 드날리는 일이다. 이것이야말로 통일된 민족으로, 정의가 실현되고 인권이 보장되는 평화스런 나라 국민으로 국제사회에서 어깨를 펴고 떳떳이 살게 하는 일이다.

민주주의 만세!

1976년 3월 1일

함석헌, 윤보선, 정일형, 김대중, 윤반웅, 안병무, 이문영, 서남동, 이우정, 문동환, 함세웅, 안병무, 정태영, 김승훈, 장덕필, 김택암, 안충석

부록 9 _ 민족의 통일과 평화에 대한 한국기독교회 선언

우리는 먼저 한반도에 그리스도의 복음을 보내 주셔서 우리로 하여금 예수 그리스도의 십자가 죽음과 부활을 알게 하시고, 그것을 믿는 우리를 당신의 자녀로 삼으사 구원해 주신 하나님의 은혜와 사랑에 찬양과 감사를 드린다. 또한 하나님의 성령이 한반도의 역사와 모든 믿음의 형제 자매들 속에 함께 하셔서 온 교회가 민족의 해방과 구원을 위하여 하나 되어 일할 수 있도록 선교의 결단을 하게 해 주신 것을 감사드린다.

우리는 하나님이 만물을 창조하신 한 분 창조주(창 1:1)이심을 믿으며, 모든 인간이 당신의 자녀로 초대받았음(롬 8:14-17, 갈 3:26, 4:7)을 믿는다.

예수 그리스도는 '평화의 종'(엡 2:13-19)으로 이 땅에 오셨으며, 분단과 갈등과 억압의 역사 속에서 평화와 화해와 해방의 하나님 나라를 선포하셨다(눅 4:18, 요 14:27). 또한 예수 그리스도는 사람을 하나님과 화해하게 하시고, 인간들 사이의 분열과 갈등을 극복하고 해방시켜서 하나되게 하시려고 고난을 받으셨으며, 십자가에 못박혀 죽으시고 묻히셨으나 다시 부활하셨다(행 10:36-40). 예수 그리스도는 평화를 위하여 일하는 사람들을 축복하시면서 하나님이 그들을 자녀로 삼으실 것이라고 하셨다(마 5:9). 우리는 성령이 우리로 하여금 역사의 종말론적 미래를 보게 하시고 우리를 하나되게 하셔서, 하나님의 선교사역에 참여하게 하신다(요 14:18-21, 16:13-14, 17:11)는 것을 믿는다.

이제 우리 한국교회는 그리스도인들 모두가 평화를 위하여 일하는 사도로 부름을 받았음(골 3:15)을 믿으며, 같은 피를 나눈 한 겨레가 남북으로 갈라져 서로 대립하고 있는 오늘의 이 현실을 극복하여 통일과 평화를 이루는 일이 한국교회에 내리는 하나님의 명령이며, 우리가 감당해야 할 선교적 사명(마 5:23-24)임을 믿는다.

이러한 우리의 기본적인 신앙고백에 입각하여 한국기독교교회협의회는 한국교회와 세계 에큐메니칼 교회 공동체 앞에 민족의 통일과 평화에 대한 입장을 밝히고, 남북한의 정부 책임자들과 우리 민족 모두에게 기도하는 마음으로 이것을 호소하는 바이다.

1. 정의와 평화를 위한 한국교회의 선교적 전통

이 땅에 예수 그리스도의 복음이 전파된 지 1백여 년이 지나는 동안 공교회가 저지른 민족사에 대한 많은 허물에도 불구하고 한국 그리스도인들은 하나님 나라를 선포함으로써 이 땅에 살고 있는 백성들의 참 소망이었던 해방과 독립을 실현하려고 애써 왔다. 우리 신앙의 선배들은 성령에 힘입어서 성경말씀이 명하는 대로(눅 4:18-19) 가난한 이들에게 복음을 선포하였고, 억눌린 백성에게 자유와 자주의 희망을 심어주었으며, 일제에게 노예가 된 한국 민족과 함께 고통을 나누며, 민족의 해방과 독립을 위하여 선교하여 왔다.

한국의 그리스도인들은 평화의 의미를 노예처럼 굽히고 복종하면서 얻는 안일이나 안정에서 찾지 않았다. 평화는 정의의 열매(사 32:17)이어야 했으며, 민족의 독립이 없거나 인간적 자유를 누릴 수 없는 평화는 거짓 평화(렘 6:13-14)일 뿐이었다. 일본 제국주의가 우리나라를 식민지로 다스리던 때의 한국교회의 평화운동은 곧 민족의 독립운동이자 노예 된 민족의 아픔에 동참하는 것이었고, 하나님 나라를 선포하고 그에 대한 믿음을 역사 속에서 실천해 나가는 민족해방 운동이었다.

1919년 3.1 독립운동에 한국의 그리스도인들은 앞장서서 참여하였으며, 일본 제국주의의 민족 말살정책에 저항하였고, 국가주의를 종교화한 일제의 신사참배 강요에 항거하여 순교의 피를 흘렸다.

1945년 남북분단 이후 남한의 그리스도인들은 분단의 현실 속에서 고통 당하는 피난민들과 전쟁 고아들과 희생자들을 돌보아 왔다. 또한 북한을 떠난 이산가족들과 교우들을 교회의 품안에 받아들였고 사랑으로 치유하여 왔다.

분단이 고착화되면서 나타난 군사독재정권은 안보를 구실로 인권을 유린하고 경제성장 논리로써 노동자와 농민을 억압했으며, 한국교회는 이에 대하여 정의와 평화를 위한 신앙으로 저항하여 왔다. 1970년대와 80년대 한국교회의 인권 및 민주화운동은 바로 이러한 정의와 평화를 위한 선교운동의 전통을 이어받은 것이다.

2. 민족분단의 현실

한반도의 남북분단은 현대 세계의 정치구조와 이념 체제가 낳은 죄의 열매이다. 세계 초강대국들의 군사적, 이념적 대결, 상호분쟁 속에서 한국 민족은 속죄양의 고난을 당하여 왔다.

1945년 제2차 세계대전이 끝나자 한국 민족은 일본 제국주의의 식민지 노예상태로부터 해방되었으나, 남북분단이라는 또 다른 굴레가 민족을 속박하기 시작하였다. 일본 제국주의 침략군대의 무장을 해제시킨다는 명목하에 설정된 남북분단선은 소련과 미국의 냉전체제에 의하여 고착화되었고, 남북한에는 각각 서로 다른 정부가 수립되어 한반도에서는 지난 40여 년 간 군사적, 정치적, 이념적 갈등과 분쟁이 심화되어 왔다.

1950년 6월 25일 일어난 한국전쟁은 동족상잔의 비극을 낳았으며, 국제적 갈등은 극대화 되었다. 제2차 세계대전 동안에 유럽 전 지역에 투하된 폭탄보다 더 많은 양의 폭탄이 투하되어 한반도는 초토화되었다. 이 전쟁에서 남한군 22만 명, 북한군 60여 만 명, 중공군 1백만 명, 미군 14만 명, 유엔군 1만 6천여 만 명의 사상자가 났으며, 전쟁 중에 병으로 사망한 숫자를 포함하면 2백 50만 명이나 되는 군인들이 희생되었다. 남한 50만 명과 북한 3백 만의 민간인 사망자를 합치면 6백만의 피가 이 땅에 쏟아진 것이다(브리태니카 백과사전 1970년도판 통계임). 그리고 3백만 명의 피난민과 1천만 명의 이산가족이 생겼다.

6.25를 전후하여 북한 공산정권과 대립했던 북한의 그리스도인들은 수난과 죽음을 겪어야 했으며, 수십만의 북한 그리스도인들이 납치되었고, 참혹하게 처형되기도 했다. 한편 공산주의 동조자들은 이념전쟁의 제물이 되었고, '부역자'라는 명목으로 사회에서 매장을 당하지 않으면 안 되었다.

전쟁으로 초토화된 한반도는 계속해서 동서 냉전체제의 국제정치적 갈등과 반목에 휘말렸으며, 이에 따라 남북한간의 군비경쟁과 상호불신, 상호비방과 적대감정도 점차로 증가되어왔다. 한반도의 평화는 파괴되었고, 민족의 화해도 불가능한 것으로 여겨지게 되었다.

1953년 휴전 이후 일시적일 것으로 여겨졌던 '휴전선'이 영구불변의 '분단선'처럼 되면서 남북분단의 벽은 높아져 갔고, 남북한의 두 체제는 단절과 대결 속에서 적대적이고 공격적인 관계를 지속시켜 왔다. 남북한의 군비경쟁은 가속화되었고, 북한 병력 84만 명과 남한 병력 60만을 합하여 근 1백 50만 군대가 무장대치하는 상태에 이르게 되었으며, 한반도에 배치되었거나 겨냥되고 있는 핵무기는 이 땅을 없애 버리고도 남을 정도의 가공할 파괴력을 보유하기에 이르렀다.

민족의 분단이 장기화되면서 양체제에서 모두 안보와 이데올로기의 이름 아래 인권은 유린되어 왔으며, 언론과 출판, 집회와 결사의 자유는 억압되어 왔다. 그리고 서신 왕래도, 방문도, 통신도 두절된 양쪽은 한 땅덩어리 위에서 가장 멀고 이질적인 나라가 되었다. 남북한의 교육과 선전은 상호비방 일색이며, 상대방을 상호체제경쟁을 통하여 약화시키고 없애야 할 철천지 원수로 인식하게 하고 있다. 따라서 남북한 국민들은 동족의 생활과 문화에 대하여 서로 무지할 뿐 아니라 서로 알아서는 안 되는 관계로까지 길들여져 왔다. 양체제는 같은 피를 나눈 동족을 가장 무서운 원수로 인식하게 하고 있는 것이다.

남북대화의 길은 1972년 이른바 7.4 공동성명이 계기가 되어 트이기 시작하여 대화와 협력과 교류의 희망을 갖게 하였다. 1985년에는 남북적십자 회담이 재개되고 이산가족 고향방문이 이루어졌으나, 그 수는 극히 한정되었으며 대화와 협상은 끝없이 공전되고 있는 실정이다.

남한 그리스도인들은 1980년대 초반까지만 해도 북한에 그리스도인들과 교회가 있는지 없는지조차 확인할 수 없었고, 분단이 고착화되는 과정에서 북한 공산정권에 대하여 깊고 오랜 불신과 뼈에 사무치는 적개심을 그대로 지닌 채 반공 이데올로기에 맹목적으로 집착해 왔다.

3. 분단과 증오에 대한 죄책고백

한국의 그리스도인들은 평화와 통일에 관한 선언을 선포하면서 분단체제 안에서 상대방에 대하여 깊고 오랜 증오와 적개심을 품고 왔던 일이 우리의 죄임을 하나님과 민족 앞에서 고백한다.

1) 한국 민족의 분단은 세계 초강대국들의 동서 냉전체제의 대립이 빚은 구조적 죄악의 결과이며, 남북한 사회 내부의 구조악의 원인이 되어 왔다. 분단으로 인하여 우리는 "네 이웃을 네 몸같이 사랑하라"는 하나님의 계명(마 22:37-40)을 어기는 죄를 범해 왔다.

우리는 갈라진 조국 때문에 같은 피를 나눈 동족을 미워하고 속이고 살인하였고, 그 죄악을 정치와 이념의 이름으로 오히려 정당화하는 이중의 죄를 범하여 왔다. 분단은 전쟁을 낳았으며, 우리 그리스도인들은 전쟁방지의 명목으로 최강 최신의 무기로 재무장하고 병력과 군비를 강화하는 것을 찬동하는 죄(시 33:1, 6-20, 44:6-7)를 범했다.

이러한 과정에서 한반도는 군사적으로 뿐만 아니라 정치, 경제 각 분야에서 외세에 의존하게 되었고, 동서 냉전체제에 편입되고 예속되게 되었다. 우리 그리스도인들은 이러한 민족 예속화 과정에서 민족적 자존심을 포기하고, 자주독립정신을 상실하는 반민족적 죄악(롬 9:3)을 범하여 온 죄책을 고백한다.

2) 우리는 한국교회가 민족분단의 역사적 과정 속에서 침묵하였으며, 면면히 이어져 온 자주적 민족통일운동의 흐름을 외면하였을 뿐만 아니라 오히려 분단을 정당화하기까지 한 죄를 범했음을 고백한다. 남북한의 그리스도인들은 각각의 체제가 강요하는 이념을 절대적인 것으로 우상화하여 왔다. 이것은 하나님의 절대적 주권에 대한 반역죄(출

20:3-5)이며, 하나님의 뜻을 지켜야 하는 교회가 정권의 뜻에 따른 죄(행 4:19)이다.

특히 남한의 그리스도인들은 반공 이데올로기를 종교적인 신념처럼 우상화하여 북한 공산정권을 적개시한 나머지 북한 동포들과 우리와 이념을 달리하는 동포들을 저주하기까지 하는 죄(요 13:14-15, 4:20-21)를 범했음을 고백한다. 이것은 계명을 어긴 죄이며, 분단에 의하여 고통받았고 또 아직도 고통받고 있는 이웃에 대하여 무관심한 죄이며, 그들의 아픔을 그리스도의 사랑으로 치유하지 못한 죄(요 13:17)이다.

4. 민족통일을 위한 한국교회의 기본원칙

정의롭고 평화로운 하나님의 나라가 임하도록 우리 그리스도인들은 평화와 화해의 복음(엡 2:14-17)을 실천해야 하며, 동족의 고통스러운 삶에 동참해야 한다. 이 일을 감당하는 것이 곧 민족의 화해와 통일을 이룩하는데 있으므로 우리는 통일에 대한 관심과 노력이 바로 신앙의 문제임을 인식한다. 통일은 곧 민족의 삶과 세계 평화를 위협하는 분단을 극복함으로써 갈등과 대결에서 화해와 공존으로 나아가는 것이며, 마침내 하나의 평화로운 민족공동체를 이룩하는 것이다.

한국기독교교회협의회는 1984년 이래 수차에 걸친 협의 모임을 통하여 민족통일을 향한 한국교회의 기본적인 원칙을 다음과 같이 설정하였다.

한국기독교교회협의회는 1972년 남북 간에 최초로 합의된 7.4 공동성명에 나타난 ① 자주 ② 평화 ③ 사상·이념·제도를 초월한 민족적

대단결의 3대 정신이 민족의 화해와 통일을 위한 기본원칙이 되어야 한다고 믿는다. 또한 이와 함께 우리 그리스도인들은 최소한 다음과 같은 두 가지 원칙이 통일을 위한 모든 대화 및 협상, 실천 속에서 전개되어야 한다고 믿는다.

1) 통일은 민족이나 국가의 공동선과 이익을 실현하는 것일 뿐 아니라 인간의 자유와 존엄성을 최대한 보장하는 것이어야 한다. 국가나 민족도 인간의 자유와 복지를 보장하기 위해서 있는 것이며, 이념과 체제도 인간을 위해 존재하는 것이기 때문에 인도주의적인 배려와 조치의 시행은 최우선적으로 고려되어야 하며, 다른 어떠한 이유로도 인도주의적 조치의 시행이 보류되어서는 안 된다.

2) 통일을 위한 방안을 만드는 모든 논의 과정에는 민족 구성원 전체의 민주적인 참여가 보장되어야 한다. 특별히 분단체제하에서 가장 고통을 받고 있을 뿐 아니라 민족 구성의 다수를 차지하고 있으면서도 의사결정 과정에서 늘 소외되어온 민중의 참여는 우선적으로 보장되어야 한다.

5. 남북한 정부에 대한 한국교회의 건의

이상의 원칙들에 입각하여 본 협의회는 다음과 같은 사항들이 실질적으로 하루 속히 이루어질 수 있도록 남북한 정부당국이 성의를 가지고 대하에 임해 줄 것을 촉구한다.

1) 분단으로 인한 상처의 치유를 위하여
(1) 무엇보다도 먼저 지난 40여 년 간 분단체제에서 온갖 고생을

겪으면서 희생되어온 이산가족들이 다시 만나서 함께 살 수 있도록 해야 하며, 어느 곳에서든지 당사자들이 살기 원하는 곳으로 자유롭게 옮겨 살 수 있도록 보장하여야 한다.

(2) 통일이 되기 전이라도 남북으로 갈라져서 사는 모든 사람들에게 일년 중 일정한 기간동안(추석이나 명절 같은 때) 자유롭게 친척과 고향을 방문할 수 있도록 허용해야 한다.

(3) 민족분단의 고정화 과정에서 불가피하게 나타날 수밖에 없었던 일시적 과오나 가족이나 친척이 특수한 전력을 갖고 있다는 이유 때문에 오늘날까지도 사회적으로 부당한 차별을 받고 있는 사람들이 존재하는 현실은 즉각 타파되어야 한다.

2) 분단극복을 위한 국민의 참여를 실질적으로 증진시키기 위하여

(1) 정부당국이 남북한 양쪽에 관한 정보를 독점하거나 통일논의를 독점하여서는 안 되며, 남북한 국민이 통일논의와 통일정책 수립 과정에 주체적으로 자유롭게 참여할 수 있도록 언론의 자유를 보장하고, 통일 문제의 연구 및 논의를 위한 민간기구의 활동을 제도적으로 현실적으로 보장하여야 한다.

(2) 남북한 양측은 체제나 이념의 반대자들이 자기의 양심과 신앙에 따라서 자유롭게 비판할 수 있도록 최대한 허용하여야 하며, 세계인권선언과 유엔 인권협정을 준수해야 한다.

3) 사상·이념·제도를 초월한 민족적 대단결을 위하여

민족 자주성을 실현할 수 있으려면 남북한 국민이 각각의 사상, 이념, 제도의 차이를 초월하여 남북한 국민 스스로가 같은 운명체로서 하

나의 민족이라는 사실을 상호 분명하게 확인할 수 있어야 한다. 이러한 상호 확인을 위해서는 남북한이 서로 굳게 신뢰할 수 있어야 한다. 따라서 서로를 신뢰할 수 있도록 하는 일은 남북통일을 위한 모든 노력의 가장 기본적인 출발점이 되어야 한다. 상호신뢰를 조성하기 위해서는 불신과 적대감을 낳는 모든 요소들이 제거되어야 함과 동시에 상호교류를 확대하여 상호이해의 기반을 넓히는 민족동질성을 시급히 회복시켜야 한다. 신뢰조성을 위한 모든 조치들은 분단극복에 있어 가장 본질적인 것이기 때문에 비록 남북한 정부 당국자간의 회담이 진전되지 못하고 있거나 협상타결이 이루어지지 못하고 있을 때에라도 민간 차원에서는 추진될 수 있어야 한다.

(1) 남북한은 상호 적대감과 공격적 성향을 없애고, 상대방에 대한 비방과 욕설, 배타주의를 제거해야 한다. 또한 상대방의 이질적인 이념과 체제에 대한 극단적이고 감정적인 비난을 상호 건설적인 비판으로 전환시켜야 한다.

(2) 상호 이해의 증진을 위해서는 서로의 실상을 편견없이 객관적으로 파악할 수 있어야 하기 때문에 교류, 방문, 통신이 개방되어야 한다.

(3) 민족 동질성 회복을 위하여 남북의 언어, 역사, 지리, 생물, 자연자원 등에 관한 학술분야에서 교류와 협동연구를 추진하고 문화, 예술, 종교, 스포츠 분야에서도 서로 교류하여야 한다.

(4) 남북한간의 경제교류는 민족의 이익에 부합될 뿐 아니라 상호이해증진의 계기가 될 수도 있으므로 가능한 최대한 개방되어야 한다.

4) 남북한 긴장완화와 평화증진을 위하여

(1) 한반도의 전쟁방지와 긴장완화를 위해서는 하루 속히 전쟁 상태를 종식시키는 평화협정이 체결되어야 하며, 이를 위해서 남북한 당국과 미국, 중공 등 참전국들이 휴전협정을 평화협정으로 전환시키고 불가침조약을 여기에 포함시키는 협상을 조속히 열어야 한다.

(2) 평화협정이 체결되고, 남북한 상호간에 신뢰회복이 확인되며, 한반도 전역에 걸친 평화와 안정이 국제적으로 보장되었을 때, 주한미군은 철수해야 하며 주한 유엔군 사령부도 해체되어야 한다.

(3) 과대한 군사력 경쟁은 남북한의 평화통일의 가장 큰 장애요인이며, 경제발전에 있어서도 역기능을 하고 있다. 따라서 남북한은 상호간의 협상에 따라 군사력을 감축해야 하며, 군비를 줄여서 평화사업으로 전환시켜야 한다.

(4) 핵무기는 어떠한 경우에도 사용되어서는 안 되며, 남북한 양측은 한반도에서 핵무기의 사용가능성 자체를 원천적으로 막아야 한다. 따라서 한반도에 배치되었거나 한반도를 겨냥하고 있는 모든 핵무기는 철거되어야 한다.

5) 민족 자주성의 실현을 위하여

(1) 남북한간의 협상이나 회담, 국제적인 협약에 있어서 주변 강대국이나 외세의 간섭에 의존하는 일이 없어야 하며, 민족의 자주성과 주체성을 지켜 나가야 한다.

(2) 남북한 양측은 민족의 삶과 이익을 우선으로 하지 않고 오히려 이것에 배치되는 내용으로 체결된 모든 외교적 협상이나 조약을 수정하거나 폐기하여야 하며, 국제 연합이나 동맹국들과의 관계수립이나 협약에 있어서도 남북한 상호간의 합의와 공동의 이익을 우선적으로

고려하여 반영시켜야 한다.

6. 평화와 통일을 위한 한국교회의 과제

우리는 예수 그리스도가 '평화의 주'(골 1:20)이심을 믿으며, 하나님의 인간구원과 해방을 위한 선교사역이 우리와 이념과 체제가 다른 사회 속에서도 이루어지고 있음을 믿는다. 다른 사회체제 속에서 살고 있는 그리스도인들이 갖는 신앙고백의 형태와 교회의 모습이 비록 우리와 다르다 할지라도 우리는 그들이 한 분이신 하나님, 한 분 그리스도에 매어 있으므로 우리와 한 몸을 이루는 지체들임(고전 12:12-26)을 믿는다.

세계 에큐메니칼 공동체는 최근 몇 년간, 놀랍게도 우리와 떨어져 있던 북한 사회 내의 신앙의 형제자매들과 접촉하고 그들의 소식을 알려옴으로써 우리의 이 같은 확신을 더욱 굳게 하여 주었다.

우리는 다시금 이 한반도 역사 안에서 활동하시는 하나님의 해방사역에 감사를 드리며, 어려운 상황 속에서도 꿋꿋하게 신앙을 지켜 나가고 있는 북한에 있는 믿음의 형제자매들에게 하나님의 은총과 축복이 함께 하시기를 기원한다.

이와 같은 고백에 입각하여 한국기독교교회협의회는 평화와 화해의 선교적 사명을 다하기 위하여, 그리고 민족분단의 고통에 동참하고 통일로써 이를 극복해야 한다는 역사적 요청에 응답하기 위하여, 회개하고 기도하는 마음으로 평화와 통일을 위한 희년 선포운동을 다음과 같이 전개하고자 한다.

1) 한국기독교교회협의회는 1995년을 '평화와 통일의 희년'으로 선포한다.

"주님의 성령이 나에게 내리셨다.
주께서 나에게 기름을 부으시어
가난한 이들에게 복음을 전하게 하셨다.
주께서 나를 보내시어
묶인 사람들에게 해방을 알려주고
눈먼 사람들은 보게 하고
억눌린 사람들에게는 자유를 주며
주님의 은혜의 해를 선포하게 하셨다."(눅 4:18-19)

'희년'은 안식년이 일곱 번 되풀이되는 49년이 끝나고 50년째 되는 해이다(레 25:8-10). 희년은 '해방의 해'이다. 희년 선포는 하나님의 백성이 하나님의 역사적 주권을 철저히 신뢰하고, 그 계약을 지키는 행위이다. 희년은 억압적이고 절대적인 내외 정치권력에 의하여 이루어진 모든 사회적 갈등을 극복하여 노예된 자를 해방하고, 빚진 자의 빚을 탕감하며, 팔린 땅을 본래의 경작자에게 되돌려 주고, 빼앗긴 집을 본래 살던 자에게 돌려주어 하나님의 정의를 바탕으로 하는 샬롬을 이루어 통일된 평화의 계약공동체를 회복하는 해(레 25:11-55)이다. 한국교회가 해방 50년째인 1995년을 희년으로 선포하는 것은 50년 역사를, 아니 전 역사를 지배하시는 하나님의 역사적 현존을 믿으면서 평화로운 계약공동체의 회복을 선포하고, 또 오늘 한반도의 역사 속에서 그것을 이룩하려는 우리의 결의를 다지려는 데에 있다. 따라서 희년을 향한 대행진은 희년 대망 속에서, 민족사 안에서 역사하시는 하나님의 주권에 대한 우리의 믿음을 갱신하고, 하나님의 선교에의 부르심에 대한 우리의 결단을 새롭게 해나가는 과정이 되어야 할 것이다.

2) 한국교회는 '희년을 향한 대행진' 속에서 평화와 통일을 위한 교회갱신 운동을 활발히 전개한다.
(1) 평화와 통일의 선교적 소명을 감당하기 위해서 한국교회는 개교회주의와 교권주의를 극복하고 교회일치를 위한 선교적 협력을 더욱 강화해야 한다.
(2) 희년을 선포하는 한국교회는 '참여'를 제약해 온 교회의 내적 구조를 갱신해야 한다. 따라서 여성과 청년을 포함하는 평신도의 선교사역에의 참여는 과감하게 개방되고 촉진되어야 한다.
(3) 한국교회는 우리 사회의 경제적 사회적 정의를 실현하기 위하여 예언자적 역할을 계속해 나가야 한다.

3) 평화와 통일의 희년을 선포하기 위하여 한국교회는 평화와 화해의 결단을 하는 신앙공동체로서 평화교육과 통일교육을 폭넓게 시행해 나갈 것이다.
(1) 한국교회는 평화에 관한 성서연구와 신학연구 등 평화교육을 널리 보급하고, 각종 신학연구기관과 기독교교육기관은 이를 위하여 정보교환과 연구를 촉진시킨다.
(2) 한국교회는 민족통일에 대한 교회의 관심을 높이기 위하여 분단구조 및 분단역사에 대한 이해와 분단문제에 관한 신학적 인식을 심

화함으로써 민족통일의 역사적, 신학적 당위성을 인식하게 하는 통일교육을 촉진시킨다.

(3) 한국교회는 기독교신앙에 대한 신학적 성찰과 결단을 통하여 공산주의 이데올로기에 대한 학문적 이해를 넓히고, 이념적인 대화에 필요한 이데올로기의 연구와 교육을 촉진시킨다.

4) 한국교회는 평화와 통일을 선포하는 희년축제와 예전(禮典)을 통하여 신앙을 새롭게 하고 참다운 화해와 일치를 실천해 나간다.

(1) 한국교회는 평화와 통일의 희년을 기념하는 '평화와 통일 기도 주일'을 설정하고 예배의식을 개발한다. 이 예배의식에는 통일을 위한 기도, 분단의 죄책고백, 소명과 결단, 분단의 희생자들과 분단민족을 위한 중보의 기도, 민족화합을 위한 신앙고백, 말씀선포(희년선포), 찬송과 시, 평화와 화해를 위한 성례전 등이 포함된다.

(2) 남북한 교회의 상호 왕래가 실현될 때까지 세계교회와 협력하여 평화와 통일의 희년을 남북한 교회가 공동으로 선포하도록 하고, '평화통일 기도주일'을 공동으로 지키는 일과 '평화와 통일을 위한 기도문'을 공동으로 작성하여 사용하도록 하는 일을 추진한다.

(3) 한국교회는 세계교회와의 협력을 통하여 이산가족의 생사확인, 서신왕래의 가능성 등을 모색하고 남북으로 헤어진 친척과 교우, 친구 찾기 운동을 전개한다.

5) 한국교회는 평화와 통일을 위한 연대운동을 지속적으로 전개해 나간다.

(1) '평화와 통일을 위한 희년'의 선포는 신앙고백의 행위로서 지속

적으로 확대되는 '평화와 통일을 위한 연대운동'으로 전개될 것이다. 이것은 개교회 차원에서, 교단적인 차원에서 에큐메니칼운동의 차원에서 포괄적으로 진행되어야 한다. 특별히 한국기독교교회협의회는 평화와 통일을 위한 신앙고백적 행동과 실천을 가맹교단뿐만 아니라 비가맹교단과 천주교를 포괄하는 차원에서 공동으로 해 나갈 수 있도록 노력할 것이다.

(2) 평화와 통일을 위한 선교적 소명은 한반도의 모든 그리스도인들의 보편적인 과제이므로 한국교회는 북한 기독교 공동체의 신앙과 삶을 위하여 기도하며 남북한 교회의 상호교류를 위하여 노력할 것이다.

(3) 한반도의 평화와 통일은 동북아시아 평화뿐만 아니라 세계평화에 있어서도 하나의 관건이므로, 한국교회는 한반도 주변의 미국, 소련, 일본, 중국 등 4개 국내의 기독교 공동체를 비롯한 세계교회들과도 긴밀하게 협의하여 연대운동을 전개해 나갈 것이다.

(4) 한국교회는 타종교, 타운동들과의 대화를 확장, 심화시키고 평화와 통일을 위한 연대의식을 촉진시켜 공동연구와 연대활동을 전개해 나갈 것이다.

1988년 2월 29일
한국기독교교회협의회

지은이 알림

김광현
한동대학교 언론정보문화학부에서 매스커뮤니케이션, 상담심리, 기독교문화를 전공했다. 감리교신학대학교에서 M.div를 하고, 종교철학 박사과정에서 학위논문을 준비 중이다. 『종교개혁 500년, 이후 신학』을 공저했고, 철학입문자를 위한 서양철학사를 강의하고 있다.

김종길
기독교대한감리회 덕성교회 담임목사로 재직 중이다. 감리교신학대학 신학과(Th.B.), 연세대학교 연합신학대학원(Th.M.), 합동신학대학원(M.Div.), 호서대학교 대학원(Ph. D. 구약학) 등에서 수학하였다. 저서로는 『다시, 민중신학이다』(공저, 동연, 2010)가 있다.

김태현
영남신학대학교에서 신학을 전공한 후 장로회신학대학교에서 M.div를 하였다. 현재 대한예수교장로회 목사로 한국기독교교회협의회 연구개발협력국장으로 재직 중이다.

김판임
이화여대와 독일 괴팅엔 대학신학부에서 신학을 공부하고 박사학위를 마쳤다. 현재 세종대학교 대양휴머니티칼리지 교수로, 예수와 바울, 초기기독교에 관한 연구에 집중하고 있다. 현재 NCCK 신학위원이다.

김한나
성공회대학교 신학과를 졸업하고 영국 버밍엄대학교 신학과에서 MA, M.Phil 학위를 취득하였다. 현재 성공회대학교 외래교수로 사이버 세계와 관련된 강의를 하고 있다.

나핵집
한국기독교장로회 열림교회에서 담임목사로 목회중이다. 또한 한국기독교장로회 평화운동본부 공동의장, 한국기독교교회협의회 화해·통일위원회 위원장으로 활동하고 있다.

노정선
연세대학교 명예교수. 연세대학교를 졸업하고, 미국 하버드대학교(M.Div.)와 유니온신학대학원(Ph.D)에서 공부했다. 연세대학교교수협의회 회장, 한국기독자교수협의회 회장, YMCA전국연맹 통일위원장, 한국기독교교회협의회 통일위원장, 통일원 장관 정책 자문위원, 미국 휴스턴 대학교 록웰(Rockwell) 석좌 초빙교수 등을 역임했다.

박일영
한신대 신학과, 연세대 대학원 신학과(Th. M), 루터교 신학원(M. Div), 미 컨콜디아 신학대학원(S.T.M), 연세대 대학원 신학과(Ph. D. in Theol.) 과정을 공부하고, 기독교한국루터교회 목사, 루터대학교 교수, 루터대학교 총장을 역임하였다.

박창현
감리교신학대학교를 졸업하고 독일 Goettingen 대학에서 석사(신약전공), 독일 Neuendettelsau 신학대학원에서 박사(선교신학, 종교학전공) 학위를 받았다. 한국선교신학회회장을 역임했으며, 현 건강한목회연구소 소장, 감신대평생교육원 원장, NCCK 신학위원으로 활동 중이다.

손승호
연세대학교 신학과를 졸업하고 동 대학원에서 석·박사 학위를 취득하였다. 전공은 교회사로 특히 한국의 인권상황과 교회의 역할에 대하여 관심이 있다. 현재 한국기독교교회협의회 간사로 재직 중이다. 저서로는 『유신체제와 한국기독교 인권운동』이 있다.

신혜진
기독교윤리를 전공했다. 이화여대 인문대학에서 공부했고, 박사 논문은 "칸트의 이성신앙에 대한 연구 – 자유문제"를 다루었다. 역사 속에서 한국 기독교의 사회적 역할과 정체성에 관심을 두고 새로운 '주체'는 어떤 주체일 수 있는가 물으며 고민 중에 있다.

오종윤
NCCK 신학위원. 한신대학교 신학대학원을 졸업하고 군산 옥구읍에 있는 대은교회를 섬기고 있다. 농촌교회에서 평신도를 위한 성경 해석과 설교론에 몰두하고 있는 현장의 신학자이다. 평신도용 성경해설서로 『구약문지방넘기』, 『신약문지방넘기』, 『요한계시록은 쑥떡이다』 등을 펴냈다

윤경로
한성대학교 명예교수, 한성대학교 총장, 「친일인명사전」 편찬위원장을 역임했다. 현재 한국기독교3.1운동100주년위원회 상임의장과 대통령직속 3.1운동대한민국임시정부100주년기념사업위원회 기억기념분과위원장으로 활동하고 있다.

이병일
한국기독교장로회 무등교회에서 목회 중이다. "길을 찾는 작은 소리"라는 뜻으로 "도토리"(道討唎)라고 스스로를 부르고 있다.

이은선
한국信연구소, 세종대 명예교수. 聖/性/誠 (神/身/信) 여성통합학문 연구를 통한 한국적 신학을 모색 중이다. 대표 저서로는 『한국 생물여성영성의 신학』, 『다른 유교, 다른 기독교』, 『세월호와 한국여성신학』 등이 있다.

이정배
감리교신학대학교에서 학생들을 가르치다 은퇴했다. 한국기독교교회

협의회 신학위원장을 역임했으며 현재 현장 아카데미 원장으로 섬기고 있다.

장영주
감리교신학대학교에서 종교철학/여성신학을 전공으로 철학박사 학위를 받았고, 생태, 종교, 여성 등의 주제에 관심을 가지고 연구하고 있다. 현 구세군사관대학원대학 교수이며 감리교신학대학교에서도 학생을 가르치고 있다. 주요 저서로는 『한국적 생명신학을 논하다』(공저, 동연, 2016), 『혐오와 여성신학』(공저, 동연, 2018) 등이 있다.

조진호
구세군 사관으로 30년 사역하면서 2015년부터 구세군사관대학원대학교 총장으로 실천신학을 강의하고 있으며 2017년부터는 한국웨슬리학회장으로 활동하고 있다.

최성수
서강대 철학과를 졸업하고 독일 본 대학교에서 신학석사, 신학박사(조직신학) 학위를 받았다. 현재 기독교 영화평론가, 문화선교연구원 객원연구원, 「설교와 묵상」 집필자, 「신앙세계」 칼럼니스트로 활동 중이며 김천대학교에서 학생을 가르치고 있다.

최태관
감리교신학대학교 신학과와 대학원, 독일마인츠대학교를 졸업하였다. 감리교신학대학교와 남서울대학교에서 외래교수, 실천신학대학원대학교에서 겸임교수로 학생들을 가르치고 있으며 기독교대한감리회 전농교회 부담임목사로 목회하고 있다.

한문덕
태동고전연구소에서 한학을, 연세대학교 대학원에서 종교철학을 전공하였다. 한국기독교장로회 생명사랑교회에서 목회하고 있다.

홍정호
신반포감리교회 담임목사, 연세대 연합신학대학원 겸임교수. 감리교신학대를 졸업하고 연세대 연합신학대학원 및 대학원에서 공부했다. 연세대 신과대학/연합신학대학원 객원교수, 한국기독교교회협의회 신학위원회 위원, 연세대 한국기독교문화연구소 전문연구원 등을 역임했다.